LE LYS
DANS
LA VALLÉE

PAR M. DE BALZAC.

Nouvelle Édition

REVUE ET CORRIGÉE.

PARIS,
CHARPENTIER, ÉDITEUR,
6, rue des Beaux-Arts.
—
1859.

LE LYS
DANS LA VALLÉE.

Chez le même Éditeur :

Collection d'ouvrages de choix anciens et modernes.

COMTE XAVIER DE MAISTRE, Œuvres complètes.	3 fr. 50.
PHYSIOLOGIE DU GOUT, par BRILLAT-SAVARIN.	3 fr. 50.
PHYSIOLOGIE DU MARIAGE, par M. DE BALZAC.	3 fr. 50.
LE MÉDECIN DE CAMPAGNE, par M. DE BALZAC.	3 fr. 50.
LA PEAU DE CHAGRIN, par M. DE BALZAC.	3 fr. 50.
LE PÈRE GORIOT, par M. DE BALZAC.	3 fr. 50.
CÉSAR BIROTTEAU, par M. DE BALZAC.	3 fr. 50.
CORINNE OU L'ITALIE, par madame DE STAEL.	3 fr. 50.
DELPHINE, par madame DE STAEL.	3 fr. 50.
DE L'ALLEMAGNE, par madame DE STAEL.	3 fr. 50.
MANON LESCAUT, par l'abbé PREVOST.	3 fr. 50.
THÉATRE DE GOETHE, traduction nouvelle.	3 fr. 50.

Chacun de ces ouvrages ne forme qu'un seul volume.
Tous sont imprimés d'une manière uniforme, dans le format anglais.

A. EVERAT ET Ce, RUE DU CADRAN, 14 ET 16.

LE LYS
DANS
LA VALLÉE,

PAR

M. DE BALZAC.

nouvelle édition,

REVUE ET CORRIGÉE.

PARIS,
CHARPENTIER, LIBRAIRE-ÉDITEUR,
6, RUE DES BEAUX-ARTS.

1859.

DÉDICACE.

A Monsieur J. B. Nacquart,

Membre de l'Académie Royale de Médecine.

Cher Docteur, voici l'une des pierres qui domineront dans la frise d'un édifice littéraire lentement & laborieusement construit ; j'y veux inscrire votre nom, autant pour remercier le savant qui me sauva jadis, que pour célébrer l'ami de tous les jours.

De Balzac.

Paris, Octobre 1835.

AVERTISSEMENT.

L'auteur a considéré comme une tache la préface qui précédait cette œuvre et que des attaques odieuses l'avaient contraint à écrire; mais il est indispensable de dire qu'il ne la supprime aujourd'hui ni par peur, ni par générosité.

Cette dernière note, également due à la dignité de l'auteur et à celle des haines qu'il a soulevées, ne subsistera certes pas aussi longtemps que la reconnaissance à laquelle ont droit messieurs Alexandre Dumas, A. Pichot, Léon Gozlan, Frédéric Soulié, Roger de Beauvoir, Eugène Sue, Méry, Jules Janin, Loeve Veymar, et autres signataires d'une déclaration par laquelle ces messieurs appuyaient ses ennemis, autorisaient la contrefaçon à domicile, et pouvaient lui faire perdre un procès vraiment ignoble.

Quant aux autres personnes jadis en cause, elles éprouveraient trop de satisfaction d'être encore nommées en compagnie de ces gens illustres avec lesquels l'auteur semblerait avoir transigé, ou qui paraîtraient avoir demandé ce retranchement.

Aux Jardies, juin 1839.

LE LYS
DANS LA VALLÉE.

A MADAME LA COMTESSE NATHALIE DE MANERVILLE.

Je cède à ton désir. Le privilége de la femme que nous aimons plus qu'elle ne nous aime est de nous faire oublier à tout propos les règles du bon sens. Pour ne pas voir un pli se former sur vos fronts, pour dissiper la boudeuse expression de vos lèvres que le moindre refus attriste, nous franchissons miraculeusement les distances, nous donnons notre sang, nous dépensons l'avenir; aujourd'hui tu veux mon passé, le voici. Seulement, sache-le bien, Nathalie! en t'obéissant, j'ai dû fouler aux pieds des répugnances inviolées. Mais pourquoi suspecter les soudaines et longues rêveries qui me saisissent parfois en plein bonheur? pourquoi ta jolie colère de femme aimée, à propos d'un silence? Ne pouvais-tu jouer avec les contrastes de mon caractère sans en demander les causes? As-tu dans le cœur des secrets qui, pour se faire absoudre, aient besoin des miens? Enfin, tu l'as deviné, Nathalie! et peut-être vaut-il mieux que tu saches tout. Oui, ma vie est dominée par un fantôme, il se dessine vaguement au moindre mot qui le provoque, il s'agite souvent de lui-même au-dessus de moi. J'ai d'imposants souvenirs ensevelis au fond de mon âme comme ces productions marines qui s'aperçoivent par les temps calmes, et que les flots de la tempête jettent par fragments sur la grève. Quoique le travail que nécessitent les idées pour être exprimées ait contenu ces anciennes émotions qui me font tant de mal quand elles se réveillent trop soudainement, s'il y avait dans cette confession des éclats qui te blessassent, souviens-toi que tu m'as menacé si je ne t'obéissais pas; ne me punis donc point de t'avoir obéi? Je voudrais que ma confidence redoublât ta tendresse. A ce soir.

Félix.

A quel talent nourri de larmes devrons-nous un jour la plus émouvante élégie, la peinture des tourments subits en silence par les âmes dont les racines, tendres encore, ne rencontrent que de durs cailloux dans le sol domestique, dont les premières frondaisons sont déchirées par des mains haineuses, dont les fleurs sont atteintes par la gelée au moment où elles s'ouvrent? Quel poëte nous dira les douleurs de l'enfant dont les lèvres sucent un sein amer, et dont les sourires sont réprimés par le feu dévorant d'un œil sévère? La fiction qui représenterait ces pauvres cœurs opprimés par les êtres placés autour d'eux pour favoriser les développements de leur sensibilité, serait la véritable histoire de ma jeunesse. Quelle vanité pouvais-je blesser, moi nouveau-né ? quelle disgrâce physique ou morale causait la froideur de ma mère ? étais-je donc l'enfant du devoir, celui dont la naissance est fortuite, ou celui dont la vie est un reproche ?

Mis en nourrice à la campagne, oublié par ma famille pendant trois ans, quand je revins à la maison paternelle, j'y comptais pour si peu de chose que j'y subissais la compassion des gens. Je ne connais ni le sentiment, ni l'heureux hasard à l'aide desquels j'ai pu me relever de cette première déchéance : chez moi l'enfant ignore, et l'homme ne sait rien. Loin d'adoucir mon sort, mon frère et mes deux sœurs s'amusèrent à me faire souffrir. Le pacte en vertu duquel les enfants cachent leurs peccadilles et qui leur apprend déjà l'honneur, fut nul à mon égard. Bien plus, je me vis souvent puni pour leurs fautes, sans pouvoir réclamer contre cette injustice. La courtisanerie, en germe chez les enfants, leur conseillait-elle de contribuer aux persécutions qui m'affligeaient, pour se ménager les bonnes grâces d'une mère également redoutée par eux ? Était-ce un effet de leur penchant à l'imitation ? était-ce besoin d'essayer leurs forces, ou manque de pitié ? Peut-être ces causes réunies me privèrent-elles des douceurs de la fraternité. Déjà déshérité de toute affection, je ne pouvais rien aimer, et la nature m'avait fait aimant ! Un ange recueille-t-il les soupirs de cette sensibilité sans cesse rebutée ? Si dans quelques âmes les sentiments méconnus tournent en haine, dans la mienne ils se concentrèrent et s'y creusèrent un lit d'où plus tard ils jaillirent sur ma vie. Suivant les caractères, l'habitude de trembler relâche les fibres, engendre la crainte, et la crainte oblige à toujours céder ; de là vient une faiblesse qui abâtardit l'homme et lui communique je ne sais quoi d'esclave ; mais ces continuelles tourmentes m'habituèrent à déployer une force qui s'accrut par son exercice et prédisposa mon âme aux résistances morales. Attendant toujours une douleur nouvelle, comme les martyrs attendaient un nouveau coup, tout mon être dut exprimer une résignation morne sous laquelle les grâces et les mouvements de l'enfance furent étouffés, attitude qui passa pour un symptôme d'idiotie et justifia les sinistres pronostics de ma mère. La certitude de ces injustices excita prématurément dans mon âme la fierté, ce fruit de la raison, qui sans doute arrêta les mauvais penchants qu'une semblable éducation encourageait.

Quoique délaissé par ma mère, j'étais parfois l'objet de ses scrupules, parfois elle parlait de mon instruction et manifestait le désir de s'en occuper ; il me passait alors des frissons horribles en songeant aux déchirements que me causerait un contact journalier avec elle. Je bénissais mon abandon, et me trouvais heureux de pouvoir rester dans le jardin à jouer avec des cailloux, à observer des insectes, à regarder le bleu du firmament. Quoique l'isolement dût me porter à la rêverie, mon goût pour les contemplations vint d'une aventure qui vous peindra mes premiers malheurs. Il était si peu question de moi que souvent la gouvernante oubliait de me faire coucher. Un soir, tranquillement blotti sous un figuier, je regardais une étoile avec cette passion curieuse qui saisit les enfants, et à laquelle ma précoce mélancolie ajoutait une sorte d'intelligence sentimentale. Mes sœurs s'amusaient et criaient, j'entendais leur lointain tapage comme un accompagnement à mes idées. Le bruit cessa, la nuit vint. Par hasard, ma mère s'aperçut de mon absence. Pour éviter un reproche, notre gouvernante, une terrible mademoiselle Caroline, légitima les fausses appréhensions de ma mère en prétendant que j'avais la maison en horreur; que si elle n'eût pas attentivement veillé sur moi, je me serais enfui déjà ; je n'étais pas imbécille, mais sournois; et, parmi tous les enfants commis à ses soins, elle n'en avait jamais rencontré dont les dispositions fussent aussi mauvaises que les miennes. Elle feignit de me chercher et m'appela, je répondis; elle vint au figuier où elle savait que j'étais. — Que faisiez-vous donc là ? me dit-elle. — Je regardais une étoile. — Vous ne regardiez pas une étoile, dit ma mère, qui nous écoutait du haut de son balcon. Connaît-on l'astronomie à votre âge ? — Ah ! madame, s'écria mademoiselle Caroline, il a lâché le robinet du réservoir, le jardin est inondé. Ce fut une rumeur générale. Mes sœurs s'étaient amusées à tourner ce robinet pour voir couler l'eau, mais surprises par l'écartement d'une gerbe qui les avait arrosées de toutes parts, elles avaient perdu la tête et s'étaient enfuies sans avoir pu fermer le robinet. Atteint et convaincu d'avoir imaginé cette espiéglerie, accusé de mensonge quand j'affirmais mon innocence, je fus sévèrement puni. Mais châtiment horrible! je fus persiflé sur mon amour pour les étoiles, et ma mère me défendit de rester au jardin le soir. Les défenses tyranniques aiguisent encore plus une passion chez les enfants que chez les hommes; les enfants ont sur eux l'avantage de ne penser qu'à la chose défendue, qui leur offre alors des attraits irrésistibles. J'eus donc souvent le fouet pour mon étoile. Ne pouvant me confier à personne, je lui disais mes chagrins dans ce délicieux ramage intérieur par lequel un enfant bégaie ses premières idées, comme naguère il a bégayé ses premières paroles. A l'âge de douze ans, au collége, je la contemplais encore en éprouvant d'indicibles délices, tant les impressions reçues au matin de la vie laissent de profondes traces au cœur.

De cinq ans plus âgé que moi, Charles fut aussi bel enfant qu'il est bel homme, il était le privilégié de mon père, l'amour de ma mère, l'espoir de ma famille, partant le roi de la maison. Bien fait et robuste, il avait un précepteur; moi, chétif et malingre, à cinq ans je fus envoyé comme externe dans une pension de la ville, conduit le matin et ramené le soir par le valet de chambre de mon père. Je partais en emportant un panier peu fourni, tandis que mes camarades apportaient d'abondantes provisions. Ce contraste entre mon dénûment et leurs richesses engendra mille souffrances. Les célèbres rillettes et rillons de Tours formaient l'élément principal du repas que nous faisions au milieu de la journée, entre le déjeuner du matin et le dîner de la maison dont l'heure coïncidait avec notre rentrée. Cette préparation, si prisée par quelques gour-

mands, paraît rarement à Tours sur les tables aristocratiques; si j'en entendis parler avant d'être mis en pension, je n'avais jamais eu le bonheur de voir étendre pour moi cette brune confiture sur une tartine de pain; mais elle n'aurait pas été de mode à la pension, mon envie n'en eût pas été moins vive, car elle était devenue comme une idée fixe, semblable au désir qu'inspiraient à l'une des plus élégantes duchesses de Paris les ragoûts cuisinés par les portières, et qu'en sa qualité de femme, elle satisfit. Les enfants devinent la convoitise dans les regards aussi bien que vous y lisez l'amour, et je devins alors un excellent sujet de moquerie. Mes camarades, qui presque tous appartenaient à la petite bourgeoisie, venaient me présenter leurs excellentes rillettes en me demandant si je savais comment elles se faisaient, où elles se vendaient, pourquoi je n'en avais pas. Ils se pourléchaient en vantant les rillons, ces résidus de porc sautés dans sa graisse et qui ressemblent à des truffes cuites; ils douanaient mon panier, n'y trouvaient que des fromages d'Olivet, ou des fruits secs, et m'assassinaient d'un:
— *Tu n'as donc pas de quoi?* qui m'apprit à mesurer la différence mise entre mon frère et moi. Ce contraste entre mon abandon et le bonheur des autres a souillé les roses de mon enfance, et flétri ma blondissante jeunesse. La première fois que, dupe d'un sentiment généreux, j'avançai la main pour accepter la friandise tant souhaitée qui me fut offerte d'un air hypocrite, mon mystificateur retira sa tartine aux rires des camarades prévenus de ce dénoûment. Si les esprits les plus distingués sont

accessibles à la vanité, comment ne pas absoudre l'enfant qui pleure de se voir méprisé, goguenardé? A ce jeu combien d'enfants seraient devenus gourmands, quêteurs, lâches! Pour éviter les persécutions, je me battis. Le courage du désespoir me rendit redoutable, mais je fus un objet de haine, et restai sans ressources contre les traîtrises. Un soir en sortant, je reçus dans le dos un coup de mouchoir roulé, plein de cailloux. Quand le valet de chambre, qui me vengea rudement, apprit cet événement à ma mère, elle s'écria : — Ce maudit enfant ne nous donnera que des chagrins! » J'entrai dans une horrible défiance de moi-même, en trouvant là les répulsions que j'inspirais en famille. Là, comme à la maison, je me repliai sur moi-même. Une seconde tombée de neige retarda la floraison des germes semés en mon âme. Ceux que je voyais aimés étaient de francs polissons; ma fierté s'appuya sur cette observation, et je demeurai seul. Ainsi se continua l'impossibilité d'épancher les sentiments dont mon pauvre cœur était gros. En me voyant toujours assombri, haï, solitaire, le maître confirma les soupçons erronés que ma famille avait de ma mauvaise nature. Dès que je sus écrire et lire, ma mère me fit exporter à Pont-le-Voy, collége dirigé par des Oratoriens qui recevaient les enfants de mon âge dans une classe nommée la classe des *Pas-latins*, où restaient aussi les écoliers de qui l'intelligence tardive se refusait au rudiment. Je demeurai là huit ans, sans voir personne, et menant une vie de paria. Voici comment et pourquoi. Je n'avais que trois francs par mois pour mes menus plaisirs, somme qui suffisait à peine aux plumes, canifs, règles, encres et papier dont il fallait nous pourvoir. Ainsi, ne pouvant acheter ni les échasses, ni les cordes, ni aucune des choses nécessaires aux amusements du collége, j'étais banni des jeux; pour y être admis, j'aurais dû flagorner les riches ou flatter les forts de ma division. La moindre de ces lâchetés, que se permettent si facilement les enfants, me faisait bondir le cœur. Je séjournais sous un arbre, perdu dans de plaintives rêveries, ou je lisais les livres que nous distribuait mensuellement le bibliothécaire. Combien de douleurs étaient cachées au fond de cette solitude monstrueuse! quelles angoisses engendrait mon abandon! Imaginez ce que mon âme tendre dut ressentir à la première distribution de prix où j'obtins les deux plus estimés, le prix de thème et celui de version? En venant les recevoir sur le théâtre au milieu des acclamations et des fanfares, je n'eus ni mon père ni ma mère pour me fêter, alors que le parterre était rempli par les parents de tous mes camarades. Au lieu de baiser le distributeur, suivant l'usage, je me précipitai dans son sein et j'y fondis en larmes. L'hiver venu, je brûlai mes couronnes dans le poêle. Les parents demeuraient en ville pendant la semaine employée par les exercices qui précédaient la distribution des prix; ainsi, mes camarades décampaient tous joyeusement le matin; tandis que moi, de qui les parents étaient à quelques lieues de là, je restais dans les cours avec les Outremer, nom donné aux écoliers dont les familles se trouvaient aux îles ou à l'étranger. Le soir, durant la prière, les barbares nous vantaient les bons dîners faits avec leurs parents. Vous verrez toujours mon malheur s'agrandir en raison de la circonférence des sphères sociales où j'entrerai.

Combien d'efforts n'ai-je pas tentés pour infirmer l'arrêt qui me condamnait à ne vivre qu'en moi ! Que d'espérances longtemps conçues avec mille élancements d'âme et détruites en un jour ! Pour décider mes parents à venir au collége, je leur écrivais des épîtres pleines de sentiments, peut-être emphatiquement exprimés, mais ces lettres auraient-elles dû m'attirer les reproches de ma mère qui me réprimandait avec ironie sur mon style? Sans me décourager, je promettais de remplir les conditions que ma mère et mon père mettaient à leur arrivée, j'implorais l'assistance de mes sœurs à qui j'écrivais aux jours de leur fête et de leur naissance, avec l'exactitude des pauvres enfants délaissés, mais avec une vaine persistance. Aux approches de la distribution des prix, je redoublais mes prières, je parlais de triomphes pressentis. Trompé par le silence de mes parents, je les attendais en m'exaltant le cœur, je les annonçais à mes camarades; et quand, à l'arrivée des familles, le pas du vieux portier qui appelait les écoliers retentissait dans les cours, j'éprouvais alors des palpitations maladives. Jamais ce vieillard ne prononça mon nom ! Le jour où je m'accusai d'avoir maudit l'existence, mon confesseur me montra le ciel où fleurissait la palme promise par le *Beati qui lugent!* du Sauveur. Lors de ma première communion, je me jetai donc dans les mystérieuses profondeurs de la prière, séduit par les idées religieuses dont les féeries morales enchantent les jeunes esprits. Animé d'une ardente foi, je priais Dieu de renouveler en ma faveur les miracles fascinateurs que je lisais dans le Martyrologe. A cinq ans, je m'envolais dans une étoile; à douze ans, j'allais frapper aux portes du Sanctuaire. Mon extase fit éclore en moi des songes inénarrables qui meublèrent mon imagination; enrichirent ma tendresse et fortifièrent mes facultés pensantes. J'ai souvent attribué ces sublimes visions à des anges chargés de façonner mon âme à de divines destinées; elles ont doué mes yeux de la faculté de voir l'esprit intime des choses; elles ont préparé mon cœur aux magies qui font le poëte malheureux, quand il a le fatal pouvoir de comparer ce qu'il sent à ce qui est, les grandes choses voulues au peu qu'il obtient; elles ont écrit dans ma tête un livre où j'ai pu lire ce que je devais exprimer, et mis sur mes lèvres le charbon de l'improvisateur.

Mon père conçut quelques doutes sur la portée de l'enseignement oratorien, et vint m'enlever de Pont-le-Voy, pour me mettre à Paris dans une institution située au Marais. J'avais quinze ans. Examen fait de ma capacité, le rhétoricien de Pont-le-Voy fut jugé digne d'être en troisième. Les douleurs que j'avais éprouvées en famille, à l'école, au collége, je les retrouvai sous une nouvelle forme pendant mon séjour à la pension Lepître. Mon père ne m'avait point donné d'argent. Quand mes parents savaient que je pouvais être nourri, vêtu, gorgé de latin, bourré de grec, tout était résolu. Durant le cour de ma vie collégiale, j'ai connu mille camarades environ, et n'ai rencontré chez aucun l'exemple d'une pareille indifférence. Attaché fanatiquement aux Bourbons, M. Lepître avait eu des relations avec mon père, à l'époque où des royalistes dévoués essayèrent d'enlever au Temple la reine Marie-Antoinette; ils avaient renouvelé connaissance; M. Lepître se crut donc obligé de réparer l'oubli de mon père, mais la somme qu'il me donna mensuellement fut médiocre, car il ignorait les intentions de ma famille. La pension était installée à l'ancien hôtel Joyeuse, où, comme dans toutes les anciennes demeures seigneuriales, il se trouvait une loge de Suisse. Pendant la récréation qui précédait l'heure où le *gâcheux* nous conduisait au lycée Charlemagne, les camarades opulents allaient déjeûner chez notre portier, nommé Doisy. M. Lepître ignorait ou souffrait le commerce de Doisy, véritable contrebandier que les élèves avaient intérêt à choyer : il était le secret chaperon de nos écarts, le confident des rentrées tardives, notre intermédiaire entre les loueurs de livres défendus. Déjeûner avec une tasse de café au lait était un goût aristocratique, expliqué par le prix excessif auquel montèrent les denrées coloniales sous Napoléon. Si l'usage du sucre et du café constituait un luxe chez les parents, il annonçait parmi nous une supériorité vaniteuse qui aurait engendré notre passion, si la pente à l'imitation, si la gourmandise, si la contagion de la mode n'eussent pas suffi. Doisy nous faisait crédit, il nous supposait à tous des sœurs ou des tantes qui approuvent le point d'honneur des écoliers et paient leurs dettes. Je résistai longtemps aux blandices de la buvette. Si mes juges eussent connu la force des séductions, les héroïques aspirations de mon âme vers le stoïcisme, les rages contenues pendant ma longue résistance, ils eussent essuyé mes pleurs au lieu de les faire couler. Mais, enfant, pouvais-je avoir cette grandeur d'âme qui fait mépriser le mépris d'autrui! puis je sentis peut-être les atteintes de plusieurs vices sociaux dont la puissance fut augmentée par ma convoitise.

Vers la fin de la deuxième année, mon père et ma mère vinrent à Paris. Le jour de leur arrivée me fut annoncée par mon frère : il habitait Paris et ne m'avait pas fait une seule visite. Mes sœurs étaient du voyage, et nous devions voir Paris ensemble. Le premier jour nous irions dîner au Palais-Royal afin d'être tout portés au Théâtre-Français. Malgré l'ivresse que me causa ce programme de fêtes inespérées, ma joie fut détendue par le vent d'orage qui impressionne si rapidement les habitués du malheur. J'avais à déclarer *cent* francs de dettes contractées chez le sieur Doisy qui me menaçait de demander lui-même son argent à mes parents. J'inventai de prendre mon frère pour drogman de Doisy, pour interprète de mon repentir, pour médiateur de mon pardon. Mon père pencha vers l'indulgence. Mais ma mère fut impitoyable, son œil bleu foncé me pétrifia ; elle fulmina de terribles prophéties. « Que serais-je plus tard, si dès l'âge de dix-sept ans je faisais de semblables équipées! Étais-je bien son fils? Allais-je ruiner ma famille? Étais-je donc seul au logis? La carrière embrassée par mon frère Charles n'exigeait-elle pas une dotation indépendante, déjà méritée par une conduite qui glorifiait sa famille, tandis que j'en serais la honte? Mes deux sœurs se marieraient-elles sans dot? Ignorais-je donc le prix de l'argent et ce que je coûtais. A quoi servaient le sucre et le café dans une éducation? Se conduire ainsi, n'était-ce pas apprendre tous les vices? » Marat était un ange en comparaison de moi. Après avoir subi le choc de ce torrent qui charria mille terreurs en mon âme, mon frère me reconduisit à ma pension; je perdis le diner aux Frères Provençaux et fus privé de voir Talma dans *Britannicus*. Telle fut mon entrevue avec ma mère après une séparation de douze ans.

Quand j'eus fini mes humanités, mon père me laissa sous la tutelle de M. Lepître; je devais apprendre les mathématiques transcendantes, faire une première année de droit et commencer de hautes études. Pensionnaire en chambre et libéré des classes, je crus à une trêve entre la misère et moi. Mais malgré mes dix-neuf ans, ou peut-être à cause de mes dix-neuf ans, mon père continua le système qui m'avait envoyé jadis à l'école sans provisions de bouche, au collége sans menus plaisirs, et donné Doisy pour créancier. J'eus peu d'argent à ma disposition. Que tenter à Paris sans argent? D'ailleurs, ma liberté fut savamment enchaînée. M. Lepître me faisait accompagner à l'École de Droit par un gâcheux qui me remettait aux mains du professeur, et venait me reprendre. Une jeune fille aurait été gardée avec moins de précautions que les craintes de ma mère n'en inspirèrent pour conserver ma

personne. Paris effrayait à bon droit mes parents.
Les écoliers sont secrètement occupés de ce qui
préoccupe aussi les demoiselles dans leurs pension-
nats ; quoi qu'on fasse, celles-ci parleront toujours
de l'amant, et ceux-là de la femme. Mais à Paris, et
dans ce temps, les conversations entre camarades
étaient dominées par le monde oriental et sultanes-
que du Palais-Royal. Le Palais-Royal était un Eldo-
rado d'amour où le soir les lingots couraient tout
monnayés. Là cessaient les doutes les plus vierges,
là pouvaient s'apaiser nos curiosités allumées ! Le
Palais-Royal et moi nous fûmes deux asymptotes,
dirigées l'une vers l'autre sans pouvoir se rencontrer.
Voici comment le sort déjoua mes tentatives. Mon
père m'avait présenté chez une de ses tantes qui demeurait dans l'île Saint-Louis, où je dus aller dîner
les jeudis et les dimanches, conduit par madame ou
par M. Lepître qui, ces jours-là, sortaient et me re-
prenaient le soir en revenant chez eux. Singulières
récréations ! La marquise de Listomère était une
grande dame cérémonieuse qui n'eut jamais la pensée de m'offrir un écu. Vieille comme une cathédrale, peinte comme une miniature, somptueuse
dans sa mise, elle vivait dans son hôtel comme si
Louis XV ne fût pas mort, et ne voyait que des
vieilles femmes et des gentilshommes, société de
corps fossiles où je croyais être dans un cimetière.
Personne ne m'adressait la parole, et je ne me sentais pas la force de parler le premier ; les regards
hostiles ou froids me rendaient honteux de ma jeunesse qui semblait importune à tous. Je basai le
succès de mon escapade sur cette indifférence, en

me proposant de m'esquiver un jour, aussitôt le dîner fini, pour voler aux Galeries de Bois. Une fois engagée dans un whist, ma tante ne faisait plus attention à moi; Jean, son valet de chambre, se souciait peu de M. Lepître; mais ce malheureux dîner se prolongeait malheureusement en raison de la vétusté des mâchoires ou de l'imperfection des râteliers. Enfin un soir, entre huit et neuf heures, j'avais gagné l'escalier, palpitant comme Bianca Capello le jour de sa fuite; mais quand le suisse m'eut tiré le cordon, je vis le fiacre de M. Lepître dans la rue, et le bonhomme qui me demandait de sa voix grêle. Trois fois le hasard s'interposa fatalement entre l'enfer du Palais-Royal et le paradis de ma jeunesse. Le jour où, me trouvant honteux à vingt ans de mon ignorance, je résolus d'affronter tous les périls pour en finir; au moment où faussant compagnie à M. Lepître pendant qu'il montait en voiture, opération difficile, il étoit gros comme Louis XVIII et pied-bot; eh bien! ma mère arrivait en chaise de poste; je fus arrêté par son regard et demeurai comme l'oiseau devant le serpent. Par quel hasard la rencontrai-je? Rien de plus naturel. Napoléon tentait ses derniers coups. Mon père, qui subodorait les Bourbons, venait éclairer mon frère employé déjà dans la diplomatie impériale. Il avait quitté Tours avec ma mère, qui s'était chargée de m'y reconduire pour me soustraire aux dangers dont la capitale semblait menacée à ceux qui suivaient intelligemment la marche des ennemis. En quelques minutes je fus enlevé de Paris, au moment où son séjour allait m'être fatal. Les tourments d'une imagination sans cesse agitée de désirs réprimés, les ennuis d'une vie attristée par de constantes privations, m'avaient contraint à me jeter dans l'étude, comme les hommes lassés de leur sort se confinaient autrefois dans un cloître. Chez moi, l'étude était devenue une passion qui pouvait m'être fatale en m'emprisonnant à l'époque où les jeunes gens doivent se livrer aux activités enchanteresses de leur nature printanière.

Ce léger croquis d'une jeunesse, où vous devinez d'innombrables élégies, était nécessaire pour expliquer l'influence qu'elle exerça sur mon avenir. Affecté par tant d'éléments morbides, à vingt ans passés, j'étais encore petit, maigre et pâle. Mon âme, pleine de vouloirs, se débattait avec un corps débile en apparence, mais qui, selon le mot d'un vieux médecin de Tours, subissait la dernière fusion d'un tempérament de fer. Enfant par le corps, et vieux par la pensée, j'avais tant lu, tant médité, que je connaissais métaphysiquement la vie dans ses hauteurs au moment où j'allais apercevoir les difficultés tortueuses de ses défilés et les chemins sablonneux de ses plaines. Des hasards inouïs m'avaient laissé dans cette délicieuse période où surgissent les premiers troubles de l'âme, où elle s'éveille aux voluptés, où pour elle tout est sapide et frais. J'étais entre ma puberté prolongée par mes travaux et ma virilité qui poussait tardivement ses rameaux verts. Nul jeune homme ne fut mieux que je ne l'étais, préparé à sentir, à aimer. Pour bien comprendre mon récit, reportez-vous donc à ce bel âge où la bouche est vierge de mensonges,

2.

où le regard est franc, quoique voilé par des paupières qu'alourdissent les timidités en contradiction avec le désir, où l'esprit ne se plie point au jésuitisme du monde, ou la couardise du cœur égale en violence les générosités du premier mouvement.

Je ne vous parlerai point du voyage que je fis de Paris à Tours avec ma mère. La froideur de ses façons réprima l'essor de mes tendresses. En partant de chaque nouveau relai je me promettais de parler; mais un regard, un mot effarouchaient les phrases prudemment méditées pour mon exorde. A Orléans, au moment de se coucher, ma mère me reprocha mon silence. Je me jetai à ses pieds, j'embrassai ses genoux en pleurant à chaudes larmes, je lui ouvris mon cœur, gros d'affection; j'essayai de la toucher par l'éloquence d'une plaidoirie affamée d'amour, et dont les accents eussent remué les entrailles d'une marâtre. Ma mère me répondit que je jouais la comédie. Je me plaignis de son abandon, elle m'appela fils dénaturé. J'eus un tel serrement de cœur qu'à Blois je courus sur le pont pour me jeter dans la Loire. Mon suicide fut empêché par la hauteur du parapet.

A mon arrivée, mes deux sœurs, qui ne me connaissaient point, marquèrent plus d'étonnement que de tendresse; cependant plus tard, par comparaison, elles me parurent pleines d'amitié pour moi. Je fus logé dans une chambre, au troisième étage. Vous aurez compris l'étendue de mes misères quand je vous aurai dit que ma mère me laissa, moi, jeune homme de vingt ans, sans autre linge que celui de mon misérable trousseau de pension, sans autre garde-robe que mes vêtements de Paris. Si je volais d'un bout du salon à l'autre pour lui ramasser son mouchoir, elle ne me disait que le froid merci qu'une femme accorde à son valet. Obligé de l'observer pour reconnaître s'il y avait en son cœur des endroits friables où je pusse attacher quelques rameaux d'affection, je vis en elle une grande femme sèche et mince, joueuse, égoïste, impertinente comme toutes les Listomère chez qui l'impertinence se compte dans la dot. Elle ne voyait dans la vie que des devoirs à remplir; toutes les femmes froides que j'ai rencontrées se faisaient comme elle une religion du devoir; elle recevait nos adorations comme un prêtre reçoit l'encens à la messe. Mon frère aîné semblait avoir absorbé le peu de maternité qu'elle avait au cœur. Elle nous piquait sans cesse par les traits d'une ironie mordante, l'arme des gens sans cœur, et dont elle se servait contre nous qui ne pouvions lui rien répondre. Malgré ces barrières épineuses, les sentiments instinctifs tiennent par tant de racines, la religieuse terreur inspirée par une mère, de laquelle il coûte trop de désespérer, conserve tant de liens, que la sublime erreur de notre amour se continua jusqu'au jour où, plus avancés dans la vie, elle fut souverainement jugée; en ce jour commencent les représailles des enfants dont l'indifférence, engendrée par les déceptions du passé, grossie des épaves limoneuses qu'ils en ramènent, s'étend jusque sur la tombe. Ce terrible despotisme chassa les idées voluptueuses que j'avais follement médité de satisfaire à Tours. Je me jetai désespérément dans la bibliothèque de mon père, où je me mis à lire tous les livres que je ne connaissais point. Mes longues séances de travail m'épargnèrent tout contact avec ma mère, mais elles aggravèrent ma situation morale. Parfois ma sœur aînée, celle qui a épousé notre cousin le marquis Listomère, cherchait à me consoler sans pouvoir calmer l'irritation à laquelle j'étais en proie. Je voulais mourir.

De grands événements, auxquels j'étais étranger, se préparaient alors. Parti de Bordeaux pour rejoindre Louis XVIII à Paris, le duc d'Angoulême recevait, à son passage dans chaque ville, des ovations préparées par l'enthousiasme qui saisissait la vieille France au retour des Bourbons. La Touraine en émoi pour ses princes légitimes, la ville en rumeur, les fenêtres pavoisées, les habitants endimanchés, les apprêts d'une fête, et ce je ne sais quoi répandu dans l'air et qui grise, me donnèrent l'envie d'assister au bal offert au prince. Quand je me mis de l'audace au front pour exprimer ce désir à ma mère, alors trop malade pour pouvoir assister à la fête, elle se courrouça grandement. Arrivais-je du Congo pour ne rien savoir? Comment pouvais-je imaginer que notre famille ne serait pas représentée à ce bal? En l'absence de mon père et de mon frère, n'était-ce pas à moi d'y aller? N'avais-je pas une mère? ne pensait-elle pas au bonheur de ses enfants? En un moment le fils quasi dévoué devenait un personnage. Je fus autant abasourdi de mon importance que du déluge de raisons ironiquement déduites, par lesquelles ma mère accueillit ma supplique. Je questionnai mes

sœurs, et j'appris que ma mère, à laquelle plaisaient ces coups de théâtre, s'était forcément occupée de ma toilette. Surpris par les exigences de ses pratiques, aucun tailleur de Tours n'avait pu se charger de mon équipement. Ma mère avait mandé son ouvrière à la journée, qui, suivant l'usage des provinces, savait faire toute espèce de couture. Un habit bleu barbeau me fut secrètement confectionné tant bien que mal. Des bas de soie et des escarpins neufs furent facilement trouvés; les gilets d'homme se portaient courts, je pus mettre un des gilets de mon père; pour la première fois j'eus une chemise à jabot dont les tuyaux gonflèrent ma poitrine et s'entortillèrent dans le nœud de ma cravate. Quand je fus habillé, je me ressemblai si peu, que mes sœurs me donnèrent par leurs compliments le courage de paraître devant la Touraine assemblée. Entreprise ardue! Cette fête comportait trop d'appelés pour qu'il y eût beaucoup d'élus. Grâce à l'exiguité de ma taille, je me faufilai sous une tente construite dans les jardins de la maison Papion, et j'arrivai près du fauteuil où trônait le prince. En un moment je fus suffoqué par la chaleur, ébloui par les lumières, par les tentures rouges, par les ornements dorés, par les toilettes et les diamants de la première fête publique à laquelle j'assistais. J'étais poussé par une foule d'hommes et de femmes qui se ruaient les uns sur les autres et se heurtaient dans un nuage de poussière. Les cuivres ardents et les éclats bourboniens de la musique militaire étaient étouffés sous le hourra des:
— Vive le duc d'Angoulême! vive le roi! vivent les

Bourbons! Cette fête était une débâcle d'enthousiasme où chacun s'efforçait de se surpasser dans le féroce empressement de courir au soleil levant des Bourbons, véritable égoïsme de parti qui me laissa froid, me rapetissa, me replia sur moi-même.

Emporté comme un fétu dans ce tourbillon, j'eus un enfantin désir d'être duc d'Angoulême, de me mêler ainsi à ces princes qui paradaient devant un public ébahi. La niaise envie du Tourangeau fit éclore une ambition que mon caractère et les circonstances ennoblirent. Qui n'a pas jalousé cette adoration dont l'année suivante je vis une répétition grandiose, quand Paris tout entier se précipita vers l'empereur à son retour de l'île d'Elbe? Cet empire exercé sur les masses, dont les sentiments et la vie se déchargent dans une seule âme, me voua soudain à la gloire, cette prêtresse qui égorge les Français d'aujourd'hui, comme autrefois la druidesse sacrifiait les Gaulois. Puis tout à coup je rencontrai la femme qui devait aiguillonner sans cesse mes ambitieux désirs, et les combler en me jetant au cœur de la royauté. Trop timide pour inviter une danseuse, et craignant d'ailleurs de brouiller les figures, je devins naturellement très-grimaud en ne sachant que faire de ma personne. Au moment où je souffrais du malaise causé par le piétinement auquel oblige une foule à côtoyer, à percer, un officier marcha sur mes pieds, gonflés autant par la compression du cuir que par la chaleur. Ce dernier ennui me dégoûta de la fête. Il était impossible de sortir, je me réfugiai dans un coin, au bout d'une banquette abandonnée, où je restai les yeux fixes, immobile et boudeur. Trompée par ma chétive apparence, une femme me prit pour un enfant prêt à s'endormir en attendant le bon plaisir de sa mère, et se posa près de moi par un mouvement d'oiseau qui s'abat sur son nid. Aussitôt je sentis une céleste odeur de myrrhe et d'aloës, un parfum de femme qui brilla dans mon âme comme y brilla depuis la poésie orientale. Je regardai ma voisine, et fus plus ébloui par elle que je ne l'avais été par la fête; elle devint toute ma fête. Si vous avez bien compris ma vie antérieure, vous devinerez les sentiments qui sourdirent en mon cœur. Mes yeux furent tout à coup frappés par de blanches épaules rebondies, sur lesquelles j'aurais voulu pouvoir me rouler, des épaules légèrement rosées, qui semblaient rougir comme si elles se trouvaient nues pour la première fois, de pudiques épaules qui avaient une âme, et dont la peau satinée éclatait à la lumière comme un tissu de soie. Ces épaules étaient partagées par une raie, le long de laquelle coula mon regard, plus hardi que n'eût été ma main. Je me haussai tout palpitant pour voir le corsage, et fus complétement fasciné par une gorge chastement couverte d'une gaze, mais dont les globes azurés, et d'une rondeur parfaite, étaient douillettement couchés dans des flots de dentelle. Les plus légers détails de cette tête furent les amorces qui réveillèrent en moi des jouissances infinies; le brillant des cheveux, lissés au-dessus d'un cou velouté comme celui d'une petite fille; les lignes blanches que le peigne y avait dessinées, et où mon imagination courut comme en de frais sentiers, tout me fit perdre l'esprit. Après m'être assuré que personne ne me voyait, je me plongeai dans ce dos comme un enfant se jette dans le sein de sa mère, en baisant à plusieurs reprises toutes ces épaules où se roula ma tête. Cette femme poussa un cri perçant, que la musique empêcha d'entendre; elle se retourna, me vit et me dit : « — Monsieur! » Ah! si elle avait dit : « — Mon petit bonhomme, qu'est-ce qui vous prend donc? » je l'aurais tuée peut-être; mais à ce *monsieur!* des larmes chaudes jaillirent de mes yeux. Je fus pétrifié par un regard animé d'une sainte colère, par une tête sublime couronnée d'un diadème de cheveux cendrés, en harmonie avec ce dos d'amour. La pourpre de la pudeur offensée étincela sur son visage, que désarmait déjà le pardon de la femme qui comprend une frénésie dont elle est le principe, et devine des adorations infinies dans les larmes du repentir. Elle s'en alla par un mouvement de reine. Je sentis alors le ridicule de ma position, alors seulement je compris que j'étais fagotté comme le singe d'un Savoyard; j'eus honte de moi. Je restai tout hébété, savourant le quartier de pomme que je venais de dévorer, gardant sur les lèvres la chaleur de ce sang que j'avais aspiré, ne me repentant de rien, et suivant du regard cette femme descendue des cieux.

Saisi par le premier accès charnel de la grande fièvre du cœur, j'errai dans le bal devenu désert, sans pouvoir y retrouver mon inconnue, et revins me coucher métamorphosé. Une âme nouvelle, une âme aux ailes diaprées avait brisé sa larve. Tombée des steppes bleues où je l'admirais, ma chère étoile s'était donc fait femme en conservant sa clarté, ses scintillements et sa fraîcheur. J'aimai soudain, sans rien savoir de l'amour. N'est-ce pas une étrange chose que cette première irruption du sentiment le plus vif de l'homme? J'avais rencontré dans le salon de ma tante quelques jolies femmes, aucune ne m'avait causé la moindre impression. Existe-t-il donc une heure, une conjonction d'astres, une réunion de circonstances expresses, une certaine femme entre toutes, pour déterminer une passion exclusive, au temps où la passion embrasse le sexe entier? En pensant que mon Élue vivait en Touraine, j'aspirais l'air avec délices, je trouvais au bleu du temps une couleur que je ne lui ai plus vue nulle part. Si j'étais ravi mentalement, je parus sérieusement malade, et ma mère eut des craintes mêlées de remords. Semblable aux animaux qui sentent venir le mal, j'allais m'accroupir dans un coin du jardin pour y rêver au baiser que j'avais volé. Quelques jours après ce bal mémorable, ma mère attribua l'abandon de mes travaux, mon indifférence à ses regards oppresseurs, mon insouciance de ses ironies et ma sombre attitude, aux crises naturelles que doivent subir les jeunes gens de mon âge. La campagne, cet éternel remède des affections auxquelles la médecine ne connaît rien, fut regardée comme le meilleur moyen de me sortir de mon apathie. Ma mère décida que j'irais passer quelques jours à Frapesle, château situé sur l'Indre entre Montbazon et Azay-le-Rideau, chez l'un de ses amis, à qui sans doute elle donna des instructions secrètes.

Le jour où j'eus ainsi la clef des champs, j'avais si drûment nagé dans l'océan de l'amour, que je l'avais traversé. J'ignorais le nom de mon inconnue. Comment la désigner? où la trouver? D'ailleurs, à qui pouvais-je parler d'elle! Mon caractère timide augmentait encore les craintes inexpliquées qui s'emparent des jeunes cœurs au début de l'amour, et me faisait commencer par la mélancolie qui termine les passions sans espoir. Je ne demandais pas mieux que d'aller, venir, courir à travers champs; avec ce courage d'enfant qui ne doute de rien et comporte je ne sais quoi de chevaleresque; je me proposais de fouiller tous les châteaux de la Touraine, en y voyageant à pied, en me disant à chaque jolie tourelle : — C'est là ! Donc, un jeudi matin, je sortis de Tours par la barrière Saint-Éloy, je traversai les ponts Saint-Sauveur, j'arrivai dans Poncher, en levant le nez à chaque maison, et gagnai la route de Chinon. Pour la première fois de ma vie, je pouvais m'arrêter sous un arbre, marcher lentement ou vite à mon gré sans être questionné par personne. Pour un pauvre être écrasé par les différents despotismes qui, peu ou prou, pèsent sur toutes les jeunesses, le premier usage du libre arbitre, exercé même sur des riens, apportait à l'âme je ne sais quel épanouissement. Beaucoup de raisons se réunissaient pour faire de ce jour une fête pleine d'enchantements. Dans mon enfance, mes promenades ne m'avaient pas conduit à plus d'une lieue hors la ville. Mes courses aux environs de Pont-le-Voy, ni celles que je fis dans Paris, ne m'avaient gâté sur les beautés de la nature champêtre. Néanmoins il me restait, des premiers souvenirs de ma vie, le sentiment du beau qui respire dans le paysage de Tours avec lequel je m'étais familiarisé. Quoique complétement neuf à la poésie des sites, j'étais donc exigeant à mon insu, comme ceux qui sans avoir la pratique d'un art en imaginent tout d'abord l'idéal.

Pour aller au château de Frapesle, les gens à pied ou à cheval abrègent la route en passant par les landes dites de Charlemagne, terres en friche, situées au sommet du plateau qui sépare le bassin du Cher de celui de l'Indre, et où mène un chemin de traverse que l'on prend à Champy. Ces landes plates et sablonneuses qui vous attristent durant une lieue environ, joignent par un bouquet de bois le chemin de Saché, nom de la commune d'où dépend Frapesle. Ce chemin, qui débouche sur la route de Chinon, bien au delà de Ballan, longe une plaine ondulée sans accidents remarquables, jusqu'au petit pays d'Artanne. Là, se découvre une vallée qui commence à Montbazon, finit à la Loire, et semble bondir sous les châteaux posés sur ses doubles collines; une magnifique coupe d'émeraude au fond de laquelle l'Indre se roule par des mouvements de serpent. A cet aspect, je fus saisi d'un étonnement voluptueux que l'ennui des landes ou la fatigue du chemin avait préparé.

— Si cette femme, la fleur de son sexe, habite un lieu dans le monde, ce lieu, le voici ! A cette pensée, je m'appuyai contre un noyer sous lequel, depuis ce jour, je me repose toutes les fois que je reviens dans ma chère vallée. Sous cet arbre confident de mes pensées, je m'interroge sur les changements que j'ai subis pendant le temps qui s'est écoulé depuis le dernier jour où j'en suis parti. Elle demeurait là, mon cœur ne me trompait point : le premier castel que je vis au penchant d'une lande était son habitation ; quand je m'assis sous mon noyer, l soleil de midi faisait pétiller les ardoises de son toit et les vitres de ses fenêtres ; sa robe de percale produisait le point blanc que je remarquai dans ses vignes sous un hallebergier. Elle était, comme vous le savez déjà, sans rien savoir encore, LE LYS DE CETTE VALLÉE où elle croissait pour le ciel, en la remplissant du parfum de ses vertus. L'amour infini, sans autre aliment qu'un objet à peine entrevu dont mon âme était remplie, je le trouvais exprimé par ce long ruban d'eau qui ruisselait au soleil entre deux rives vertes, par des lignes de peupliers qui paraient de leurs dentelles mobiles ce val d'amour, par les bois de chênes qui s'avancent entre les vignobles sur des coteaux que la rivière arrondit toujours différemment, et par ces horizons estompés qui fuient en se contrariant. Si vous voulez voir la nature belle et vierge comme une fiancée, allez là par un jour de printemps ; si vous voulez calmer les plaies saignantes de votre cœur, revenez-y par les derniers jours de l'automne ! Au printemps, l'amour y bat des ailes à plein ciel ; en automne, on y songe à ceux qui ne sont plus. Le poumon malade y respire une fraîcheur mélancolieuse, la vue s'y repose sur des touffes mordorées qui communiquent leurs douceurs et leur paix à l'âme. En ce moment, les moulins situés sur les chutes de l'Indre donnaient une voix à cette vallée frémissante, les peupliers se balançaient en riant, pas un nuage au ciel, les oiseaux chantaient, les cigales criaient, tout y était mélodie. Ne me demandez plus pourquoi j'aime la Touraine? je ne l'aime ni comme on aime son berceau, ni comme on aime un oasis dans le désert; je l'aime comme un artiste aime l'art; je l'aime moins que je ne vous aime, mais sans la Touraine, peut-être ne vivrais-je plus. Sans savoir pourquoi, mes yeux revenaient au point blanc, à la femme qui brillait dans ce vaste jardin comme au milieu des buissons verts éclatait la clochette d'un convolvulus, flétrie si l'on y touche. Je descendis, l'âme émue, au fond de cette corbeille, et vis bientôt un village que la poésie qui surabondait en moi me fit trouver sans pareil. Figurez-vous trois moulins posés parmi des îles gracieusement découpées, couronnées de quelques bouquets d'arbres au milieu d'une prairie d'eau; quel autre nom donner à ces végétations aquatiques, si vivaces, si bien colorées, qui tapissent la rivière, surgissent au-dessus, ondulent avec elle, se laissent aller à ses caprices, et se plient aux tempêtes de la rivière fouettée par la roue des moulins? Çà et là, s'élèvent des masses de gravier sur lesquelles l'eau se brise, en y formant des franges où reluit le soleil. Les amarillys, le nénuphar, le lys d'eau, les joncs décorent les rives de leurs magnifiques tapisseries. Un pont tremblant composé de poutrelles pourries, dont les piles sont couvertes de fleurs, dont les garde-fous plantés d'herbes vivaces et de mousses veloutées se penchent sur la rivière et ne tombent point ; des barques usées, des filets de pêcheurs, le chant monotone d'un berger, les canards qui voguaient entre les îles ou s'épluchaient sur le jard, nom du gros sable que charrie la Loire ; des garçons meuniers, le bonnet sur l'oreille, occupés à charger leurs mulets ; chacun de ces détails rendait cette scène d'une naïveté surprenante. Imaginez au delà du pont, deux ou trois fermes, un colombier, des tourelles, une trentaine de masures séparées par des jardins, par des haies de chèvrefeuilles, de jasmins et de clématites ; puis du fumier fleuri devant toutes les portes, des poules et des coqs par les chemins ! Voilà le village du Pont-de-Ruan, joli village surmonté d'une vieille église pleine de caractère, une église du temps des croisades, et comme les peintres en cherchent pour leurs tableaux ! Encadrez le tout de noyers antiques, de jeunes peupliers aux feuilles d'or pâle, mettez de gracieuses fabriques au milieu des longues prairies où l'œil se perd sous un ciel chaud et vaporeux, vous aurez une idée d'un des mille points de vue de ce beau pays. Je suivis le chemin de Saché sur la gauche de la rivière, en observant les détails des collines qui meublent la rive opposée. Puis enfin, j'atteignis un parc orné d'arbres centenaires qui m'indiqua le château de Frapesle. J'arrivai précisément à l'heure où la cloche annonçait le déjeuner. Après le repas, mon hôte, ne soupçonnant pas que j'étais venu de Tours à pied, me fit parcourir les alentours de sa terre où de toutes parts je vis la vallée sous toutes ses formes : ici par une échappée, là tout entière ; souvent mes yeux furent attirés à l'horizon par la belle lame d'or de la Loire où, parmi les roulées, les voiles dessinaient de fugaces figures; en gravissant une crête, j'admirai pour la première fois, le château d'Azay, diamant taillé à facettes, serti par l'Indre, monté sur des pilotis masqués de fleurs; puis dans un fond les masses romantiques du château de Saché, mélancolique séjour, plein d'harmonies trop graves pour les gens superficiels, chères aux poëtes dont l'âme est endolorie. Aussi, plus tard, en aimai-je le silence, les grands arbres chenus, et ce je ne sais quoi mystérieux épandu dans son vallon solitaire! Mais chaque fois que je retrouvais au penchant de la côte voisine le mignon castel aperçu, choisi par mon premier regard, je m'y arrêtais complaisamment.

Hé! me dit mon hôte en lisant dans mes yeux l'un de ces pétillants désirs toujours si naïvement exprimés à mon âge, vous sentez de loin une jolie femme comme un chien flaire le gibier.

Je n'aimai pas ce dernier mot, mais je demandai le nom du castel et celui du propriétaire.

— Ceci est Clochegourde, me dit-il, jolie maison appartenant au comte de Mortsauf, le représentant d'une famille historique en Touraine, et dont la fortune date de Louis XI. Il est venu s'établir sur ce domaine au retour de l'émigration. Ce bien est à sa femme, une demoiselle de Lenoncourt, de la maison de Lenoncourt-Givry, qui va s'éteindre : madame de Mortsauf est fille unique. Le peu de fortune de cette famille contraste si singulièrement avec l'illustration des noms, que, par orgueil ou par nécessité peut-être, ils restent toujours à Clochegourde et n'y voient personne. Jusqu'à présent leur attachement aux Bourbons pouvait justifier leur solitude; mais je doute que le retour du roi change leur manière de vivre. En venant m'établir ici, l'année dernière, je suis allé leur faire une visite de politesse; ils me l'ont rendue et nous ont invités à dîner; l'hiver nous a séparés pour quelques mois; puis les événements politiques ont retardé notre retour, car je ne suis à Frapesle que depuis peu de temps. Madame de Mortsauf est une femme qui pourrait occuper partout la première place.

— Vient-elle souvent à Tours?

— Elle n'y va jamais. — Mais, dit-il en se reprenant, elle y est allée dernièrement, au passage du duc d'Angoulême qui s'est montré fort gracieux pour monsieur de Mortsauf.

— C'est elle! m'écriai-je.

— Qui, elle?

— Une femme qui a de belles épaules.

— Vous rencontrerez en Touraine beaucoup de femmes qui ont de belles épaules, dit-il en riant. Mais si vous n'êtes pas fatigué, nous pouvons passer la rivière, et monter à Clochegourde où vous aviserez à reconnaître vos épaules.

J'acceptai, non sans rougir de plaisir et de honte. Vers quatre heures nous arrivâmes au petit château que mes yeux caressaient depuis si longtemps. Cette habitation, qui fait un bel effet dans le paysage, est en réalité modeste; elle a cinq fenêtres de face, chacune de celles qui terminent la façade exposée au midi s'avance d'environ deux toises, artifice d'architecture qui simule deux pavillons et donne de la grâce au logis ; celle du milieu sert de porte, et l'on en descend par un double perron dans des jardins étagés qui atteignent à une étroite prairie située le long de l'Indre. Quoiqu'un chemin communal sépare cette prairie de la dernière terrasse ombrée par une allée d'acacias et de vernis du Japon, elle semble faire partie des jardins ; car le chemin est creux, encaissé d'un côté par la terrasse, et bordé de l'autre par une haie normande. Les pentes bien ménagées, mettent assez de distance entre l'habitation et la rivière, pour sauver les inconvénients du voisinage des eaux sans en ôter l'agrément. Sous la maison se trouvent des remises, des écuries, des resserres, des cuisines dont les diverses ouvertures dessinent des arcades. Les toits sont gracieusement contournés aux angles, décorés de mansardes à croisillons sculptés et de bouquets en plomb, sur les pignons. La toiture, sans doute négligée pendant la révolution, est chargée de cette rouille produite par les mousses plates et rougeâtres qui croissent sur les maisons exposées au midi. La porte-fenêtre du perron est surmontée d'un campanille d'où pend un écusson aux armes des Blamont-Chauvry. Ces dispositions donnent une élégante physionomie à ce castel ouvragé comme une fleur, et qui semble ne pas peser sur le sol. Vu de la vallée, le rez-de-chaussée semble être au premier étage ; mais du côté de la cour, il est de plain-pied avec une large allée sablée donnant sur un boulingrin animé par plusieurs corbeilles de fleurs. A droite et à gauche, les clos de vignes, les vergers et quelques pièces de terres labourables plantées de noyers, descendent rapidement, enveloppent la maison de leurs massifs, et atteignent les bords de l'Indre que garnissent en cet endroit des touffes d'arbres dont la nature a nuancé les verts. En montant le chemin qui côtoie Clochegourde, j'admirais ces masses si bien disposées, en y respirant un air chargé de bonheur. La nature morale a, comme la nature physique, ses communications électriques et ses rapides changements de température. Mon cœur palpitait à l'approche des événements secrets qui devaient le modifier à jamais, comme les animaux s'égaient en prévoyant un beau temps. Ce jour si marquant dans ma vie ne fut dénué d'aucune des circonstances qui pouvaient le solenniser. La nature s'était parée comme une femme allant à la rencontre du bien-aimé ; mon âme avait pour la première fois entendu sa voix ; mes yeux l'avaient admirée aussi féconde, aussi variée que mon imagination me la représentait dans mes rêves de collége dont je vous ai dit quelques mots inhabiles à vous en expliquer l'influence ; ils ont été comme un Apocalypse où ma vie me fut figurativement prédite ; chaque événement heureux ou malheureux s'y rattache par des images bizarres, liens visibles aux yeux de l'âme seulement. Nous traversâmes une première cour entourée des bâtiments nécessaires aux exploitations rurales, une grange, un pressoir, des étables, des écuries. Averti par les aboiements du chien de garde, un domestique vint à notre rencontre, et nous dit que monsieur le comte, parti pour Azay dès le matin, allait sans doute revenir; madame la comtesse était au logis. Mon hôte me regarda. Je tremblais qu'il ne voulût pas voir madame de Mortsauf en l'absence de son mari, mais il dit au domestique de nous annoncer. Poussé par une avidité d'enfant, je me précipitai dans la longue antichambre qui traversait la maison.

— Entrez donc, messieurs! dit alors une voix d'or.

Quoique madame de Mortsauf n'eût prononcé qu'un mot au bal, je reconnus sa voix qui pénétra mon âme et la remplit comme un rayon de soleil remplit et dore le cachot d'un prisonnier. En pensant qu'elle pouvait se rappeler ma figure, je voulus m'enfuir. Il n'était plus temps, elle apparut sur le seuil de la porte, nos yeux se rencontrèrent. Je ne sais qui d'elle ou de moi rougit le plus fortement. Assez interdite pour ne rien dire, elle revint s'asseoir à sa place devant un métier à tapisserie, après que le domestique eut approché deux fauteuils; elle acheva de tirer son aiguille afin de donner un prétexte à son silence, compta quelques points et releva sa tête, à la fois douce et altière, vers monsieur de Chessel en lui demandant à quelle heureuse circonstance elle devait sa visite. Quoique curieuse de savoir la vérité sur mon apparition, elle ne nous regarda ni l'un ni l'autre, ses yeux furent constamment attachés sur la rivière; mais à la manière dont elle écoutait, vous eussiez dit que, semblable aux aveugles, elle savait reconnaître les agitations de l'âme dans les imperceptibles accents de la parole. Et cela était vrai. Monsieur de Chessel dit mon nom et fit ma biographie. J'étais le fils d'un de ses amis, arrivé depuis quelques mois à Tours, où mes parents m'avaient ramené chez eux quand la guerre avait menacé Paris. Enfant de la Touraine à qui la Touraine était inconnue, elle voyait en moi un jeune homme affaibli par des travaux immodérés, envoyé à Frapesle pour s'y divertir, et auquel il avait montré sa terre où je venais pour la première fois. Au bas du coteau seulement, je lui avais appris ma course de Tours à Frapesle, et craignant pour ma santé déjà si faible, il s'était avisé d'entrer à Clochegourde en pensant qu'elle me permettrait de m'y reposer. Monsieur de Chessel disait la vérité, mais le hasard heureux semble si fort cherché, que madame de Mortsauf garda quelque défiance ; elle tourna sur moi des yeux froids et sévères qui me firent baisser les paupières, autant par je ne sais quel sentiment d'humiliation que pour cacher des larmes que je retins entre mes cils. L'imposante châtelaine me vit le front en sueur. Peut-être aussi devina-t-elle les larmes ! car elle m'offrit ce dont je pouvais avoir besoin, en exprimant une bonté consolante qui me rendit la parole. En rougissant comme une jeune fille en faute, et d'une voix chevrotante comme celle d'un vieillard, je répondis par un remerciment négatif.

— Tout ce que je souhaite, lui dis-je en levant les yeux sur les siens que je rencontrai pour la seconde fois, mais pendant un moment aussi rapide qu'un éclair, c'est de n'être pas renvoyé d'ici ; je suis tellement engourdi par la fatigue, que je ne pourrais marcher.

— Pourquoi suspectez-vous l'hospitalité de notre beau pays? me dit-elle. — Vous nous accorderez sans doute le plaisir de dîner à Clochegourde? ajouta-t-elle en se tournant vers son voisin.

Je jetai sur mon protecteur un regard où éclataient tant de prières, qu'il se mit en mesure d'accepter cette proposition dont la formule voulait un refus. Si l'habitude du monde permettait à monsieur de Chessel de distinguer ces nuances, un jeune homme sans expérience croit si fermement à l'union de la parole et de la pensée chez une belle femme, que je fus bien étonné, quand en revenant le soir, mon hôte me dit : — « Je suis resté, parce que vous en mouriez d'envie; mais si vous ne raccommodez pas les choses, je suis brouillé peut-être avec mes voisins. » Ce *si vous ne raccommodez pas les choses* me fit longtemps rêver. Si je plaisais à madame de Mortsauf, elle ne pourrait pas en vouloir à celui qui m'avait introduit chez elle. Monsieur de Chessel me supposait donc le pouvoir de l'intéresser, n'était-ce pas me le donner? Cette explication corrobora mon espoir en un moment où j'avais besoin de secours.

— Ceci me semble difficile, répondit-il; madame de Chessel nous attend.

— Elle vous a tous les jours, reprit la comtesse, et nous pouvons l'avertir. Est-elle seule?

— Elle a monsieur l'abbé de Quélus.

— Eh bien! dit-elle en se levant pour sonner, vous dînez avec nous.

Cette fois monsieur de Chessel la crut franche, et me jeta des regards complimenteurs. Dès que je

4

fus certain de rester pendant une soirée sous ce toit, j'eus à moi comme une éternité. Pour beaucoup d'êtres malheureux, demain est un mot vide de sens, et j'étais alors au nombre de ceux qui n'ont aucune foi dans le lendemain ; quand j'avais quelques heures à moi, j'y faisais tenir toute une vie de voluptés. Madame de Mortsauf entama sur le pays, sur les récoltes, sur les vignes une conversation à laquelle j'étais étranger. Chez une maîtresse de maison, cette façon d'agir atteste un manque d'éducation ou son mépris pour celui qu'elle met ainsi comme à la portée du discours ; mais ce fut embarras chez la comtesse. Si d'abord je crus qu'elle affectait de me traiter en enfant, si j'enviai le privilége des hommes de trente ans qui permettait à monsieur de Chessel d'entretenir sa voisine de sujets graves auxquels je ne comprenais rien, si je me dépitai en me disant que tout était pour lui ; à quelques mois de là, je sus combien est significatif le silence d'une femme, et combien de pensées couvre une diffuse conversation. D'abord j'essayai de me mettre à mon aise dans mon fauteuil ; puis, je reconnus les avantages de ma position en me laissant aller au charme d'entendre la voix de la comtesse. Le souffle de son âme se déployait dans les replis des syllabes, comme le son se divise sous les clefs d'une flûte ; il expirait onduleusement à l'oreille, d'où il précipitait l'action du sang. Sa façon de dire les terminaisons en *i* faisait croire à quelque chant d'oiseau ; le *ch* prononcé par elle était comme une caresse, et la manière dont elle attaquait les *t* accusait le despotisme du cœur. Elle étendait ainsi, sans le savoir, le sens des mots, et vous entraînait l'âme dans un monde immense. Combien de fois n'ai-je pas laissé continuer une discussion que je pouvais finir, combien de fois ne me suis-je pas fait injustement gronder pour écouter ces concerts de voix humaine, pour aspirer l'air qui sortait de sa lèvre chargé de son âme, pour étreindre cette lumière parlée avec l'ardeur que j'aurais mise à la serrer sur mon sein! Quel chant d'hirondelle joyeuse, quand elle pouvait rire! mais quelle voix de cygne appelant ses compagnes, quand elle parlait de ses chagrins! L'inattention de la comtesse me permit de l'examiner. Mon regard se régalait en glissant sur la belle parleuse, il pressait sa taille, baisait ses pieds, et se jouait dans les boucles de sa chevelure. Cependant j'étais en proie à une terreur que comprendront ceux qui, dans leur vie, ont éprouvé les joies illimitées d'une passion vraie. J'avais peur qu'elle ne me surprît les yeux attachés à la place de ses épaules que j'avais si ardemment embrassées. Cette crainte avivait la tentation, et j'y succombais, je les regardais! mon œil déchirait l'étoffe, je revoyais la lentille qui marquait la naissance de la jolie raie par laquelle son dos était partagé, mouche perdue dans du lait, qui, depuis le bal, flamboyait toujours le soir dans ces ténèbres où semble ruisseler le sommeil des jeunes gens dont l'imagination est ardente et dont la vie est chaste.

Je puis vous crayonner les traits principaux qui partout eussent signalé la comtesse aux regards; mais le dessin le plus correct, la couleur la plus chaude n'en exprimeraient rien encore. Sa figure est une de celles dont la ressemblance exige l'introuvable artiste de qui la main sait peindre le reflet des feux intérieurs, et sait rendre cette vapeur lumineuse que nie la science, que la parole ne traduit pas, mais que voit un amant. Ses cheveux fins et cendrés la faisaient souvent souffrir, et ces souffrances étaient sans doute causées par de subites réactions du sang vers la tête. Son front arrondi, proéminent comme celui de la Joconde, paraissait plein d'idées inexprimées, de sentiments contenus, de fleurs noyées dans des eaux amères. Ses yeux verdâtres, semés de points bruns, étaient toujours pâles; mais s'il s'agissait de ses enfants, s'il lui échappait de ces vives effusions de joie ou de douleur, rares dans la vie des femmes résignées, son œil lançait alors une lueur subtile qui semblait s'enflammer aux sources de la vie et devait les tarir; éclair qui m'avait arraché des larmes quand elle me couvrit de son dédain formidable et qui lui suffisait pour abaisser les paupières aux plus hardis. Un nez grec, comme ciselé par Phidias et réuni par un double arc à des lèvres élégamment sinueuses, spiritualisait son visage de forme ovale, et dont le teint, comparable au tissu des camélias blancs, se rougissait aux joues par de jolis tons roses. Son embonpoint ne détruisait ni la grâce de sa taille, ni la rondeur voulue pour que ses formes demeurassent belles, quoique développées. Vous comprendrez soudain ce genre de perfection, lorsque vous saurez qu'en s'unissant à l'avant-bras, les éblouissants trésors qui m'avaient fasciné paraissaient ne devoir former aucun pli. Le bas de sa tête n'offrait point ces creux qui font ressembler la nuque de certaines femmes à des troncs d'arbres, ses muscles n'y dessinaient point de cordes et partout les lignes s'arrondissaient en flexuosités désespérantes pour le regard comme pour le pinceau. Un duvet follet se mourait le long de ses joues, dans les méplats du col, en y retenant la lumière qui s'y faisait soyeuse. Ses oreilles petites et bien contournées étaient, suivant son expression, des oreilles d'esclave et de mère. Plus tard, quand j'habitai son cœur, elle me disait : « Voici monsieur de Mortsauf! » et avait raison, tandis que je n'entendais rien encore, moi dont l'ouïe possède une remarquable étendue. Ses bras étaient beaux, sa main aux doigts recourbés était longue, et, comme dans les statues antiques, la chair dépassait ses ongles à fines côtes. Je vous déplairais en donnant aux tailles plates l'avantage sur les tailles rondes, si vous n'étiez pas une exception. La taille ronde est un signe de force, mais les femmes ainsi construites sont impérieuses, volontaires, plus voluptueuses que tendres. Au contraire, les femmes à taille plate sont dévouées, pleines de finesse, enclines à la mélancolie; elles sont mieux femmes que les autres. La taille plate est souple et molle; la taille ronde est inflexible et jalouse. Vous savez maintenant comment elle était faite! Elle avait le pied d'une femme comme il faut, ce pied qui marche peu, se fatigue promptement et réjouit la vue quand il dépasse la robe. Quoiqu'elle fût mère de deux enfants, je n'ai jamais rencontré dans son sexe personne de plus jeune fille qu'elle. Son air exprimait une simplesse, jointe à je ne sais quoi d'interdit et de songeur qui ramenait à elle comme le peintre nous ramène à la figure où son génie a traduit un monde de sentiments. Ses qualités visibles ne peuvent d'ailleurs s'exprimer que par des comparaisons. Rappelez-vous le parfum chaste et sauvage de cette bruyère que nous avons cueillie en revenant de la villa Diodati, cette fleur dont vous avez tant loué le noir et le rose; vous devinerez comment cette femme pouvait être élégante loin du monde, naturelle dans ses expressions, recherchée dans les choses qui devenaient siennes, à la fois rose et noire. Son corps avait la verdeur que nous admirons dans les feuilles nouvellement dépliées, son esprit avait la profonde concision du sauvage; elle était enfant par le sentiment, grave par la souffrance; châtelaine et bachelette. Aussi plaisait-elle sans artifice, par sa manière de s'asseoir, de se lever, de se taire ou de jeter un mot. Habituellement recueillie, attentive comme la sentinelle sur qui repose le salut de tous et qui épie le malheur, il lui échappait parfois des sourires qui trahissaient en elle un naturel rieur enseveli sous le maintien exigé par sa vie. Sa coquetterie était devenue du mystère, elle faisait rêver au lieu d'inspirer l'attention galante que sollicitent les femmes, et laissait apercevoir sa première nature de flamme vive, ses premiers rêves bleus, comme on voit le ciel par des éclaircies de nuages. Cette révélation involontaire rendait pensifs ceux qui ne se sentaient pas une larme intérieure séchée par le feu des désirs. La rareté de ses gestes, et surtout celle de ses regards (excepté ses enfants, elle ne regardait personne) donnaient une incroyable solennité à ce qu'elle faisait ou disait, quand elle faisait ou disait une chose avec cet air que savent prendre les femmes au moment où elles compromettent leur dignité par un aveu. Ce jour-là madame de Mortsauf avait une robe rose à mille raies, une collerette à large ourlet, une ceinture et des brodequins noirs. Ses cheveux simplement tordus sur sa tête étaient retenus par un peigne d'écaille. Telle est l'imparfaite esquisse promise. Mais la constante émanation de son âme sur les siens, cette essence nourrissante épandue à flots comme le soleil émet sa lumière; mais sa nature intime, son attitude aux heures sereines, sa résignation aux heures nuageuses; tous ces tournoiemens de la vie où le caractère se déploie, tiennent comme les effets du ciel à des circonstances inattendues et fugitives qui ne se ressemblent entre elles que par le fond d'où elles se détachent, et dont la peinture sera nécessairement mêlée aux événements de cette histoire; véritable épopée domestique, aussi grande aux yeux du sage que le sont les tragédies aux yeux de la foule, et dont le récit vous attachera autant pour la part que j'y ai prise, que par sa similitude avec un grand nombre de destinées féminines.

Tout à Clochegourde portait le cachet d'une propreté vraiment anglaise. Le salon où restait la comtesse était entièrement boisé, peint en gris de deux nuances. La cheminée avait pour ornement une pendule contenue dans un bloc d'acajou surmonté d'une coupe, et deux grands vases en porcelaine blanche, à filets d'or, d'où s'élevaient des bruyères du Cap. Une lampe était sur la console. Il y avait un trictrac en face de la cheminée. De larges embrasses en coton retenaient les rideaux de percale blanche, sans franges. Des housses grises, bordées de galon vert, recouvraient les siéges, et la tapisserie tendue sur le métier de la comtesse disait assez pourquoi son meuble était ainsi caché. Cette simplicité arrivait à la grandeur. Aucun appartement, parmi ceux que j'ai vus depuis, ne m'a causé des impressions aussi fertiles, aussi touffues que celles dont j'étais saisi dans ce salon de Clochegourde, calme et recueilli comme la vie de la comtesse, et où l'on devinait la régularité conventuelle de ses occupations. La plupart de mes idées, et même les plus audacieuses en science ou en politique, sont nées là, comme les parfums émanent des fleurs; mais là verdoyait la plante inconnue qui jeta sur mon âme sa féconde poussière; là brillait la chaleur solaire qui développa mes bonnes et desséchames mauvaises qualités. De la fenêtre, l'œil embrassait la vallée depuis la colline où s'étale Pont-de-Ruan, jusqu'au château d'Azay, en suivant les sinuosités de la côte opposée que varient les tours de Frapesle, puis l'église, le bourg et le vieux manoir de Saché dont les masses dominent la prairie. En harmonie avec cette vie reposée et sans autres émotions que celles données par la famille, ces lieux communiquaient à l'âme leur sérénité. Si je l'avais rencontrée là pour la première fois, entre le comte et ses deux enfants, au lieu de la trouver splendide dans sa robe de bal, je ne lui aurais pas ravi ce délirant baiser dont j'eus alors des remords en croyant qu'il détruirait l'avenir de mon amour! Non, dans les noires dispositions où me mettait le malheur, j'aurais plié le genou, j'aurais baisé ses brodequins, j'y aurais laissé quelques larmes, et j'eusse été me jeter dans l'Indre. Mais après avoir effleuré le frais jasmin de sa peau et bu le lait de cette coupe pleine d'amour, j'avais dans l'âme le goût et l'espérance de voluptés surhumaines; je voulais vivre et attendre l'heure du plaisir comme le sauvage épie l'heure de la vengeance; je voulais me suspendre aux arbres, ramper dans les vignes, me tapir dans l'Indre; je voulais avoir pour complices le silence de la nuit, la lassitude de la vie, la chaleur du soleil, afin d'achever la pomme délicieuse où j'avais déjà mordu. M'eût-elle demandé la fleur qui chante ou les richesses enfouies par les compagnons de Morgan l'exterminateur, je les lui aurais apportées afin d'obtenir les richesses certaines et la fleur muette que je souhaitais! Quand cessa le rêve où m'avait plongé la longue contemplation de mon idole, et pendant lequel un domestique vint et lui parla, je l'entendis causant du comte; je pensai seulement alors qu'une femme devait appartenir à son mari. Cette pensée me donna des vertiges, j'eus une rageuse et sombre curiosité de voir le possesseur de ce trésor. Deux sentiments me dominèrent, la haine et la peur; une haine qui ne connaissait aucun obstacle et les mesurait tous sans les craindre; une peur vague, mais réelle du combat, de son issue, et d'ELLE surtout. En proie à d'indicibles pressentiments, je redoutais ces poignées de main qui déshonorent, j'entrevoyais déjà ces difficultés élastiques où se heurtent les plus rudes volontés et où elles s'émoussent; je craignais cette force d'inertie qui dépouille aujourd'hui la vie sociale des dénoûments dont les âmes passionnées ont soif.

— Voici monsieur de Mortsauf, dit-elle.

Je me dressai sur mes jambes comme un cheval effrayé. Quoique ce mouvement n'échappât ni à M. de Chessel, ni à la comtesse, il ne me valut aucune observation muette, car il y eut une diversion faite par une jeune fille à qui je donnai six ans, et qui entra disant : — Voilà mon père.

— Eh bien! Madeleine? fit sa mère.

L'enfant tendit à monsieur de Chessel la main qu'il demandait, et me regarda fort attentivement après m'avoir adressé son petit salut plein d'étonnement.

— Êtes-vous contente de sa santé? dit monsieur de Chessel à la comtesse.

— Elle va mieux, répondit-elle en caressant la chevelure de la petite déjà blottie dans son giron.

Une interrogation de monsieur de Chessel m'apprit que Madeleine avait neuf ans, je marquai quelque surprise de mon erreur, et mon étonnement amassa des nuages sur le front de la mère. Mon introducteur me jeta l'un de ces regards significatifs par lesquels les gens du monde nous font une seconde éducation. Là, sans doute, était une blessure maternelle dont il fallait respecter l'appareil. Enfant malingre dont les yeux étaient pâles, dont la peau était blanche comme une porcelaine éclairée par une lueur, Madeleine n'aurait sans doute pas vécu dans l'atmosphère d'une ville. L'air de la campagne, les soins de sa mère qui semblait la couver, entretenaient la vie dans ce corps aussi délicat que l'est une plante venue en serre malgré les rigueurs d'un climat étranger. Quoiqu'elle ne rappelât en rien sa mère, Madeleine paraissait en avoir l'âme, et cette âme la soutenait. Ses cheveux rares et noirs, ses yeux caves, ses joues creuses, ses bras amaigris, sa poitrine étroite annonçaient un débat entre la vie et la mort, duel sans trêve où jusqu'alors la comtesse était victorieuse. Elle se faisait vive, sans doute pour éviter des chagrins à sa mère ; car, en certains moments où elle ne s'observait plus, elle prenait l'attitude d'un saule pleureur. Vous eussiez dit d'une petite Bohémienne souffrant la faim, venue de son pays en mendiant, épuisée, mais courageuse et parée pour son public.

— Où donc avez-vous laissé Jacques ? lui demanda sa mère en la baisant sur la raie blanche qui partageait ses cheveux en deux bandeaux semblables aux ailes d'un corbeau.

— Il vient avec mon père.

En ce moment le comte entra suivi de son fils qu'il tenait par la main. Jacques était le portrait de sa sœur, il offrait les mêmes symptômes de faiblesse. En voyant ces deux enfants frêles aux côtés d'une mère si magnifiquement belle, il était impossible de ne pas deviner les sources du chagrin qui attendrissait les tempes de la comtesse, et lui faisait taire une de ces pensées dont Dieu seul est le confident, mais qui donnent au front de terribles signifiances. En me saluant, monsieur de Mortsauf me jeta le coup-d'œil moins observateur que maladroitement inquiet d'un homme dont la défiance provient de son peu d'habitude à manier l'analyse. Après l'avoir mis au courant et m'avoir nommé, sa femme lui céda sa place, et nous quitta. Les enfants dont les yeux s'attachaient à ceux de leur mère, comme s'ils en tiraient leur lumière, voulurent l'accompagner, elle leur dit : — Restez, chers anges! et mit son doigt sur ses lèvres. Ils obéirent, mais leurs regards se voilèrent. Ah! pour s'entendre dire ce mot *chers*, quelles tâches n'aurait-on pas entreprises! Comme les enfants, j'eus moins chaud quand elle ne fut plus là. Mon nom changea les dispositions du comte à mon égard. De froid et sourcilleux, il devint sinon affectueux, du moins poliment empressé, me donna des marques de considération et parut heureux de me recevoir. Jadis, mon père s'était dévoué pour nos maîtres à jouer un rôle grand, mais obscur; dangereux, mais qui pouvait être efficace. Quand tout fut perdu par l'accès de Napoléon au sommet des affaires, comme beaucoup de conspirateurs secrets, il s'était réfugié dans les douceurs de la province et de la vie privée, en acceptant des accusations aussi dures qu'imméritées ; salaire inévitable des joueurs qui jouent le tout pour le tout, et succombent après avoir servi d'âme à la machine politique. Ne sachant rien de la fortune, rien des antécédents ni de l'avenir de ma famille, j'ignorais également les particularités de cette destinée perdue dont le comte de Mortsauf avait gardé souvenir. Cependant, si l'antiquité du nom, la plus précieuse qualité d'un homme à ses yeux, pouvait justifier l'accueil dont je fus surpris et confus, je n'en appris la raison véritable que plus tard. Pour le moment, cette transition subite me mit à l'aise. Quand les deux enfants virent la conversation reprise entre nous trois, Madeleine dégagea sa tête des mains de son père, regarda la porte ouverte, se glissa dehors comme une anguille, et Jacques la suivit. Tous deux rejoignirent leur mère, car j'entendis leurs voix et leurs mouvements, semblables dans le lointain aux bourdonnements des abeilles autour de la ruche aimée.

Je contemplai le comte en tâchant de deviner son caractère, mais je fus assez intéressé par quelques traits principaux pour en rester à l'examen superficiel de sa physionomie. Agé seulement de quarante-cinq ans, il paraissait approcher de la soixantaine, tant il avait promptement vieilli dans le grand naufrage qui termina le xviiie siècle. La demi-couronne, qui ceignait monastiquement l'arrière de sa tête dégarnie de cheveux, venait mourir aux oreilles en caressant les tempes par des touffes grises mélangées de noir. Son visage ressemblait vaguement à celui d'un loup blanc qui a du sang au museau, car son nez était enflammé comme celui d'un homme dont la vie est altérée dans ses principes, dont l'estomac est affaibli, dont les humeurs sont viciées par d'anciennes maladies. Son front plat, trop large pour sa figure qui finissait en pointe, ridé transversalement par marches inégales, annonçait les habitudes de la vie en plein air et non les fatigues de l'esprit, le poids d'une constante infortune et non les efforts faits pour la dominer. Ses pommettes, saillantes et brunes au milieu des tons blafards de son teint, indiquaient une charpente assez forte pour lui assurer une longue vie. Son œil clair, jaune et dur, tombait sur vous comme un rayon du soleil en hiver, lumineux sans chaleur, inquiet sans pensée, défiant sans objet. Sa bouche était violente et impérieuse; son menton était droit et long. Maigre et de haute taille, il avait l'attitude d'un gentilhomme appuyé sur une valeur de convention, qui se sait au-dessus des autres par le droit, au-dessous par le fait. Le laisser-aller de la campagne lui avait fait négliger son extérieur. Son habillement était celui du campagnard en qui les paysans aussi bien que les voisins ne considèrent plus que la fortune territoriale. Ses mains brunies et nerveuses attestaient qu'il ne mettait de gants que pour monter à cheval ou le dimanche pour aller à la messe. Sa chaussure était grossière. Quoique les dix années d'émigration et les dix années de l'agriculteur eussent influé sur son physique, il subsistait en lui des vestiges de noblesse. Le libéral le plus haineux, mot qui n'était pas encore monnayé, aurait facilement reconnu chez lui la loyauté chevaleresque, les convictions immarcessibles du lecteur à jamais acquis à la Quotidienne ; il eût admiré l'homme religieux, passionné pour sa cause, franc dans ses antipathies politiques, incapable de servir personnellement son parti, très-capable de le perdre, et sans connaissance des choses en France. Le comté était, en effet, un de ces hommes droits qui ne se prêtent à rien et barrent opiniâtrément tout, bons à mourir l'arme au bras dans le poste qui leur serait assigné ; mais assez avares pour donner leur vie avant de donner leurs écus. Pendant le dîner, je remarquai dans la dépression de ses joues flétries et dans certains regards jetés à la dérobée sur ses enfants, les traces de pensées importunes dont les élancements expiraient à la surface. En le voyant, qui ne l'eût compris? Qui ne l'aurait accusé d'avoir fatalement transmis à ses enfants ces corps auxquels manquait la vie? S'il se condamnait lui-même, il déniait aux autres le droit de le juger. Amer comme un pouvoir qui se sait fautif, mais n'ayant pas assez de grandeur ou de charme pour compenser la somme de douleur qu'il avait jetée dans la balance, sa vie intime devait offrir les aspérités que dénonçaient en lui ses traits anguleux et ses yeux incessamment inquiets. Quand sa femme rentra, suivie des deux enfants attachés à ses flancs, je soupçonnai donc un malheur, comme lorsqu'en marchant sur les voûtes d'une cave, les pieds ont en quelque sorte la conscience de sa profondeur. En voyant ces quatre personnes réunies, en les embrassant de mes regards, allant de l'un à l'autre, étudiant leurs physionomies et leurs attitudes respectives, des pensées trempées de mélancolie me tombèrent sur le cœur, comme une pluie fine et grise embrume un joli pays après quelque beau lever de soleil. Lorsque le sujet de la conversation fut épuisé, le comte me mit encore en scène au détriment de monsieur de Chessel, en apprenant à sa femme plusieurs circonstances concernant ma famille et qui m'étaient inconnues. Il me demanda mon âge. Quand je l'eus dit, la comtesse me rendit mon mouvement de surprise à propos de sa fille. Peut-être me donnait-elle quatorze ans. Ce fut, comme je le sus depuis, le second lien qui l'attacha si fortement à moi. Je lus dans son âme. Sa maternité tressaillit éclairée par un tardif rayon de soleil que lui jetait l'espérance. En me voyant, à vingt ans passés, si malingre, si délicat, et néanmoins si nerveux, une voix lui cria peut-être : — *Ils vivront!* Elle me regarda curieusement, et je sentis qu'en ce moment il se fondait bien des glaces entre nous. Elle parut avoir mille questions à me faire et les garda toutes.

— Si l'étude vous a rendu malade, dit-elle, l'air de notre vallée vous remettra.

— L'éducation moderne est fatale aux enfants, reprit le comte. Nous les bourrons de mathématiques, nous les tuons à coups de science, et les usons avant le temps. — Il faut vous reposer ici, me dit-il, vous êtes écrasé sous l'avalanche d'idées qui a roulé sur vous. Quel siècle nous prépare cet enseignement mis à la portée de tous, si l'on ne prévient le mal en rendant l'instruction publique aux corporations religieuses!

Ces paroles annonçaient bien le mot qu'il dit un jour aux élections en refusant sa voix à un homme dont les talents pouvaient servir la cause royaliste : — Je me défierai toujours des gens d'esprit, répondit-il à l'entremetteur des voix électorales. Il nous proposa de faire le tour de ses jardins, et se leva.

— Monsieur... lui dit la comtesse.

— Eh bien ! ma chère ? répondit-il en se retournant avec une brusquerie hautaine qui dénotait combien il voulait être absolu chez lui, mais combien alors il l'était peu.

— Monsieur est venu de Tours à pied, monsieur

de Chessel n'en savait rien, et l'a promené dans Frapesle.

— Vous avez fait une imprudence, me dit-il, quoique à votre âge! Et il hocha la tête en signe de regret.

La conversation fut reprise. Je ne tardai pas à reconnaître combien son royalisme était intraitable, et de combien de ménagements il fallait user pour demeurer sans choc dans ses eaux. Le domestique, qui avait promptement mis une livrée, annonça le dîner. Monsieur de Chessel présenta son bras à madame de Mortsauf, et le comte saisit gaiement le mien pour passer dans la salle à manger, qui, dans l'ordonnance du rez-de-chaussée, formait le pendant du salon.

Carrelée en carreaux blancs fabriqués en Touraine, et boisée à hauteur d'appui, la salle à manger était tendue d'un tapis vert qui figurait de grands panneaux encadrés de fleurs et de fruits; les fenêtres avaient des rideaux de percale ornés de galons rouges; les buffets étaient de vieux meubles de Boulle, et le bois des chaises, garnies en tapisserie faite à la main, était de chêne sculpté. Abondamment servie, la table n'offrit rien de luxueux : de l'argenterie de famille sans unité de forme, de la porcelaine de Saxe qui n'était pas encore redevenue à la mode, des carafes octogones, des couteaux à manche en agate, puis sous les bouteilles des ronds en laque de la Chine; mais des fleurs dans des seaux vernis et dorés sur leurs découpures à dents de loup. J'aimai ces vieilleries, je trouvai le papier Réveillon et ses bordures de fleurs superbes. Le contentement

5.

qui enflait toutes mes voiles m'empêcha de voir les inextricables difficultés mises entre elle et moi par la vie si cohérente de la solitude et de la campagne. J'étais près d'elle, à sa droite, je lui servais à boire. Oui, bonheur inespéré! je frôlais sa robe, je mangeais son pain. Au bout de trois heures, ma vie se mêlait à sa vie! Enfin nous étions liés par ce terrible baiser, espèce de secret qui nous inspirait une honte mutuelle. Je fus d'une lâcheté glorieuse : je m'étudiais à plaire au comte qui se prêtait à toutes mes courtisaneries; j'aurais caressé le chien, j'aurais fait la cour aux moindres désirs des enfants; je leur aurais apporté des cerceaux, des billes d'agate, je leur aurais servi de cheval; je leur en voulais de ne pas s'emparer déjà de moi comme d'une chose à eux. L'amour a ses intuitions comme le génie a les siennes, et je voyais confusément que la violence, la maussaderie, l'hostilité ruineraient mes espérances. Le dîner se passa tout en joies intérieures pour moi; en me voyant chez elle, je ne pouvais songer ni à sa froideur réelle, ni à l'indifférence que couvrit la politesse du comte. L'amour a comme la vie une puberté pendant laquelle il se suffit à lui-même. Je fis quelques réponses gauches en harmonie avec les secrets tumultes de la passion, mais dont personne ne pouvait avoir le mot, pas même *elle* qui ne savait rien de l'amour. Le reste du temps fut comme un rêve.

Ce beau rêve cessa quand, au clair de la lune et par un soir chaud et parfumé, je traversai l'Indre au milieu des blanches fantaisies qui décoraient les prés, les rives, les collines; en entendant le chant clair, la note unique, pleine de mélancolie que jette incessamment par temps égaux une rainette dont j'ignore le nom scientifique, mais que depuis ce jour solennel je n'écoute pas sans des délices infinies. Je reconnus un peu tard là, comme ailleurs, cette insensibilité de marbre contre laquelle s'étaient jusqu'alors émoussés mes sentiments ; je me demandai s'il en serait toujours ainsi ; je crus être sous une fatale influence ; les sinistres événements du passé se débattirent avec les plaisirs purement personnels que j'avais goûtés. Avant de regagner Frapesle, je regardai Clochegourde et vis au bas une barque, nommée en Touraine une *toue*, attachée à un frêne, et que l'eau balançait. Cette toue appartenait à monsieur de Mortsauf, qui s'en servait pour pêcher.

— Eh bien! me dit monsieur de Chessel quand nous fûmes sans danger d'être écoutés, je n'ai pas besoin de vous demander si ce sont vos belles épaules ; il faut vous féliciter de l'accueil que vous a fait monsieur de Mortsauf. Diantre, vous êtes du premier coup au cœur de la place.

Cette phrase, suivie de celle dont je vous ai parlé, ranima mon cœur abattu. Je n'avais pas dit un mot depuis Clochegourde, et monsieur de Chessel attribuait mon silence à mon bonheur.

— Comment! répondis-je avec un ton d'ironie qui pouvait aussi bien paraître dicté par la passion contenue.

— Il n'a jamais si bien reçu qui que ce soit.

— Je vous avoue que je suis moi-même étonné

de cette réception, lui dis-je en sentant l'amertume intérieure que me dévoilait ce dernier mot.

Quoique je fusse trop inexpert des choses mondaines pour comprendre la cause du sentiment qu'éprouvait monsieur de Chessel, je fus néanmoins frappé de l'expression par laquelle il le trahissait. Mon hôte avait l'infirmité de s'appeler Durand, et se donnait le ridicule de renier le nom de son père, illustre fabricant, qui pendant la révolution avait fait une immense fortune. Sa femme était l'unique héritière des Chessel, vieille famille parlementaire, bourgeoise sous Henri IV, comme celle de la plupart des magistrats parisiens. En ambitieux de haute portée, monsieur de Chessel voulut tuer son Durand originel pour arriver aux destinées qu'il rêvait. Il s'appela d'abord Durand de Chessel, puis D. de Chessel, il était alors monsieur de Chessel. Sous la restauration, il établit un majorat au titre de comte, en vertu de lettres octroyées par Louis XVIII. Ses enfants recueilleront les fruits de son courage sans en connaître la grandeur. Un mot de certain prince caustique a souvent pesé sur sa tête. — Monsieur de Chessel se montre généralement peu en Durand, dit-il. Cette phrase a longtemps régalé la Touraine. Les parvenus sont comme les singes desquels ils ont l'adresse : on les voit en hauteur, on admire leur agilité pendant l'escalade; mais arrivés à la cime, on n'aperçoit plus que leurs côtés honteux. L'envers de mon hôte s'est composé de petitesses grossies par l'envie. La pairie et lui sont jusqu'à présent deux tangentes impossibles. Avoir une prétention et la justifier, est l'impertinence de la force;

mais être au-dessous de ses prétentions avouées, constitue un ridicule constant dont se repaissent les petits esprits. Or monsieur de Chessel n'a pas eu la marche rectiligne de l'homme fort : deux fois député, deux fois repoussé aux élections ; hier directeur général, aujourd'hui rien, pas même préfet ; ses succès ou ses défaites ont gâté son caractère et lui ont donné l'âpreté de l'ambitieux invalide. Quoique galant homme, homme spirituel, et capable de grandes choses, peut-être l'envie qui passionne l'existence en Touraine où les naturels du pays emploient leur esprit à tout jalouser, lui fut-elle funeste dans les hautes sphères sociales où réussissent peu ces figures crispées par les succès d'autrui ; ces lèvres boudeuses, rebelles au compliment, faciles à l'épigramme. En voulant moins, peut-être aurait-il obtenu davantage ; mais malheureusement il avait assez de supériorité pour vouloir marcher toujours debout. En ce moment monsieur de Chessel était au crépuscule de son ambition, le royalisme lui souriait. Peut-être affectait-il les grandes manières, mais il fut parfait pour moi. D'ailleurs, il me plut par une raison bien simple, je trouvais chez lui le repos pour la première fois. L'intérêt, faible peut-être, qu'il me témoignait, me parut à moi, malheureux enfant rebuté, une image de l'amour paternel. Les soins de l'hospitalité contrastaient tant avec l'indifférence qui m'avait jusqu'alors accablé, que j'exprimais une reconnaissance enfantine de vivre sans chaînes et quasiment caressé. Aussi les maîtres de Frapesle sont-ils si bien mêlés à l'aurore de mon bonheur, que ma pensée les confond dans les souvenirs où j'aime à revivre. Plus tard, et précisément dans l'affaire des lettres-patentes, j'eus le plaisir de rendre quelques services à mon hôte. Monsieur de Chessel jouissait de sa fortune avec un faste dont s'offensaient quelques-uns de ses voisins ; il pouvait renouveler ses beaux chevaux et ses élégantes voitures ; sa femme était recherchée dans sa toilette ; il recevait grandement ; son domestique était plus nombreux que ne le veulent les habitudes du pays, il tranchait du prince. La terre de Frapesle est immense. En présence de son voisin et devant tout ce luxe, le comte de Mortsauf, réduit au cabriolet de famille, qui en Touraine tient le milieu entre la patache et la chaise de poste, était obligé par la médiocrité de sa fortune, à faire valoir Clochegourde ; il fut donc Tourangeau jusqu'au jour où les faveurs royales rendirent à sa famille un éclat peut-être inespéré. Son accueil au cadet d'une famille ruinée dont l'écusson datait des croisades, lui servait à humilier la haute fortune, à rapetisser les bois, les guérets et les prairies de son voisin qui n'était pas gentilhomme. Monsieur de Chessel avait bien compris le comte ; aussi se sont-ils toujours vus poliment, mais sans aucun de ces rapports journaliers, sans cette agréable intimité qui aurait dû s'établir entre Clochegourde et Frapesle, deux domaines séparés par l'Indre, et d'où chacune des châtelaines pouvait, de sa fenêtre, faire un signe à l'autre.

La jalousie tourangelle n'était pas la seule raison de la solitude où vivait le comte de Mortsauf. Sa première éducation fut celle de la plupart des enfants de grande famille, une incomplète et superficielle instruction à laquelle suppléaient les enseignements du monde, les usages de la cour, l'exercice des grandes charges de la couronne, où des places éminentes. Monsieur de Mortsauf avait émigré précisément à l'époque où commençait sa seconde éducation, elle lui manqua. Il fut de ceux qui crurent au prompt rétablissement de la monarchie en France; dans cette persuasion, son exil avait été la plus déplorable des oisivetés. Quand se dispersa l'armée de Condé, où son courage le fit inscrire parmi les plus dévoués, il s'attendit à bientôt revenir sous le drapeau blanc, et ne chercha pas, comme quelques émigrés, à se créer une vie industrieuse. Peut-être aussi n'eut-il pas la force d'abdiquer son nom, pour gagner son pain dans les sueurs d'un travail méprisé. Ses espérances toujours appointées au lendemain, et peut-être aussi l'honneur, l'empêchèrent de se mettre au service des puissances étrangères. La souffrance mina son courage. De longues courses entreprises à pied sans nourriture suffisante, sur des espoirs toujours déçus, altérèrent sa santé, découragèrent son âme. Par degrés son dénûment devint extrême. Si pour beaucoup d'hommes la misère est un tonique, il en est d'autres pour qui elle est un dissolvant, et le comte fut de ceux-ci. En pensant à ce pauvre gentilhomme de Touraine, allant et couchant par les chemins de la Hongrie, partageant un quartier de mouton avec les bergers du prince Esterhazy, auxquels le voyageur demandait le pain que le gentilhomme n'aurait pas accepté du maître, et qu'il refusa maintes fois des mains ennemies de la France, je n'ai jamais senti dans mon cœur de fiel pour l'émigré, même quand je le vis ridicule dans le triomphe. Les cheveux blancs de monsieur de Mortsauf m'avaient dit d'épouvantables douleurs, et je sympathise trop avec les exilés pour pouvoir les juger. La gaîté française et tourangelle succomba chez le comte; il devint morose, tomba malade, et fut soigné par charité dans je ne sais quel hospice allemand. Sa maladie était une inflammation du mésentère; cas souvent mortel, mais dont la guérison entraîne des changements d'humeur, et cause presque toujours l'hypocondrie. Ses amours, ensevelis dans le plus profond de son âme, et que moi seul ai découverts, furent des amours de bas étage qui n'attaquèrent pas seulement sa vie, ils en ruinèrent encore l'avenir. Après douze ans de misères, il tourna les yeux vers la France où le décret de Napoléon lui permettait de rentrer. Quand en passant le Rhin, le piéton souffrant aperçut le clocher de Strasbourg par une belle soirée, il défaillit. — « La France! France! » — Je criai : « Voilà la France! » me dit-il, comme un enfant crie : Ma mère! quand il est blessé. Riche avant de naître, il se trouvait pauvre; fait pour commander un régiment ou gouverner l'état, il était sans autorité, sans avenir; né sain et robuste, il revenait infirme et tout usé. Sans instruction au milieu d'un pays où les hommes et les choses avaient grandi, nécessairement sans influence possible, il se voyait dépouillé de tout, même de ses forces corporelles et morales. Son manque de fortune lui rendait son nom pesant. Ses opinions inébranlables, ses antécédents à l'armée de Condé, ses chagrins, ses souvenirs, sa santé perdue, lui donnaient une susceptibilité de nature à être peu ménagée en France, le pays des railleries. A demi mourant, il atteignit le Maine, où, par un hasard dû peut-être à la guerre civile, le gouvernement révolutionnaire avait oublié de faire vendre une ferme considérable en étendue, et que son fermier lui conservait en laissant croire qu'il en était propriétaire. Quand la famille de Lenoncourt, qui habitait Givry, château situé près de cette ferme, sut l'arrivée du comte de Mortsauf, le duc de Lenoncourt alla lui proposer de demeurer à Givry, pendant le temps nécessaire pour arranger une habitation. La famille Lenoncourt fut noblement généreuse envers le comte qui se répara là durant plusieurs mois de séjour, et fit des efforts pour cacher ses douleurs pendant cette première halte. Les Lenoncourt avaient perdu leurs immenses biens. Par le nom, monsieur de Mortsauf était un parti sortable pour leur fille. Loin de s'opposer à son mariage avec un homme âgé de trente-cinq ans, maladif et vieilli, mademoiselle de Lenoncourt en parut heureuse. Un mariage lui acquérait le droit de vivre avec sa tante, la marquise d'Uxelles, sœur du prince de Blamont-Chauvry, qui pour elle était une mère d'adoption.

Amie intime de la duchesse de Bourbon, madame d'Uxelles faisait partie d'une société sainte dont l'âme était monsieur Saint-Martin, né en Touraine, et surnommé le *Philosophe inconnu*. Les disciples de ce philosophe pratiquaient les vertus conseillées par les hautes spéculations de l'illuminisme mystique. Cette doctrine donne la clef des mondes divins, explique l'existence par des transformations où l'homme s'achemine à de sublimes destinées, libère le devoir de sa dégradation légale, applique aux peines de la vie la douceur inaltérable du quaker, et ordonne le mépris de la souffrance en inspirant je ne sais quoi de maternel pour l'ange que nous portons au ciel. C'est le stoïcisme ayant un avenir. La prière active et l'amour pur sont les éléments de cette foi qui sort du catholicisme de l'église romaine pour rentrer dans le christianisme de l'église primitive. Mademoiselle de Lenoncourt resta néanmoins au sein de l'église apostolique à laquelle sa tante fut toujours également fidèle. Rudement éprouvée par les tourmentes révolutionnaires, la marquise d'Uxelles avait pris, dans les derniers jours de sa vie, une teinte de piété passionnée qui versa dans l'âme de son enfant chéri, *la lumière de l'amour céleste et l'huile de la joie intérieure*, pour employer les expressions mêmes de Saint-Martin. La comtesse reçut plusieurs fois cet homme de paix et de vertueux savoir à Clochegourde après la mort de sa tante, chez laquelle il venait souvent. Saint-Martin surveilla de Clochegourde ses derniers livres imprimés à Tours chez Letourmy. Inspirée par la sagesse des vieilles femmes qui ont expérimenté les détroits orageux de la vie, madame d'Uxelles donna Clochegourde à la jeune mariée, pour lui faire un chez elle. Avec la grâce des vieillards qui est toujours parfaite quand ils sont gracieux, la marquise abandonna tout à sa nièce, en se contentant d'une chambre au-dessus de celle qu'elle occupait auparavant et que prit la comtesse. Sa mort presque subite jeta des crêpes sur les joies de cette union, et imprima d'ineffaçables tristesses sur Clochegourde comme sur l'âme superstitieuse de la mariée. Les premiers jours de son établissement en Touraine furent pour la comtesse le seul temps non pas heureux, mais insoucieux de sa vie.

Après les traverses de son séjour à l'étranger, Monsieur de Mortsauf satisfait d'entrevoir un clément avenir, eut comme une convalescence d'âme; il respira dans cette vallée les enivrantes odeurs d'une espérance fleurie. Forcé de songer à sa fortune, il se jeta dans les préparatifs de son entreprise agronomique et commença par goûter quelque joie; mais la naissance de Jacques fut un coup de foudre qui ruina le présent et l'avenir : le médecin condamna le nouveau-né. Le comte cacha soigneusement cet arrêt à la mère; puis, il consulta pour lui-même et reçut de désespérantes réponses que confirma la naissance de Madeleine. Ces deux événements, une sorte de certitude intérieure sur la fatale sentence, augmentèrent les dispositions maladives de l'émigré. Son nom à jamais éteint, une jeune femme pure, irréprochable, malheureuse à ses côtés, vouée aux angoisses de la maternité, sans en avoir les plaisirs; cet *humus* de son ancienne vie d'où germaient de nouvelles souffrances lui tomba sur le cœur, et paracheva sa destruction.

La comtesse devina le passé par le présent et lut dans l'avenir. Quoique rien ne soit plus difficile que de rendre heureux un homme qui se sent fautif, la comtesse tenta cette entreprise digne d'un ange. En un jour, elle devint stoïque. Après être descendue dans l'abîme d'où elle put voir encore le ciel, elle se voua, pour un seul homme, à la mission qu'embrasse la sœur de charité pour tous. Afin de le réconcilier avec lui-même, elle lui pardonna ce qu'il ne se pardonnait pas; le comte devint avare, elle accepta les privations imposées; il avait la crainte d'être trompé, comme l'ont tous ceux qui n'ont connu la vie du monde que pour en rapporter des répugnances, elle resta dans la solitude et se plia sans murmure à ses défiances; elle employa les ruses de la femme à lui faire vouloir ce qui était bien, il se croyait ainsi des idées et goûtait chez lui les plaisirs de la supériorité qu'il n'aurait eus nulle part. Puis, après s'être avancée dans la voie du mariage, elle se résolut à ne jamais sortir de Clochegourde, en reconnaissant chez le comte une âme hystérique dont les écarts pouvaient, dans un pays de malice et de commérage, nuire à ses enfants. Aussi, personne ne soupçonnait-il l'incapacité réelle de monsieur de Mortsauf, elle avait paré ses ruines d'un épais manteau de lierre. Le caractère variable, non pas mécontent, mais mal content du comte, rencontra donc chez sa femme une terre douce et facile où il s'étendit en y sentant ses secrètes douleurs amollies par la fraîcheur des baumes.

Cet historique est la plus simple expression des discours arrachés à monsieur de Chessel par un secret dépit. Sa connaissance du monde lui avait fait entrevoir quelques-uns des mystères ensevelis à Clochegourde. Mais si, par sa sublime attitude, ma-

dame de Mortsauf trompait le monde, elle ne put
tromper les sens intelligents de l'amour. Quand je
me trouvai dans ma petite chambre, la prescience
de la vérité me fit bondir dans mon lit, je ne sup-
portai pas d'être à Frapesle lorsque je pouvais voir
les fenêtres de sa chambre ; je m'habillai, descendis
à pas de loup, et sortis du château par la porte d'une
tour où se trouvait un escalier en colimaçon. Le froid
de la nuit me rasséréna. Je passai l'Indre sur le pont
du moulin Rouge, et j'arrivai dans la bienheureuse
toue en face de Clochegourde où brillait une lumière à la dernière fenêtre du côté d'Azay. Je retrouvai mes anciennes contemplations, mais paisibles, mais entremêlées par les roulades du chantre
des nuits amoureuses, et par la note unique du rossignol des eaux. Il s'éveillait en moi des idées qui
glissaient comme des fantômes en enlevant les crêpes
qui jusqu'alors m'avaient dérobé mon bel avenir.
L'âme et les sens étaient également charmés. Avec
quelle violence mes désirs montèrent jusqu'à elle!
Combien de fois je me dis comme un insensé son
refrain : — L'aurai-je? Si durant les jours précé-
dents l'univers s'était agrandi pour moi; dans une
seule nuit il eut un centre. A elle, se rattachèrent
mes vouloirs et mes ambitions, je souhaitai d'être
tout pour elle, afin de refaire et de remplir son
cœur déchiré. Belle fut cette nuit passée sous ses fenêtres, au milieu du murmure des eaux passant à
travers les vannes des moulins, et entrecoupé par
la voix des heures sonnées au clocher de Saché !
Pendant cette nuit baignée de lumière où cette fleur
sidérale m'éclaira la vie, je lui fiançai mon âme avec

6.

la foi du pauvre chevalier castillan de qui nous nous moquons dans Cervantes, et par laquelle nous commençons l'amour. A la première lueur dans le ciel, au premier cri d'oiseau, je me sauvai dans le parc de Frapesle; je ne fus aperçu par aucun homme de la campagne, personne ne soupçonna mon escapade, et je dormis jusqu'au moment où la cloche annonça le déjeuner. Malgré la chaleur, après le déjeuner, je descendis dans la prairie afin d'aller revoir l'Indre et ses îles, la vallée et ses coteaux dont je parus un admirateur passionné; mais avec cette vélocité de pieds qui défie celle du cheval échappé, je retrouvai mon bateau, mes saules et mon Clochegourde. Tout y était silencieux et frémissant comme est la campagne à midi. Les feuillages immobiles se découpaient nettement sur le fond bleu du ciel; les insectes qui vivent de lumière, demoiselles vertes, cantharides, volaient à leurs frênes, à leurs roseaux; les troupeaux ruminaient à l'ombre, les terres rouges de la vigne brûlaient, et les couleuvres glissaient le long des talus. Quel changement dans ce paysage si frais et si coquet avant mon sommeil! Tout à coup je sautai hors de la barque et remontai le chemin pour tourner autour de Clochegourde d'où je croyais avoir vu sortir le comte. Je ne me trompais point, il allait le long d'une haie, et gagnait sans doute une porte donnant sur le chemin d'Azay qui longe la rivière.

— Comment vous portez-vous ce matin, monsieur le comte?

Il me regarda d'un air heureux, il ne s'entendait pas souvent nommer ainsi.

— Bien, dit-il, mais vous aimez donc la campagne, pour vous promener par cette chaleur?

— Ne m'a-t-on pas envoyé ici pour vivre en plein air?

— Hé bien! voulez-vous venir voir couper mes seigles?

— Mais volontiers, lui dis-je. Je suis, je vous l'avoue, d'une ignorance incroyable. Je ne distingue pas le seigle du blé, ni le peuplier du tremble ; je ne sais rien des cultures, ni des différentes manières d'exploiter une terre.

— Hé bien! venez, dit-il joyeusement en revenant sur ses pas. Entrez par la petite porte d'en haut.

Il remonta le long de sa haie en dedans, moi en dehors.

— Vous n'apprendriez rien chez monsieur de Chessel, me dit-il, il est trop grand seigneur pour s'occuper d'autre chose que de recevoir les comptes de son régisseur.

Il me montra donc ses cours et ses bâtiments, les jardins d'agrément, les vergers et les potagers. Enfin, il me mena vers cette longue allée d'acacias et de vernis du Japon, bordée par la rivière, où j'aperçus à l'autre bout, sur un banc, madame de Mortsauf occupée avec ses deux enfants. Une femme est bien belle sous ces menus feuillages tremblants et découpés! Surprise peut-être de mon naïf empressement, elle ne se dérangea pas, sachant bien que nous irions à elle. Le comte me fit admirer la vue de la vallée, qui, de là, présentait un aspect tout différent de ceux qu'elle avait déroulés selon les hauteurs où nous avions passé ; là, vous eussiez dit d'un petit coin de la Suisse. La prairie, sillonnée par les ruisseaux qui se jetaient dans l'Indre, se découvrait dans sa longueur, et se perdait en lointains vaporeux. Du côté de Montbazon, l'œil apercevait une immense étendue verte, et sur tous les autres points se trouvait arrêté par des collines, par des masses d'arbres, par des rochers. Nous allongeâmes le pas pour aller saluer madame de Mortsauf, qui laissa tomber tout à coup le livre où lisait Madeleine, et prit sur ses genoux Jacques en proie à une toux convulsive.

— Hé bien ! qu'y a-t-il ? s'écria le comte en devenant blême.

— Il a mal à la gorge, répondit la mère qui semblait ne pas me voir, ce ne sera rien.

Elle lui tenait à la fois la tête et le dos, et de ses yeux sortaient deux rayons qui versaient la vie à cette pauvre faible créature.

— Vous êtes d'une incroyable imprudence, reprit le comte avec aigreur, vous l'exposez au froid de la rivière et l'asseyez sur un banc de pierre.

— Mais, mon père, le banc brûle, s'écria Madeleine.

— Ils étouffaient là-haut, dit la comtesse.

— Les femmes veulent toujours avoir raison ! dit-il, en me regardant.

Pour éviter de l'approuver ou de l'improuver par mon regard, je contemplais Jacques qui se plaignit de souffrir dans la gorge, et que sa mère emporta. Avant de nous quitter, elle put entendre son mari.

— Quand on a fait des enfants si mal portants, on devrait savoir les soigner! dit-il.

Paroles profondément injustes; mais son amour-propre le poussait à se justifier aux dépens de sa femme. La comtesse volait en montant les rampes et les perrons. Je la vis entrer et disparaître par la porte-fenêtre. Monsieur de Mortsauf s'était assis sur le banc, la tête inclinée, songeur. Ma situation devenait intolérable; il ne me regardait ni ne me parlait; adieu cette promenade pendant laquelle je comptais me mettre si bien dans son esprit. Je ne me souviens pas d'avoir passé dans ma vie un quart d'heure plus horrible que celui-là. Je suais à grosses gouttes, me disant : — M'en irai-je? ne m'en irai-je pas? Combien de pensées tristes s'élevèrent en lui pour lui faire oublier d'aller savoir comment se trouvait Jacques! Il se leva brusquement et vint auprès de moi. Nous nous retournâmes pour regarder la riante vallée.

— Nous remettrons à un autre jour notre promenade, monsieur le comte, lui dis-je alors avec douceur.

— Sortons! répondit-il. Je suis malheureusement habitué à voir souvent de semblables crises, moi qui donnerais ma vie sans aucun regret pour conserver celle de cet enfant.

— Jacques va mieux, il dort, mon ami, dit la voix d'or. — Madame de Mortsauf se montra soudain au bout de l'allée, elle arriva sans fiel, sans amertume, et me rendit mon salut. — Je vois avec plaisir, me dit-elle, que vous aimez Clochegourde.

— Voulez-vous, ma chère, que je monte à cheval et que j'aille chercher monsieur Deslandes? lui dit-il en témoignant le désir de se faire pardonner son injustice.

— Ne vous tourmentez point, dit-elle, Jacques n'a pas dormi cette nuit, voilà tout. Cet enfant est très-nerveux, il a fait un vilain rêve, et j'ai passé tout le temps à lui conter des histoires pour le rendormir. Sa toux est purement nerveuse, je l'ai calmée avec une pastille de gomme, et le sommeil l'a gagné.

— Pauvre femme! dit-il en lui prenant la main dans les siennes, et lui jetant un regard mouillé, je n'en savais rien.

— A quoi bon vous inquiéter pour des riens? allez à vos seigles. Vous savez! Si vous n'êtes pas là, les métayers laisseront les glaneuses étrangères au bourg entrer dans le champ avant que les gerbes n'en soient enlevées.

— Je vais faire mon premier cours d'agriculture, madame, lui dis-je.

— Vous êtes à bonne école, répondit-elle en montrant le comte, de qui la bouche se contracta pour exprimer ce sourire de contentement que l'on nomme familièrement *la bouche en cœur*.

Deux mois après seulement, je sus qu'elle avait passé cette nuit en d'horribles anxiétés, elle avait craint que son fils n'eût le croup. Et moi, j'étais dans ce bateau, mollement bercé par des pensées d'amour, imaginant que, de sa fenêtre, elle me verrait adorant la lueur de cette bougie qui éclairait alors son front labouré par de mortelles alarmes. Le croup régnait à Tours, et y faisait d'affreux ravages. Quand nous fûmes à la porte, le comte me dit d'une voix émue : — Madame de Mortsauf est un ange ! Ce mot me fit chanceler. Je ne connaissais encore que superficiellement cette famille, et le remords si naturel dont une âme jeune est saisie en pareille occasion, me cria : « De quel droit troublerais-tu cette paix profonde? »

Heureux de rencontrer pour auditeur un jeune homme sur lequel il pouvait remporter de faciles triomphes, le comte me parla de l'avenir que le retour des Bourbons préparait à la France. Nous eûmes une conversation vagabonde dans laquelle j'entendis de vrais enfantillages qui me surprirent étrangement. Il ignorait des faits d'une évidence géométrique; il avait peur des gens instruits; les supériorités, il les niait; il se moquait, peut-être avec raison, des progrès; enfin je reconnus en lui une grande quantité de fibres douloureuses qui obligeaient à prendre tant de précautions pour ne le point blesser, qu'une conversation suivie devenait un travail d'esprit. Quand j'eus pour ainsi dire palpé ses défauts, je m'y pliai avec autant de souplesse qu'en mettait la comtesse à les caresser. A une autre époque de ma vie, je l'eusse indubitablement froissé; mais, timide comme un enfant, croyant ne rien savoir, ou croyant que les hommes faits savaient tout, je m'ébahissais des merveilles obtenues à Clochegourde par ce patient agriculteur. J'écoutais ses plans avec admiration. Enfin, flatterie involontaire qui me valut la bienveillance du vieux gentilhomme, j'enviais cette jolie terre, sa position, ce paradis terrestre en le mettant bien au-dessus de Frapesle.

— Frapesle, lui dis-je, est une massive argenterie, mais Clochegourde est un écrin de pierres précieuses!

Phrase qu'il répéta souvent depuis en citant l'auteur.

— Hé bien! avant que nous y vinssions, c'était une désolation, disait-il.

J'étais tout oreille quand il me parlait de ses semis, de ses pépinières. Neuf aux travaux de la campagne, je l'accablais de questions sur le prix des choses, sur les moyens d'exploitation, et il me parut heureux d'avoir à m'apprendre tant de détails.

— Que vous enseigne-t-on donc? me demandait-il avec étonnement.

Dès cette première journée, le comte dit à sa femme en rentrant : — Monsieur Félix est un charmant jeune homme!

Le soir, j'écrivis à ma mère de m'envoyer des habillements et du linge, en lui annonçant que je restais à Frapesle. Ignorant la grande révolution qui s'accomplissait alors, et ne comprenant pas l'influence qu'elle devait exercer sur mes destinées, je croyais retourner à Paris pour y achever mon droit; l'école ne reprenait ses cours que dans les premiers jours du mois de novembre, j'avais donc deux mois et demi devant moi.

Pendant les premiers moments de mon séjour, je tentai de m'unir intimement au comte: ce fut un temps d'impressions cruelles. Je découvris en cet homme une irascibilité sans causes, une promptitude d'action dans un cas désespéré, qui m'effrayèrent ; il se rencontrait en lui des retours soudains du gentilhomme si valeureux à l'armée de Condé, quelques éclairs paraboliques de ces volontés qui peuvent, au jour des circonstances graves, trouer la politique à la manière des bombes, et qui, par les hasards de la droiture et du courage, font d'un homme condamné à vivre dans sa gentilhommière, un d'Elbée, un Bonchamp, un Charette. Alors son nez se contractait, son front s'éclairait, et ses yeux lançaient une foudre aussitôt amollie. J'avais peur qu'en surprenant le langage de mes yeux, monsieur de Mortsauf ne me tuât sans réflexion. A cette époque, j'étais exclusivement tendre. La volonté, qui modifie si étrangement les hommes, commençait seulement à poindre en moi. Mes excessifs désirs m'avaient communiqué ces rapides ébranlements de la sensibilité qui ressemblent aux tremblements de la peur. La lutte ne me faisait pas trembler, mais je ne voulais pas perdre la vie sans avoir goûté le bonheur d'un amour partagé. Les difficultés et mes désirs grandissaient sur deux lignes parallèles. Comment parler de mes sentiments? J'étais en proie à de navrantes perplexités. J'attendais un hasard, j'observais, je me familiarisais avec les enfants de qui je me fis aimer, je tâchais de m'identifier aux choses de la maison. Insensiblement le comte se contint moins avec moi. Je connus donc ses soudains changements d'humeur, ses profondes tristesses sans motif, ses soulèvements brusques, ses plaintes amères et cassantes, sa froideur haineuse, ses mouvements de folie réprimés, ses gémissements d'enfant, ses cris d'homme au désespoir, ses colères imprévues. La nature morale se distingue de la nature physique en ceci, que rien n'y est absolu ; l'intensité des effets est en raison de la portée des caractères, ou des idées que nous groupons autour d'un fait. Mon maintien à Clochegourde, l'avenir de ma vie, dépendaient de cette volonté fantasque. Je ne saurais vous exprimer quelles angoisses pressaient mon âme, alors aussi facile à s'épanouir qu'à se contracter, quand en entrant, je me disais : Comment va-t-il me recevoir ? Quelle anxiété de cœur me brisait alors que tout à coup un orage s'amassait sur son front neigeux ! C'était un qui-vive continuel. Je tombai donc sous le despotisme de cet homme. Mes souffrances me firent deviner celles de madame de Mortsauf. Nous commençâmes à échanger des regards d'intelligence, mes larmes coulaient quelquefois quand elle retenait les siennes. La comtesse et moi, nous nous éprouvâmes ainsi par la douleur. Combien de découvertes n'ai-je pas faites durant ces quarante premiers jours pleins d'amertumes réelles, de joies tacites, d'espérances tantôt abîmées, tantôt surnageant ! Un soir je la trouvai religieusement pensive devant un coucher de soleil qui rougissait si voluptueusement les cimes en laissant voir la vallée comme un lit, qu'il était impossible de ne pas écouter la voix de cet éternel cantique des cantiques par lequel la nature convie à l'amour. La jeune fille reprenait-elle des illusions envolées ? la femme souffrait-elle de quelque comparaison secrète ? Je crus voir dans sa pose un abandon profitable aux premiers aveux, et lui dis : — Il est des journées difficiles!

— Vous avez lu dans mon âme, me dit-elle, mais comment?

— Nous nous touchons par tant de points, répondis-je. N'appartenons-nous pas au petit nombre de créatures privilégiées pour la douleur et pour le plaisir, de qui les qualités sensibles vibrent toutes à l'unisson en produisant de grands retentissements intérieurs, et dont la nature nerveuse est en harmonie constante avec le principe des choses. Mettez-les dans un milieu où tout est dissonance, ces personnes souffrent horriblement, comme aussi leur plaisir va jusqu'à l'exaltation quand elles rencontrent les idées, les sensations ou les êtres qui leur sont sympathiques. Mais il est pour nous un troisième état dont les malheurs ne sont connus que des âmes affectées par la même maladie, et chez lesquelles se rencontrent de fraternelles compréhensions. Il peut nous arriver de n'être impressionnés ni en bien ni en mal; un orgue expressif doué de mouvement s'exerce alors en nous dans le vide, se passionne sans objet, rend des sons sans produire de mélodie, jette des accents qui se perdent dans le silence! espèce de contradiction terrible d'une âme qui se révolte contre l'inutilité du néant! Jeux accablants dans lesquels notre puissance s'échappe tout entière sans aliment, comme le sang par une blessure inconnue. La sensibilité coule à torrents, il en résulte d'horribles affaiblissements, d'indicibles mélancolies pour lesquelles le confessionnal n'a pas d'oreilles. N'ai-je pas exprimé nos communes douleurs?

Elle tressaillit, et, sans cesser de regarder le couchant, elle me répondit : — Comment si jeune savez-vous ces choses? Avez-vous donc été femme?

— Ah! lui répondis-je d'une voix émue, mon enfance a été comme une longue maladie.

— J'entends tousser Madeleine, me dit-elle en me quittant avec précipitation.

La comtesse me vit assidu chez elle sans en prendre de l'ombrage, par deux raisons. D'abord elle était pure comme un enfant, et sa pensée ne se jetait dans aucun écart. Puis j'amusais le comte; je fus une pâture à ce lion sans ongles et sans crinière. Enfin, j'avais fini par trouver une raison de venir qui nous parut plausible à tous. Je ne savais pas le trictrac, monsieur de Mortsauf me proposa de me l'enseigner, j'acceptai. Dans le moment où se fit notre accord, la comtesse ne put s'empêcher de m'adresser un regard de compassion qui voulait dire : « Mais vous vous jetez dans la gueule du loup! » Si je n'y compris rien d'abord, le troisième jour je sus à quoi je m'étais engagé. Ma patience que rien ne lasse, ce fruit de mon enfance, se mûrit pendant ce temps d'épreuve. Ce fut un bonheur pour le comte que de se livrer à de cruelles railleries quand je ne mettais pas en pratique le principe ou la règle qu'il m'avait expliquée; si je réfléchissais, il se plaignait de l'ennui que cause un jeu lent; si je jouais vite, il se fâchait d'être pressé; si je faisais des écoles, il me disait, en en profitant, que je me dépêchais trop. Ce fut une tyrannie de magister, un despotisme de férule dont je ne puis vous donner une idée qu'en me comparant à Épictète tombé sous le joug d'un enfant méchant. Quand nous jouâmes de l'argent, ses gains constants lui causèrent des joies déshonorantes, mesquines. Un mot de sa femme me consolait de tout, et le rendait promptement au sentiment de la politesse et des convenances. Bientôt je tombai dans les brasiers d'un supplice imprévu. A ce métier mon argent s'en alla. Quoique le comte restât toujours entre sa femme et moi jusqu'au moment où je les quittais, quelquefois fort tard, j'avais toujours l'espérance de trouver un moment où je me glisserais dans son cœur; mais pour obtenir cette heure attendue avec la douloureuse patience du chasseur, ne fallait-il pas continuer ces taquines parties où mon âme était constamment déchirée, et qui emportaient tout mon argent. Combien de fois déjà n'étions-nous pas demeurés silencieux, occupés à regarder un effet de soleil dans la prairie, des nuées dans un ciel gris, les collines vaporeuses, ou les tremblements de la lune dans les pierreries de la rivière, sans nous dire autre chose que :

— La nuit est belle !
— La nuit est femme, madame.
— Quelle tranquillité !
— Oui, l'on ne peut pas être tout-à-fait malheureux ici.

A cette réponse elle revenait à sa tapisserie. J'avais fini par entendre en elle des remuements d'entrailles causés par une affection qui voulait sa place. Sans argent, adieu les soirées. J'avais écrit à ma mère de m'en envoyer, ma mère me gronda, et ne m'en donna pas pour huit jours. A qui donc en demander? Et il s'agissait de ma vie! Je retrouvais donc, au sein de mon premier grand bonheur, les souffrances qui m'avaient assailli partout; mais à Paris, au collége, à la pension, j'y avais échappé par une pensive abstinence; mon malheur avait été négatif; à Frapesle il devint actif, je connus alors l'envie du vol, ces crimes rêvés, ces épouvantables rages qui sillonnent l'âme et que nous devons étouffer sous peine de perdre notre propre estime. Le souvenir des cruelles méditations, des angoisses que m'imposa la parcimonie de ma mère, m'ont inspiré pour les jeunes gens la sainte indulgence de ceux qui, sans avoir failli, sont arrivés sur le bord de l'abîme comme pour en mesurer la profondeur. Quoique ma probité, nourrie de sueurs froides, se soit fortifiée en ces moments où la vie s'entr'ouvre et laisse voir l'aride gravier de son lit toutes les fois que la terrible justice humaine a tiré son glaive sur le cou d'un homme, je me suis dit : — Les lois pénales ont été faites par des gens qui n'ont pas connu le malheur. En cette extrémité je découvris, dans la bibliothèque de monsieur de Chessel, le traité du trictrac, et l'étudiai; puis mon hôte voulut bien me donner quelques leçons; moins durement mené, je pus faire des progrès, appliquer les règles et les calculs que j'appris par cœur. En peu de jours je fus en état de dompter mon maître. Quand je le gagnai son humeur devint exécrable; ses yeux étincelèrent comme ceux des tigres, sa figure se crispa, ses sourcils jouèrent comme je n'ai vu jouer les sourcils de personne. Ses plaintes étaient celles d'un enfant gâté. Parfois il jetait les dés, se mettait en fureur, trépignait, mordait son cornet et me disait des injures. Ces violences eurent un terme. Quand j'eus acquis un jeu supérieur, je conduisis la bataille à mon gré ; je m'arrangeai pour qu'à la fin tout fût à peu près égal, en le laissant gagner durant la première moitié de la partie, et rétablissant l'équilibre pendant la seconde moitié. La fin du monde aurait moins surpris le comte que la rapide supériorité de son écolier. Il ne l'avoua jamais. Le dénoûment constant de nos parties fut une pâture nouvelle dont son esprit s'empara.

— Décidément, disait-il, ma pauvre tête se fatigue. Vous gagnez toujours vers la fin de la partie, parce qu'alors j'ai perdu mes moyens.

La comtesse, qui savait le jeu, s'aperçut de mon manége dès la première fois, et devina d'immenses témoignages d'affection. Ces détails ne peuvent être appréciés que par ceux à qui les horribles difficultés du trictrac sont connues. Que ne disait pas cette petite chose ! Mais l'amour, comme le dieu de Bossuet, met au-dessus des plus riches victoires, le verre d'eau du pauvre, l'effort du soldat qui périt ignoré. La comtesse me jeta l'un de ces remerciements muets qui brisent un cœur jeune, elle m'accorda le regard qu'elle réservait à ses enfants ! Depuis cette bienheureuse soirée, elle me regarda toujours en me parlant. Je ne saurais expliquer dans quel état je fus en m'en allant. Mon âme avait absorbé mon corps, je ne pesais pas, je ne marchais point, je volais. Je sentais en moi-même ce regard, il m'avait inondé de lumière, comme son *adieu, monsieur!* avait fait retentir en mon âme les harmonies que contient l'*O filii, ô filiæ!* de la résurrection pascale. Je naissais à une nouvelle vie. J'étais donc quelque chose pour elle! Je m'endormis en des langes de pourpre. Des flammes passèrent devant mes yeux fermés en se poursuivant dans les ténèbres comme les jolis vermisseaux de feu qui courent les uns après les autres sur les cendres du papier brûlé. Dans mes rêves, sa voix devint je ne sais quoi de palpable, une atmosphère qui m'enveloppa de lumière et de parfums, une mélodie qui dulcifia mes pores et me caressa l'esprit. Le lendemain, son accueil exprima la plénitude des sentiments octroyés, et je fus dès lors initié dans les secrets de sa voix. Ce jour devait être un des plus marquants de ma vie. Après le dîner, nous nous promenâmes sur les hauteurs, nous allâmes dans une lande où rien ne pouvait venir, le sol en était pierreux, desséché, sans terre végétale; néanmoins il s'y trouvait quelques chênes et des buissons pleins de sinelles; mais, au lieu d'herbes, s'étendait un tapis de mousses fauves, crépues, allumées par les rayons du soleil couchant, et sur lequel les pieds glissaient. Je tenais Madeleine par la main pour la soutenir, et madame de Mortsauf donnait le bras à Jacques. Le comte, qui allait en avant, se retourna, frappa la terre avec sa canne, et me dit avec un accent horrible : — Voilà ma vie! — Oh! mais avant de vous avoir connue, reprit-il en jetant un regard d'excuse sur sa femme. Réparation tardive, elle avait pâli. Quelle femme

n'aurait chancelé comme elle en recevant ce coup?
— Quelles délicieuses odeurs arrivent ici, et les beaux effets de lumière! je voudrais bien avoir à moi cette lande, j'y trouverais peut-être des trésors en la sondant; mais la plus certaine richesse serait votre voisinage. Qui d'ailleurs ne paierait cher une vue aussi harmonieuse à l'œil, et cette rivière serpentine où l'âme se baigne entre les frênes et les aunes. Voyez la différence de goûts? Pour vous ce coin de terre est une lande, pour moi c'est un paradis.

Elle me remercia par un regard.

— Églogue! fit-il d'un ton amer, ici n'est pas la vie d'un homme qui porte votre nom. Puis il s'interrompit et dit : — Entendez-vous les cloches d'Azay? J'entends positivement sonner des cloches.

Madame de Mortsauf me regarda d'un air effrayé. Madeleine me serra la main.

— Voulez-vous que nous rentrions faire un trictrac, lui dis-je, le bruit des dés vous empêchera d'entendre celui des cloches.

Nous revînmes à Clochegourde, en parlant à bâtons rompus. Le comte se plaignait de douleurs vives sans les préciser. Quand nous fûmes au salon, il y eut entre nous tous une indéfinissable incertitude. Le comte était plongé dans un fauteuil, absorbé dans une contemplation respectée par sa femme, qui se connaissait aux symptômes de la maladie et savait en prévoir les accès. J'imitai son silence. Si elle ne me pria point de m'en aller, peut-être crut-elle que la partie de trictrac égaierait le comte et dissiperait ces fatales susceptibilités nerveuses dont les éclats la tuaient. Rien n'était plus difficile que de faire faire au comte cette partie de trictrac, dont il avait toujours grande envie. Semblable à une petite maîtresse, il voulait être prié, forcé pour ne pas avoir l'air d'être l'obligé, peut-être par cela même qu'il en était ainsi. Si, par suite d'une conversation intéressante, j'oubliais pour un moment mes *salamalek*, il devenait maussade, âpre, blessant, et s'irritait de la conversation en contredisant tout. Averti par sa mauvaise humeur, je lui proposais une partie; alors il coquettait : « D'abord, il était trop tard, disait-il, puis je ne m'en souciais pas. » Enfin des simagrées désordonnées comme chez les femmes qui finissent par vous faire ignorer leurs véritables désirs. Je m'humiliais, je le suppliais de m'entretenir dans une science si facile à oublier, faute d'exercice. Cette fois j'eus besoin d'une gaîté folle pour le décider à jouer. Il se plaignait d'étourdissements qui l'empêcheraient de calculer, il avait le crâne serré comme dans un étau, il entendait des sifflements, il étouffait et poussait des soupirs énormes. Enfin il consentit à s'attabler. Madame de Mortsauf nous quitta pour coucher ses enfants et faire dire les prières à sa maison. Tout alla bien pendant son absence, je m'arrangeai pour que monsieur de Mortsauf gagnât. Son bonheur le dérida brusquement. Le passage subit d'une tristesse qui lui arrachait de sinistres prédictions sur lui-même, à cette joie d'homme ivre, à ce rire fou et presque sans raison, m'inquiéta, me glaça. Je ne l'avais jamais vu dans un accès aussi franchement accusé. Notre connaissance intime avait porté ses fruits, il ne se gênait plus avec moi. Chaque jour, il essayait de m'envelopper dans sa tyrannie, d'assurer une nouvelle pâture à son humeur, car il semble vraiment que les maladies morales soient des créatures qui ont leurs appétits, leurs instincts, et veulent augmenter l'espace de leur empire comme un propriétaire veut augmenter son domaine. La comtesse descendit, et vint près du trictrac pour mieux éclairer sa tapisserie, mais elle se mit à son métier dans une appréhension mal déguisée. Un coup que je ne pus empêcher changea la face du comte : de gaie, elle devint sombre; de pourpre, elle devint jaune, ses yeux vacillèrent. Puis arriva un dernier malheur que je ne pouvais ni prévoir, ni réparer. Monsieur de Mortsauf amena pour lui-même un dé foudroyant qui décidait sa ruine. Aussitôt il se leva, jeta la table sur moi, la lampe à terre, frappa du point sur la console; et sauta par le salon, car je ne saurais dire qu'il marcha. Le torrent d'injures, d'imprécations, d'apostrophes, de phrases incohérentes qui sortit de sa bouche, aurait fait croire à quelque antique possession, comme au moyen âge. Jugez de mon attitude!

— Allez dans le jardin, me dit-elle en me pressant la main.

Je sortis sans que le comte s'aperçût de ma disparition. De la terrasse où je me rendis à pas lents, j'entendis les éclats de sa voix et ses gémissements qui partaient de sa chambre contiguë à la salle à manger. A travers la tempête, j'entendais aussi la voix de l'ange qui, par intervalles, s'élevait comme un chant de rossignol au moment où la pluie va cesser. Je me promenais sous les acacias par la plus belle nuit du mois d'août finissant, en attendant que la comtesse m'y rejoignît. Elle allait venir, son geste me l'avait promis. Depuis quelques jours une explication flottait entre nous, et semblait devoir éclater au premier mot qui ferait jaillir la source trop pleine en nos âmes. Quelle honte retardait l'heure de notre parfaite entente? Peut-être aimait-elle autant que je l'aimais ce tressaillement semblable aux émotions de la peur, qui meurtrit la sensibilité, pendant ces moments où l'on retient sa vie prête à déborder, où l'on hésite à dévoiler son intérieur, en obéissant à la pudeur qui agite les jeunes filles avant qu'elles ne se montrent à l'époux aimé. Nous avions agrandi nous-mêmes par nos pensées accumulées cette première confidence devenue nécessaire. Une heure se passa. J'étais assis sur la balustrade en briques, quand le retentissement de son pas mêlé au bruit onduleux de la robe flottante anima l'air calme du soir. C'est des sensations auxquelles le cœur ne suffit pas!

— Monsieur de Mortsauf est maintenant endormi, me dit-elle. Quand il est ainsi, je lui donne une tasse d'eau dans laquelle on a fait infuser quelques têtes de pavots, et ses crises sont assez éloignées pour que ce remède si simple ait toujours la même vertu. Monsieur, me dit-elle en changeant de ton et prenant sa plus persuasive inflexion de voix, un hasard malheureux vous a livré des secrets jusqu'ici soigneusement gardés, promettez-moi d'ensevelir dans votre cœur le souvenir de cette scène. Faites-le pour moi, je vous en prie. Je ne vous demande pas de serment, dites-moi le *oui* de l'homme d'honneur, je serai contente.

— Ai-je donc besoin de prononcer ce *oui?* lui dis-je. Ne nous sommes-nous jamais compris?

— Ne jugez point défavorablement monsieur de Mortsauf en voyant les effets de longues souffrances endurées pendant l'émigration, reprit-elle. Demain il ignorera complétement les choses qu'il aura dites, et vous le trouverez excellent et affectueux.

— Cessez, madame, lui répondis-je, de vouloir justifier le comte, je ferai tout ce que vous voudrez. Je me jetterais à l'instant dans l'Indre, si je pouvais ainsi renouveler monsieur de Mortsauf et vous rendre à une vie heureuse. La seule chose que je ne puisse refaire est mon opinion, rien n'est plus fortement tissu en moi. Je vous donnerais ma vie, je ne puis donner ma conscience; je puis ne pas l'écouter, mais puis-je l'empêcher de parler? or, dans mon opinion, M. de Mortsauf est...

— Je vous entends, dit-elle, en m'interrompant avec une brusquerie insolite, vous avez raison. Le comte est nerveux comme une petite maîtresse, reprit-elle pour adoucir l'idée de la folie en adoucissant le mot, mais il n'est ainsi que par intervalles, une fois au plus par année, lors des grandes chaleurs. Combien de maux a causés l'émigration! Combien de belles existences perdues! Il eût été, j'en suis certaine, un grand homme de guerre, l'honneur de son pays.

— Je le sais, lui dis-je en l'interrompant à mon tour, et lui faisant comprendre qu'il était inutile de me tromper.

Elle s'arrêta, posa l'une de ses mains sur son front, et se dit : Qui vous a donc ainsi produit dans notre intérieur? Dieu veut-il m'envoyer un secours, une vive amitié qui me soutienne? reprit-elle en appuyant sa main sur la mienne avec force, car vous êtes bon, généreux...

Elle leva les yeux vers le ciel, comme pour invoquer un visible témoignage qui lui confirmât ses secrètes espérances, et les reporta sur moi. Électrisé par ce regard qui jetait une âme dans la mienne, j'eus, selon la jurisprudence mondaine, un manque de tact ; mais, chez certaines âmes, n'est-ce pas souvent précipitation généreuse au-devant d'un danger, envie de prévenir un choc, crainte d'un malheur qui n'arrive pas, et plus souvent encore n'est-ce pas l'interrogation brusque faite à un cœur, un coup donné pour savoir s'il résonne à l'unisson? Plusieurs pensées semblables s'élevèrent en moi comme des lueurs, et me conseillèrent de laver la tache qui souillait ma candeur, au moment où je prévoyais une complète initiation.

— Avant d'aller plus loin, lui dis-je d'une voix altérée par des palpitations facilement entendues dans le profond silence où nous étions, permettez-moi de purifier un souvenir du passé?

— Taisez-vous, dit-elle vivement en me mettant sur les lèvres un doigt qu'elle ôta aussitôt. Elle me regarda fièrement comme une femme trop haut située pour que l'injure puisse l'atteindre, et me dit d'une voix troublée : — Je sais de quoi vous voulez parler. Il s'agit du premier, du dernier, du seul outrage que j'aurai reçu ! Ne parlez jamais de ce bal.

Si la chrétienne vous a pardonné, la femme souffre encore.

— Ne soyez pas plus impitoyable que ne l'est Dieu, lui dis-je en gardant entre mes cils les larmes qui me vinrent aux yeux.

— Je dois être plus sévère, je suis plus faible, répondit-elle.

— Mais, repris-je avec une manière de révolte enfantine, écoutez-moi, quand ce ne serait que pour la première, la dernière et la seule fois de votre vie.

— Eh bien ! dit-elle, parlez ! Autrement, vous croiriez que je crains de vous entendre.

Sentant alors que ce moment était unique en notre vie, je lui dis avec cet accent qui commande l'attention, que les femmes au bal m'avaient été toutes indifférentes comme celles que j'avais aperçues jusqu'alors ; mais qu'en la voyant, moi de qui la vie était si studieuse, de qui l'âme était si peu hardie, j'avais été comme emporté par une frénésie qui ne pouvait être condamnée que par ceux qui ne l'avaient jamais éprouvée, que jamais cœur d'homme ne fut si bien empli du désir auquel ne résiste aucune créature et qui fait tout vaincre, même la mort...

— Et le mépris ? dit-elle en m'arrêtant.

— Vous m'avez donc méprisé ? lui demandai-je.

— Ne parlons plus de ces choses, dit-elle.

— Mais parlons-en ? lui répondis-je avec une exaltation causée par une douleur surhumaine. Il s'agit de tout moi-même, de ma vie inconnue, d'un secret que vous devez connaître; autrement je mourrais de désespoir ! Ne s'agit-il pas aussi de vous, qui, sans le savoir, avez été la Dame aux mains de laquelle reluit la couronne promise aux vainqueurs du tournoi.

Je lui contai mon enfance et ma jeunesse, non comme je vous l'ai dite, en la jugeant à distance; mais avec les paroles échevelées du jeune homme de qui les blessures saignaient encore. Ma voix retentit comme la hache des bûcherons dans une forêt. Devant elle tombèrent à grand bruit les années mortes, les longues douleurs qui les avaient hérissées de branches sans feuillages. Je lui peignis avec des mots enfiévrés une foule de détails terribles dont je vous ai fait grâce; j'étalai le trésor de mes vœux brillants, l'or vierge de mes désirs, tout un cœur brûlant conservé sous les glaces de ces Alpes entassées par un continuel hiver. Lorsque courbé sous le poids de mes souffrances redites avec les charbons d'Isaïe, j'attendis un mot de cette femme qui m'écoutait la tête baissée; elle éclaira les ténèbres par un regard, elle anima les mondes terrestres et divins par un seul mot.

— Nous avons eu la même enfance! dit-elle en me montrant un visage où reluisait l'auréole des martyrs.

Après une pause où nos âmes se marièrent dans cette même pensée consolante : — Nous n'étions donc pas seuls à souffrir! la comtesse me dit de sa voix réservée pour parler à ses chers petits, comment elle avait eu le tort d'être une fille quand les fils étaient morts. Elle m'expliqua les différences que son état de demoiselle sans cesse attachée aux flancs d'une mère mettait entre ses douleurs et celles d'un enfant jeté dans le monde des colléges.

Ma solitude avait été comme un paradis, comparée au contact de la meule sous laquelle son âme fut sans cesse meurtrie, jusqu'au jour où sa véritable mère, sa bonne tante l'avait sauvée en l'arrachant à ce supplice dont elle me raconta les renaissantes douleurs. C'était les inexplicables pointilleries insupportables aux natures nerveuses qui ne reculent pas devant un coup de poignard, et meurent sous l'épée de Damoclès : tantôt une expansion généreuse arrêtée par un ordre glacial, tantôt un baiser froidement reçu ; un silence imposé, reproché tour à tour ; des larmes dévorées qui lui restaient sur le cœur ; enfin les mille tyrannies du couvent, cachées aux yeux des étrangers sous les apparences d'une maternité glorieusement exaltée. Sa mère tirait vanité d'elle, et la vantait ; mais elle payait cher le lendemain ces flatteries nécessaires au triomphe de l'institutrice. Quand, à force d'obéissance et de douceur, elle croyait avoir vaincu le cœur de la mère, et qu'elle s'ouvrait à elle, le tyran reparaissait armé de ces confidences. Un espion n'eût pas été si lâche, ni si traître. Tous ses plaisirs de jeune fille, ses fêtes lui avaient été chèrement vendues, car elle était grondée d'avoir été heureuse, comme elle l'eût été pour une faute. Jamais les enseignements de sa noble éducation ne lui avaient été donnés avec amour, mais avec une blessante ironie. Elle n'en voulait point à sa mère, elle se reprochait seulement de ressentir moins d'amour que de terreur pour elle. Peut-être, pensait cet ange, ces sévérités étaient-elles nécessaires ? ne l'avaient-elles pas préparée à sa vie actuelle ? En l'écoutant, il me

8.

semblait que la harpe de Job dont j'avais tiré de sauvages accords, maintenant maniée par des doigts chrétiens, y répondait en chantant les litanies de la Vierge au pied de la croix.

— Nous vivions dans la même sphère avant de nous retrouver ici, vous partie de l'orient, moi de l'occident.

Elle agita la tête par un mouvement désespéré :
— A vous l'orient, à moi l'occident, dit-elle. Vous vivrez heureux, je mourrai de douleur ! Les hommes font eux-mêmes les événements de leur vie, et la mienne est à jamais arrêtée. Aucune puissance ne peut briser cette lourde chaîne à laquelle la femme tient par un anneau d'or, emblème de la pureté des épouses.

Nous sentant alors tombés jumeaux du même sein, elle ne conçut point que les confidences se fissent à demi, entre frères abreuvés aux mêmes sources. Après le soupir naturel aux cœurs purs au moment où ils s'ouvrent, elle me raconta les premiers jours de son mariage, ses premières déceptions, tout le renouveau du malheur. Elle avait, comme moi, connu les petits faits, si grands pour les âmes dont la limpide substance est ébranlée tout entière au moindre choc, de même qu'une pierre jetée dans un lac en agite également la surface et la profondeur. En se mariant, elle possédait ses épargnes, ce peu d'or qui représente les heures joyeuses, les mille désirs du jeune âge ; en un jour de détresse, elle l'avait généreusement donné sans dire que c'était des souvenirs et non des pièces d'or ; jamais son mari ne lui en avait tenu compte, il ne se savait pas son débiteur ! En échange de ce trésor englouti dans les eaux dormantes de l'oubli, elle n'avait pas obtenu ce regard mouillé qui solde tout, qui pour les âmes généreuses est comme un éternel joyau dont les feux brillent aux jours difficiles. Comme elle avait marché de douleur en douleur ! Monsieur de Mortsauf oubliait de lui donner l'argent nécessaire à la maison ; il se réveillait d'un rêve, quand après avoir vaincu toutes ses timidités de femme, elle lui en demandait ; et jamais il ne lui avait une seule fois évité ces cruels serrements de cœur ! Quelle terreur vint la saisir au moment où la nature maladive de cet homme ruiné s'était dévoilée, elle avait été brisée par le premier éclat de ses folles colères. Par combien de réflexions dures n'avait-elle point passé avant de regarder comme nul, son mari, cette imposante figure qui domine l'existence d'une femme ! De quelles horribles calamités furent suivies ses deux couches ! Quel saisissement à l'aspect de deux enfants mort-nés ? Quel courage pour se dire : « Je leur soufflerai la vie ! je les enfanterai de nouveau tous les jours ! » Puis quel désespoir de sentir un obstacle dans le cœur et dans la main d'où les femmes tirent leurs secours ! Elle avait vu cet immense malheur déroulant ses savanes épineuses à chaque difficulté vaincue. A la montée de chaque rocher, elle avait aperçu de nouveaux déserts à franchir jusqu'au jour où elle eut bien connu son mari, l'organisation de ses enfants, et le pays où elle devait vivre ; jusqu'au jour où, comme l'enfant arraché par Napoléon aux tendres soins du logis, elle eut habitué ses pieds à marcher dans la boue et dans la neige, accoutumé son front aux boulets, toute sa personne à la passive obéissance du soldat.

Ces choses que je vous résume, elle me les dit alors dans leur ténébreuse étendue ; avec leur cortége de faits désolants, de batailles conjugales perdues, d'essais infructueux.

— Enfin, me dit-elle en terminant, il faudrait demeurer ici quelques mois pour savoir combien de peines me coûtent les améliorations de Clochegourde, combien de patelineries fatigantes pour lui faire vouloir la chose la plus utile à ses intérêts ! Quelle malice d'enfant le saisit quand une chose due à mes conseils ne réussit pas tout d'abord ! Avec quelle joie il s'attribue le bien ! Quelle patience m'est nécessaire pour toujours entendre des plaintes quand je me tue à lui sarcler ses heures, à lui embaumer son air, à lui sabler, à lui fleurir les chemins qu'il a semés de pierres. Ma récompense est ce terrible refrain : — Je vais mourir, la vie me pèse ! » S'il a le bonheur d'avoir du monde chez lui, tout s'efface, il est gracieux et poli. Pourquoi n'est-il pas ainsi pour sa famille ? Je ne sais comment expliquer ce manque de loyauté chez un homme parfois vraiment chevaleresque. Il est capable d'aller secrètement à franc étrier me chercher à Paris une parure comme il le fit dernièrement pour le bal de la ville. Avare pour sa maison, il serait prodigue pour moi, si je voulais ; ce devrait être l'inverse : je n'ai besoin de rien, et sa maison est lourde. Dans le désir de lui rendre la vie heureuse, et sans songer que je serais mère, peut-être l'ai-je habitué à me prendre pour sa victime ; moi qui en usant de quelques cajoleries, le mènerais comme un enfant, si je pouvais m'abaisser à jouer un rôle qui me semble infâme ! Mais l'intérêt de la maison exige que je sois calme et sévère comme une statue de la justice, et cependant, moi aussi, j'ai l'âme expansive et tendre !

— Pourquoi, lui dis-je, n'usez-vous pas de cette influence pour vous rendre maîtresse de lui, pour le gouverner ?

— S'il ne s'agissait que de moi seule, je ne saurais ni vaincre son silence obtus, opposé pendant des heures entières à des arguments justes, ni répondre à des observations sans logique, de véritables raisons d'enfant. Je n'ai de courage ni contre la faiblesse ni contre l'enfance; elles peuvent me frapper sans que je leur résiste; peut-être opposerai-je la force à la force, mais je suis sans énergie contre ceux que je plains. S'il fallait contraindre Madeleine à quelque chose pour la sauver, je mourrais avec elle. La pitié détend toutes mes fibres et mollifie mes nerfs. Aussi les violentes secousses de ces dix années m'ont-elles abattue; maintenant ma sensibilité si souvent attaquée est parfois sans consistance, rien ne la régénère; parfois l'énergie avec laquelle je supportais les orages, me manque. Oui, parfois je suis vaincue. Faute de repos et de bains de mer où je retremperais mes fibres, je périrai. Monsieur de Mortsauf m'aura tuée et il mourra de ma mort.

— Pourquoi ne quittez-vous pas Clochegourde pour quelques mois ? Pourquoi n'iriez-vous pas, accompagnée de vos enfants, au bord de la mer ?

— D'abord, monsieur de Mortsauf se croirait perdu si je m'éloignais. Quoiqu'il ne veuille pas croire à sa situation, il en a la conscience. Il se rencontre en lui l'homme et le malade, deux natures différentes dont les contradictions expliquent bien des bizarreries! Puis, il aurait raison de trembler. Tout irait mal ici. Vous avez vu peut-être en moi la mère de famille occupée à protéger ses enfants contre le milan qui plane sur eux. Tâche écrasante, augmentée des soins exigés par monsieur de Mortsauf qui va toujours demandant : — Où est madame? Ce n'est rien. Je suis aussi le précepteur de Jacques, la gouvernante de Madeleine. Ce n'est rien encore! Je suis intendant et régisseur. Vous connaîtrez un jour la portée de mes paroles quand vous saurez que l'exploitation d'une terre est ici la plus fatigante des industries. Nous avons peu de revenus en argent, nos fermes sont cultivées à moitié, système qui veut une surveillance continuelle. Il faut vendre soi-même ses grains, ses bestiaux, ses récoltes de toute nature. Nous avons pour concurrents nos propres fermiers qui s'entendent au cabaret avec les consommateurs, et font les prix après avoir vendu les premiers. Je vous ennuierais si je vous expliquais les mille difficultés de notre agriculture. Quel que soit mon dévoûment, je ne puis veiller à ce que nos colons n'amendent pas leurs propres terres avec nos fumiers; je ne puis, ni aller voir si nos métiviers ne s'entendent pas avec eux lors du partage des récoltes, ni savoir le moment opportun pour la vente. Or, si vous venez à penser au peu de mémoire de monsieur de Mortsauf, aux peines que vous m'avez vu prendre pour l'obliger à s'occuper de ses affaires, vous comprendrez la lourdeur de mon fardeau, l'impossibilité de le déposer un moment. Si je m'absentais, nous serions ruinés. Personne ne l'écouterait; la plupart du temps, ses ordres se contredisent; d'ailleurs personne ne l'aime, il est trop grondeur, trop absolu; puis, comme tous les gens faibles, il écoute trop facilement ses inférieurs pour inspirer autour de lui l'affection qui unit les familles. Si je partais, aucun domestique ne resterait ici huit jours. Vous voyez bien que je suis attachée à Clochegourde comme ces bouquets de plomb le sont à nos toits. Je n'ai pas eu d'arrière-pensée avec vous, monsieur. Toute la contrée ignore les secrets de Clochegourde, et.., maintenant vous les savez. N'en dites rien que de bon et d'obligeant, et vous aurez mon estime... ma reconnaissance, ajouta-t-elle d'une voix encore adoucie. A ce prix vous pouvez toujours revenir à Clochegourde, vous y trouverez des cœurs amis.

— Mais, dis-je, moi je n'ai jamais souffert ! Vous seule...

— Non! reprit-elle en laissant échapper le sourire des femmes résignées qui fendrait le granit, ne vous étonnez pas de cette confidence, elle vous montre la vie comme elle est, et non comme votre imagination vous l'a fait espérer. Nous avons tous nos défauts et nos qualités. Si j'eusse épousé quelque prodigue, il m'aurait ruinée. Si j'eusse été donnée à quelque jeune homme ardent et voluptueux, il aurait eu des succès; peut-être n'aurais-je pas su le conserver, il m'aurait abandonnée; je serais morte de jalousie. Je suis jalouse ! dit-elle avec un accent d'exaltation qui ressemblait au coup de tonnerre d'un orage qui passe. Hé bien, monsieur m'aime autant qu'il peut m'aimer ; tout ce que son cœur enferme d'affection, il le verse à mes pieds ; comme la Madeleine a versé le reste de ses parfums aux pieds du Sauveur. Croyez-le! une vie d'amour est une fatale exception à la loi terrestre; toute fleur périt, les grandes joies ont un lendemain mauvais, quand elles ont un lendemain. La vie réelle est une vie d'angoisses, son image est dans cette ortie, venue au pied de la terrasse, et qui, sans soleil, demeure verte sur sa tige. Ici, comme dans les patries du nord, il est des sourires dans le ciel, rares il est vrai, mais qui paient bien des peines. Enfin les femmes qui sont exclusivement mères ne s'attachent-elles pas plus par les sacrifices que par les plaisirs? Ici j'attire sur moi les orages que je vois prêts à fondre sur les gens ou sur mes enfants, et j'éprouve en les détournant je ne sais quel sentiment qui me donne une force secrète. La résignation de la veille a toujours préparé celle du lendemain. Dieu ne me laisse d'ailleurs point sans espoir; si d'abord la santé de mes enfants m'a désespérée, aujourd'hui plus ils avancent dans la vie, mieux ils se portent. Après tout, notre demeure s'est embellie, la fortune se répare. Qui sait si la vieillesse de monsieur ne sera pas heureuse par moi? Croyez-le! l'être qui se présente devant le Grand Juge, une palme verte à la main, lui ramenant consolés ceux qui maudissaient la vie, cet être a converti ses douleurs en délices. Si mes souffrances servent au bonheur de la famille, sont-ce bien des souffrances?

— Oui, lui dis-je, mais elles étaient nécessaires

comme le sont les miennes pour me faire apprécier les saveurs du fruit mûri dans nos roches. Maintenant peut-être le goûterons-nous ensemble, peut-être en admirerons-nous les prodiges! ces torrents d'affections dont il inonde les âmes, cette sève qui ranime les feuilles jaunissantes. La vie ne pèse plus alors, elle n'est plus à nous. — Mon Dieu! ne m'entendez-vous pas? repris-je en me servant du langage mystique auquel notre éducation religieuse nous avait habitués. Voyez par quelles voies nous avons marché l'un vers l'autre? quel aimant nous a dirigés sur l'océan des eaux amères, vers la source d'eau douce, coulant au pied des monts sur un sable pailleté, entre deux rives vertes et fleuries? N'avons-nous pas, comme les Mages, suivi la même étoile? Nous voici devant la crèche d'où s'éveille un divin enfant qui lancera ses flèches au front des arbres nus, qui nous ranimera le monde par ses cris joyeux, qui par des plaisirs incessants donnera du goût à la vie, rendra aux nuits leur sommeil, aux jours leur allégresse. Qui donc a serré chaque année de nouveaux nœuds entre nous? Ne sommes-nous pas plus que frère et sœur? Ne déliez jamais ce que le ciel a réuni! Les souffrances dont vous parlez étaient le grain répandu à flots par la main du Semeur pour faire éclore la moisson déjà dorée par le plus beau des soleils. Voyez! voyez! N'irons-nous pas ensemble tout cueillir brin à brin? Quelle force en moi, pour que j'ose vous parler ainsi! Répondez-moi donc, ou je ne repasserai pas l'Indre.

— Vous m'avez évité le mot d'*amour*, dit-elle en

m'interrompant d'une voix sévère ; mais vous avez parlé d'un sentiment que j'ignore et qui ne m'est point permis. Vous êtes un enfant, je vous pardonne encore, mais pour la dernière fois. Sachez-le, monsieur, mon cœur est comme enivré de maternité ! Je n'aime monsieur de Mortsauf ni par devoir, ni par calcul de béatitudes éternelles à gagner, mais par un irrésistible sentiment qui l'attache à toutes les fibres de mon cœur. Ai-je été violentée à mon mariage ? Il fut décidé par ma sympathie pour les infortunes. N'était-ce pas aux femmes à réparer les maux du temps, à consoler ceux qui coururent sur la brèche et revinrent blessés ? Que vous dirai-je ? j'ai ressenti je ne sais quel contentement égoïste en voyant que vous l'amusiez : n'est-ce pas la maternité pure ? Ma confession ne vous a-t-elle donc pas assez montré les *trois* enfants auxquels je ne dois jamais faillir, sur lesquels je dois faire pleuvoir une rosée réparatrice et faire rayonner mon âme sans en laisser adultérer la moindre parcelle. N'aigrissez pas le lait d'une mère ! Quoique l'épouse soit invulnérable en moi, ne me parlez donc plus ainsi. Si vous ne respectiez pas cette défense si simple, je vous en préviens, l'entrée de cette maison vous serait à jamais fermée. Je croyais à de pures amitiés, à des fraternités volontaires, plus certaines que ne le sont les fraternités imposées. Erreur ! Je voulais un ami qui ne fût pas un juge, un ami pour m'écouter en ces moments de faiblesse où la voix qui gronde est une voix meurtrière, un ami saint avec qui je n'eusse rien à craindre. La jeunesse est noble, sans mensonges, capable de sacrifices, désintéressée; en voyant votre persistance, j'ai cru, je l'avoue, à quelque dessein du ciel ; j'ai cru que j'aurais une âme qui serait à moi seule comme un prêtre est à tous, un cœur où je pourrais épancher mes douleurs quand elles surabondent, crier quand mes cris sont irrésistibles et m'étoufferaient si je continuais à les dévorer. Ainsi mon existence, si précieuse à ces enfants, aurait pu se prolonger jusqu'au jour où Jacques serait devenu homme. Mais n'est-ce pas être trop égoïste? La Laure de Pétrarque peut-elle se recommencer ? Je me suis trompée; Dieu ne le veut pas. Il faudra mourir à mon poste, comme le soldat sans ami. Mon confesseur est rude, austère; et... ma tante n'est plus !

Deux grosses larmes éclairées par un rayon de lune sortirent de ses yeux, roulèrent sur ses joues, en atteignirent le bas ; mais je tendis la main assez à temps pour les recevoir, et les bus avec une avidité pieuse qu'excitèrent ces paroles déjà signées par dix ans de larmes secrètes, de sensibilité dépensée, de soins constants, d'alarmes perpétuelles, l'héroïsme le plus élevé de votre sexe ! Elle me regarda d'un air doucement stupide.

— Voici, lui dis-je, la première, la sainte communion de l'amour. Oui, je viens de participer à vos douleurs, de m'unir à votre âme, comme nous nous unissons au Christ en buvant sa divine substance. Aimer sans espoir est encore un bonheur. Ah! quelle femme sur la terre pourrait me causer une joie aussi grande que celle d'avoir aspiré ces larmes! J'accepte ce contrat qui doit se résoudre en souffrances pour moi. Je me donne à vous sans arrière-pensée, et serai ce que vous voudrez que je sois.

Elle m'arrêta par un geste, et me dit de sa voix profonde : — Je consens à ce pacte, si vous voulez ne jamais presser les liens qui nous attacheront.

— Oui, lui dis-je, mais moins vous m'accordez, plus certainement dois-je posséder.

— Vous commencez par une méfiance, répondit-elle en exprimant la mélancolie du doute.

— Non, mais par une jouissance pure. Écoutez! je voudrais de vous un nom qui ne fût à personne, comme doit être le sentiment que nous nous vouons.

— C'est beaucoup, dit-elle, mais je suis moins petite que vous ne le croyez. Monsieur de Mortsauf m'appelle Blanche. Une seule personne au monde, celle que j'ai le plus aimée, mon adorable tante, me nommait Henriette. Je redeviendrai donc Henriette pour vous.

Je lui pris la main et la baisai. Elle me l'abandonna dans cette confiance qui rend la femme si supérieure à nous, confiance qui nous accable. Elle s'appuya près de la balustrade en briques et regarda l'Indre.

— N'avez-vous pas tort, mon ami, dit-elle, d'aller du premier bond au bout de la carrière ? Vous avez épuisé, par votre première aspiration, une coupe offerte avec candeur. Mais un vrai sentiment ne se partage pas, il doit être en entier, ou il n'est pas. — Monsieur de Mortsauf, me dit-elle après un moment de silence, est par-dessus tout loyal et fier. Peut-être seriez-vous tenté, pour moi, d'oublier ce qu'il a dit ; s'il n'en sait rien, moi demain je l'en instruirai. Soyez quelque temps sans vous montrer à Clochegourde, il vous en estimera davantage. Dimanche prochain, au sortir de l'église, il ira lui-même à vous ; je le connais, il effacera ses torts ; et vous aimera de l'avoir traité comme un homme responsable de ses actions et de ses paroles.

— Cinq jours sans vous voir, sans vous entendre !

— Ne mettez jamais cette chaleur aux paroles que vous me direz, dit-elle.

Nous fîmes deux fois le tour de la terrasse en silence. Puis elle me dit d'un ton de commandement qui me prouvait qu'elle prenait possession de mon âme : — Il est tard, séparons-nous.

Je voulais lui baiser la main, elle hésita, me la rendit, et me dit d'une voix de prière : — Ne la prenez que lorsque je vous la donnerai, laissez-moi mon libre arbitre, sans quoi je serais une chose à vous, et cela ne doit pas être.

— Adieu, lui dis-je.

Je sortis par la petite porte d'en-bas qu'elle m'ouvrit. Au moment où elle l'allait fermer, elle la rouvrit, me tendit sa main en me disant : — En vérité, vous avez été bien bon, ce soir, vous avez consolé tout mon avenir ; prenez, mon ami, prenez !

Je baisai sa main à plusieurs reprises, et quand je levai les yeux, je vis des larmes dans les siens.

Elle remonta sur la terrasse, et me regarda pendant un moment à travers la prairie. Quand je fus dans le chemin de Frapesle, je vis encore sa robe blanche éclairée par la lune; puis, quelques instants après, une lumière illumina sa chambre.

— O mon Henriette! me dis-je, à toi l'amour le plus pur qui jamais aura brillé sur cette terre!

Je regagnai Frapesle en me retournant à chaque pas. Je sentais en moi je ne sais quel contentement ineffable. Une brillante carrière s'ouvrait enfin au dévouement dont tout jeune cœur est gros, et qui chez moi fut si longtemps une force inerte! Semblable au prêtre qui, par un seul pas, s'est avancé dans une vie nouvelle, j'étais consacré, voué. Un simple *oui, madame!* m'avait engagé à garder pour moi seul en mon cœur un amour irrésistible, à ne jamais abuser de l'amitié pour amener à petits pas cette femme dans l'amour. Tous les sentiments nobles réveillés faisaient entendre en moi-même leurs voix confuses. Avant de me retrouver à l'étroit dans une chambre, je voulus voluptueusement rester sous l'azur ensemencé d'étoiles, entendre encore en moi-même ces chants de ramier blessé, les tons simples de cette confidence ingénue, rassembler dans l'air les effluves de cette âme qui toutes devaient venir à moi. Combien elle me parut grande, cette femme, avec son oubli profond du moi, sa religion pour les êtres blessés, faibles ou souffrants, avec son dévouement allégé des chaînes légales! Elle était là, sereine sur son bûcher de sainte et de martyre! J'admirais sa figure qui m'apparut au milieu des ténèbres, quand soudain je crus deviner un sens à ses paroles, une mystérieuse signifiance qui me la rendit complétement sublime. Peut-être voulait-elle que je fusse pour elle ce qu'elle était pour son petit monde? Peut-être voulait-elle tirer de moi sa force et sa consolation, me mettant ainsi dans sa sphère, sur sa ligne ou plus haut? Les astres, disent quelques hardis constructeurs des mondes, se communiquent ainsi le mouvement et la lumière. Cette pensée m'éleva soudain à des hauteurs éthérées; je me retrouvai dans le ciel de mes anciens songes, et je m'expliquai les peines de mon enfance par le bonheur immense où je nageais.

Génies éteints dans les larmes, cœurs méconnus, saintes Clarisses ignorées, enfants désavoués, proscrits innocents, vous tous qui êtes entrés dans la vie par ses déserts, vous qui partout avez trouvé les visages froids, les cœurs fermés, les oreilles closes, ne vous plaignez jamais! vous seuls pouvez connaître l'infini de la joie, au moment où pour vous un cœur s'ouvre, une oreille vous écoute, un regard vous répond. Un seul jour efface les mauvais jours. Les douleurs, les méditations, les désespoirs, les mélancolies passées et non pas oubliées sont autant de liens par lesquels l'âme s'attache à l'âme confidente. Belle de nos désirs réprimés, une femme hérite alors des soupirs et des amours perdus, elle nous restitue agrandies toutes les affections trompées, elle explique les chagrins antérieurs comme la soulte exigée par le destin pour les éternelles félicités qu'elle donne au jour des fiançailles de l'âme. Les anges seuls disent le nom nouveau dont il faudrait nommer ce saint amour, de même que vous seuls, chers martyrs, saurez bien que madame de Mortsauf était soudain devenue pour moi, pauvre seul!

Cette scène s'était passée un mardi, j'attendis jusqu'au dimanche sans passer l'Indre dans mes promenades. Pendant ces cinq jours, de grands événements arrivèrent à Clochegourde. Le comte reçut le brevet de maréchal-de-camp, la croix de Saint-Louis, une pension de quatre mille francs. Le duc de Lenoncourt-Givry, nommé pair de France, recouvra deux forêts, reprit son service à la cour, et sa femme rentra dans ses biens non vendus qui avaient fait partie du domaine de la couronne impériale. La comtesse de Mortsauf devenait ainsi l'une des plus riches héritières du Maine. Sa mère était venue lui apporter cent mille francs économisés sur les revenus de Givry, le montant de sa dot qui n'avait point été payée, et dont le comte ne parlait jamais, malgré sa détresse. Dans les choses de la vie extérieure, sa conduite attestait le plus fier de tous les désintéressements. En joignant à cette somme ses économies, le comte pouvait acheter deux domaines voisins qui valaient environ neuf mille livres de rente. Son fils devant succéder à la pairie de son grand-père, il pensa tout à coup à lui constituer un majorat qui se composerait de la fortune territoriale des deux familles sans nuire à Madeleine, à laquelle la faveur du duc de Lenoncourt ferait sans doute faire un beau mariage. Ces arrangements et ce bonheur jetèrent quelque baume sur les plaies de l'émigré. La duchesse de Lenoncourt à Clochegourde fut un événement dans le pays. Je songeai douloureusement que cette femme était une grande dame, et j'aperçus alors dans sa fille l'esprit de caste que couvrait à mes yeux la noblesse de ses sentiments.

Qu'étais-je, moi pauvre, sans autre avenir que mon courage et mes facultés? Je ne pensais aux conséquences de la restauration, ni pour moi, ni pour les autres. Le dimanche, de la chapelle réservée où j'étais à l'église avec monsieur, madame de Chessel et l'abbé de Quélus, je lançais des regards avides sur une autre chapelle latérale où se trouvaient la duchesse et sa fille, le comte et les enfants. Le chapeau de paille qui me cachait mon idole ne vacilla pas, et cet oubli de moi sembla m'attacher plus vivement que tout le passé. Cette grande Henriette de Lenoncourt, qui maintenant était ma chère Henriette, et de qui je voulais fleurir la vie, priait avec ardeur ; la foi communiquait à son attitude je ne sais quoi d'abîmé, de prosterné, une pose de statue religieuse, qui me pénétra.

Suivant l'habitude des cures de village, les vêpres devaient se dire quelque temps après la messe. Au sortir de l'église, madame de Chessel proposa naturellement à ses voisins de passer les deux heures d'attente à Frapesle, au lieu de traverser deux fois l'Indre et la prairie par la chaleur : l'offre fut agréée. Monsieur de Chessel donna le bras à la duchesse, madame de Chessel accepta celui du comte, je présentai le mien à la comtesse, et je sentis pour la première fois ce beau bras frais à mes flancs. Pendant le retour de la paroisse à Frapesle, trajet qui se faisait à travers les bois de Saché où la lumière filtrée dans les feuillages produisait, sur le sable des allées, ces jolis jours qui ressemblent à des soieries peintes, j'eus des sensations d'orgueil et des idées qui me causèrent de violentes palpitations.

— Qu'avez-vous, me dit-elle après quelques pas faits dans un silence que je n'osais rompre. Votre cœur bat trop vite?

— J'ai appris des événements heureux pour vous, lui dis-je, et comme ceux qui aiment bien, j'ai des craintes vagues; vos grandeurs ne nuiront-elles point à vos amitiés?

— Moi! dit-elle, fi! Encore une idée semblable, et je ne vous mépriserais pas, je vous aurais oublié pour toujours.

Je la regardai en proie à une ivresse qui dut être communicative.

— Nous profitons du bénéfice de lois que nous n'avons ni provoquées ni demandées, mais nous ne serons ni mendiants ni avides; et d'ailleurs vous savez bien, reprit-elle, que ni moi, ni monsieur de Mortsauf, nous ne pouvons sortir de Clochegourde. Par mon conseil, il a refusé le commandement auquel il avait droit dans la Maison Rouge. Il nous suffit que mon père ait sa charge! Notre modestie forcée, dit-elle en souriant avec amertume, a déjà bien servi notre enfant. Le roi, près duquel mon père est de service, a dit fort gracieusement qu'il reporterait sur Jacques la faveur dont nous ne voulions pas. L'éducation de Jacques, à laquelle il faut songer, est maintenant l'objet d'une grave discussion; il va représenter deux maisons, les Lenoncourt et les Mortsauf. Je ne puis avoir d'ambition que pour lui, voici donc mes inquiétudes augmentées: non-seulement Jacques doit vivre, mais il doit encore devenir digne de son nom, deux obligations qui se contrarient. Jusqu'à présent j'ai pu suffire à son éducation en mesurant les travaux à ses forces, mais d'abord où trouver un précepteur qui me convienne? puis, plus tard, quel ami me le conservera dans cet horrible Paris où tout est piége pour l'âme et danger pour le corps? Mon ami, me dit-elle d'une voix émue, à voir votre front et vos yeux, qui ne devinerait en vous l'un de ces oiseaux qui doivent habiter les hauteurs? prenez votre élan, soyez un jour le parrain de notre cher enfant. Allez à Paris. Si votre frère et votre père ne vous secondent point, notre famille, ma mère surtout qui a le génie des affaires, sera certes très-influente; profitez de notre crédit! vous ne manquerez alors ni d'appui, ni de secours dans la carrière que vous choisirez! mettez donc le superflu de vos forces dans une noble ambition....

— Je vous entends, lui dis-je en l'interrompant, mon ambition deviendra ma maîtresse. Je n'ai pas besoin de ceci pour être tout à vous. Non, je ne veux pas être récompensé de ma sagesse ici, par des faveurs là-bas. J'irai, je grandirai seul, par moi-même. J'accepterais tout de vous; des autres, je ne veux rien.

— Enfantillage! dit-elle en murmurant, mais en retenant mal un sourire de contentement.

— D'ailleurs, je me suis voué, lui dis-je. En méditant notre situation, j'ai pensé à m'attacher à vous par des liens qui ne puissent jamais se dénouer.

Elle eut un léger tremblement et s'arrêta pour me regarder.

— Que voulez-vous dire? fit-elle en laissant aller

les deux couples qui nous précédaient et gardant ses enfants près d'elle.

— Hé bien ! répondis-je, dites-moi franchement comment vous voulez que je vous aime.

— Aimez-moi comme m'aimait ma tante, de qui je vous ai donné les droits en vous autorisant à m'appeler du nom qu'elle avait choisi pour elle parmi les miens.

— J'aimerai donc sans espérance, avec un dévouement complet. Hé bien, oui, je ferai pour vous ce que l'homme fait pour Dieu. Ne l'avez-vous pas demandé ? Je vais entrer dans un séminaire, j'en sortirai prêtre, et j'élèverai Jacques. Votre Jacques, ce sera comme un autre moi : conceptions politiques, pensée, énergie, patience, je lui donnerai tout. Ainsi, je demeurerai près de vous, sans que mon amour, pris dans la religion comme un image d'argent dans du cristal, puisse être suspecté. Vous n'avez à craindre aucune de ces ardeurs immodérées qui saisissent un homme et par lesquelles une fois déjà je me suis laissé vaincre. Je me consumerai dans la flamme, et vous aimerai d'un amour purifié.

Elle pâlit, et dit à mots pressés : — Félix, ne vous engagez pas en des liens qui, un jour, seraient un obstacle à votre bonheur. Je mourrais de chagrin d'avoir été la cause de ce suicide. Enfant, un désespoir d'amour est-il donc une vocation ? Attendez les épreuves de la vie pour juger de la vie ? je le veux, je l'ordonne. Ne vous mariez ni avec l'église ni avec une femme, ne vous mariez d'aucune manière, je vous le défends. Restez libre. Vous avez vingt et un ans. A peine savez-vous ce que vous réserve l'avenir, allez-vous faire la sottise de ces maréchaux de Bonaparte qui se sont mariés quand ils étaient capitaines. Mon Dieu! vous aurais-je mal jugé? Cependant j'ai cru que deux mois suffisaient à connaître certaines âmes.

— Quel espoir avez-vous? lui dis-je en jetant des éclairs par les yeux.

— Mon ami, acceptez mon aide, élevez-vous, faites fortune, et vous saurez quel est mon espoir. — Enfin, dit-elle en paraissant laisser échapper un secret, ne quittez jamais la main de Madeleine que vous tenez en ce moment.

Elle s'était penchée à mon oreille pour me dire ces paroles qui prouvaient combien elle était occupée de mon avenir.

— Madeleine? lui dis-je, jamais!

Ces deux mots nous rejetèrent dans un silence plein d'agitations. Nos âmes étaient en proie à ces bouleversements qui les sillonnent de manière à y laisser d'éternelles empreintes. Nous étions en vue d'une porte en bois par laquelle on entrait dans le parc de Frapesle, et dont il me semble voir encore les deux pilastres ruinés, couverts de plantes grimpantes et de mousses, d'herbes et de ronces. Tout à coup une idée, celle de la mort du comte, passa comme une flèche dans ma cervelle, et je lui dis :

— Je vous comprends.

— C'est bien heureux, répondit-elle d'un ton qui me fit voir que je lui supposais une pensée qu'elle n'aurait jamais.

Sa pureté m'arracha une larme d'admiration que l'égoïsme de la passion rend bien amère : en faisant un retour sur moi, je songeai qu'elle ne m'aimait pas assez pour souhaiter sa liberté. Tant que l'amour recule devant un crime, il nous semble avoir des bornes, et l'amour doit être infini. J'eus une horrible contraction de cœur.

— Elle ne m'aime pas, pensais-je.

Pour ne pas laisser lire dans mon âme, j'embrassai Madeleine sur ses cheveux.

— J'ai peur de votre mère, dis-je à la comtesse pour reprendre l'entretien.

— Et moi aussi, répondit-elle en faisant un geste plein d'enfantillage, mais n'oubliez pas de toujours la nommer madame la duchesse et de lui parler à la troisième personne. La jeunesse actuelle a perdu l'habitude de ces formes polies, reprenez-les ? faites cela pour moi. D'ailleurs, il est de si bon goût de respecter les femmes, quel que soit leur âge, et de reconnaître les distinctions sociales sans les mettre en question. Les honneurs que vous rendez aux supériorités établies ne sont-ils pas la garantie de ceux qui vous sont dus. Tout est solidaire dans la société. Le cardinal de la Rovère et Raphaël d'Urbin étaient autrefois deux puissances également révérées. Vous avez sucé dans vos lycées le lait de la révolution, et vos idées politiques peuvent s'en ressentir, mais en avançant dans la vie, vous apprendrez combien les principes de liberté mal définis sont impuissants à créer le bonheur des peuples. Avant de songer, en ma qualité de Lenoncourt, à ce qu'est, ou ce que doit être une aristocratie, mon bon sens de paysanne me dit que les sociétés n'existent que par la hiérarchie. Vous êtes dans un moment de la vie où il faut choisir bien! Soyez de votre parti. — Surtout, ajouta-t-elle en riant, quand il triomphe.

Je fus vivement touché par ces paroles où la profondeur politique se cachait sous la chaleur de l'affection, alliance qui donne aux femmes un si grand pouvoir de séduction; elles savent toutes prêter aux raisonnements les plus aigus les formes du sentiment. Il semblait que, dans son désir de justifier les actions du comte, Henriette eût prévu les réflexions qui devaient sourdre en mon âme au moment où je vis, pour la première fois, les effets de la courtisannerie. Monsieur de Mortsauf, roi dans son castel, entouré de son auréole historique, avait pris à mes yeux des proportions grandioses, et j'avoue que je fus singulièrement étonné de la distance qu'il mit entre la duchesse et lui, par des manières au moins obséquieuses. L'esclave a sa vanité, il ne veut obéir qu'au plus grand des despotes; je me sentais comme humilié de voir l'abaissement de celui qui me faisait trembler en dominant tout mon amour. Ce mouvement intérieur me fit comprendre le supplice des femmes de qui l'âme généreuse est accouplée à celle d'un homme dont elles enterrent journellement les lâchetés. Le respect est une barrière qui protége également le grand et le petit, chacun de son côté peut se regarder en face; je fus respectueux avec la duchesse, à cause de ma jeunesse; mais là où les autres voyaient une duchesse, je vis la mère de ma Henriette et mis une sorte de sainteté dans mes hommages. Nous entrâmes dans la grande cour de Frapesle où nous trouvâmes la compagnie.

Le comte de Mortsauf me présenta fort gracieusement à la duchesse qui m'examina d'un air froid et réservé. Madame de Lenoncourt était alors une femme de cinquante-six ans, parfaitement conservée et qui avait de grandes manières. En voyant ses yeux d'un bleu dur, ses tempes rayées, son visage maigre et macéré, sa taille imposante et droite, ses mouvements rares, sa blancheur fauve qui se revoyait si éclatante dans sa fille, je reconnus la race froide d'où procédait ma mère, aussi promptement qu'un minéralogiste reconnaît le fer de Suède. Son langage était celui de la vieille cour, elle prononçait les *oit* en *ait* et disait *frait* pour *froid*, *porteux* au lieu de *porteurs*. Je ne fus ni courtisan, ni gourmé; je me conduisis si bien, qu'en allant à vêpres, la comtesse me dit à l'oreille : — Vous êtes parfait !

Le comte vint à moi, me prit par la main et me dit : — Nous ne sommes pas fâchés, Félix? Si j'ai eu quelques vivacités, vous les pardonnerez à votre vieux camarade. Nous allons rester ici probablement à dîner, et nous vous inviterons pour jeudi, la veille du départ de la duchesse. Je vais à Tours y terminer quelques affaires. Ne négligez pas Clochegourde. Ma belle-mère est une connaissance que je vous engage à cultiver. Son salon donnera le ton au faubourg Saint-Germain. Elle a les traditions de la grande compagnie, elle possède une immense instruction, connaît le blason du premier comme du dernier gentilhomme en Europe.

Le bon goût du comte, peut-être les conseils de son génie domestique, se montrèrent dans les circonstances où le mettait le triomphe de sa cause. Il n'eut ni arrogance ni blessante politesse, il fut sans emphase, et la duchesse fut sans airs protecteurs. Monsieur et madame de Chessel acceptèrent avec reconnaissance le dîner du jeudi suivant. Je plus à la duchesse. Ses regards m'apprirent qu'elle examinait en moi un homme de qui sa fille lui avait parlé. Quand nous revînmes de vêpres, elle me questionna sur ma famille et me demanda si le Vandenesse occupé déjà dans la diplomatie était mon parent. — Il est mon frère, lui dis-je. Elle devint alors affectueuse à demi. Elle m'apprit que ma grand'tante, la vieille marquise de Listomère, était une Grandlieu. Ses manières furent polies comme l'avaient été celles de monsieur de Mortsauf, le jour où il me vit pour la première fois. Son regard perdit cette expression de hauteur par laquelle les princes de la terre vous font mesurer la distance qui se trouve entre eux et vous. Je ne savais presque rien de ma famille. La duchesse m'apprit que mon grand-oncle, vieil abbé que je ne connaissais même pas de nom, faisait partie du conseil privé, mon frère avait reçu de l'avancement, enfin, par un article de la Charte que je ne connaissais pas encore, mon père redevenait marquis de Vandenesse.

— Je ne suis qu'une chose, le serf de Clochegourde, dis-je tout bas à la comtesse.

Le coup de baguette de la restauration s'accomplissait avec une rapidité qui stupéfiait les enfants élevés sous le régime impérial. Cette révolution ne fut rien pour moi. La moindre parole, le plus simple geste de madame de Mortsauf étaient les seuls événements auxquels j'attachais de l'importance.

10.

J'ignorais ce qu'était le conseil privé ; je ne connaissais rien à la politique, ni aux choses du monde ; je n'avais d'autre ambition que celle d'aimer Henriette, mieux que Pétrarque n'aimait Laure. Cette insouciance me fit prendre pour un enfant par la duchesse. Il vint beaucoup de monde à Frapesle, nous y fûmes trente personnes à dîner. Quel enivrement pour un jeune homme de voir la femme qu'il aime, être la plus belle entre toutes, devenir l'objet de regards passionnés, et de se savoir seul à recevoir la lueur de ses yeux chastement réservés ; de connaître assez toutes les nuances de sa voix pour trouver dans sa parole, en apparence légère ou moqueuse, les preuves d'une pensée constante, même quand on se sent au cœur une jalousie dévorante contre les distractions du monde. Le comte, heureux des attentions dont il se vit l'objet, fut presque jeune ; sa femme en espéra quelque changement d'humeur ; moi je riais avec Madeleine qui, semblable aux enfants chez lesquels le corps sucombe sous les étreintes de l'âme, me faisait rire par des observations étonnantes et pleines d'un esprit moqueur sans malignité, mais qui n'épargnait personne. Ce fut une belle journée : un mot, un espoir né le matin avait rendu la nature lumineuse ; et me voyant si joyeux, Henriette l'était aussi.

— Ce bonheur à travers sa vie grise et nuageuse lui sembla bien bon, me dit-elle le lendemain.

Le lendemain je passai naturellement la journée à Clochegourde ; j'en avais été banni pendant cinq jours, j'avais soif de ma vie. Le comte était parti dès six heures pour aller faire dresser ses contrats d'acquisition à Tours.

Un grave sujet de discorde s'était ému entre la mère et la fille. La duchesse voulait que la comtesse la suivît à Paris, où elle devait obtenir pour elle une charge à la cour, où le comte, en revenant sur son refus, pouvait occuper de hautes fonctions. Henriette, qui passait pour une femme heureuse, ne voulait dévoiler à personne, pas même au cœur d'une mère, ses horribles souffrances, ni trahir l'incapacité de son mari. Pour que sa mère ne pénétrât point le secret de son ménage, elle avait envoyé monsieur de Mortsauf à Tours, où il devait se débattre avec les notaires. Moi seul, comme elle l'avait dit, connaissais les secrets de Clochegourde. Après avoir expérimenté combien l'air pur, le ciel bleu de cette vallée calmaient les irritations de l'esprit ou les amères douleurs de la maladie, et quelle influence l'habitation de Clochegourde exerçait sur la santé de ses enfants, elle opposait des refus motivés que combattait la duchesse, femme envahissante, moins chagrine qu'humiliée du mauvais mariage de sa fille. Henriette aperçut que sa mère s'inquiétait peu de Jacques et de Madeleine, affreuse découverte! Comme toutes les mères habituées à continuer sur la femme mariée le despotisme qu'elles exerçaient sur la jeune fille, la duchesse procédait par des considérations qui n'admettaient point de répliques; elle affectait tantôt une amitié captieuse afin d'arracher un consentement à ses vues, tantôt une amère froideur pour avoir par la crainte ce que la douceur ne lui obtenaît pas; puis, voyant ses efforts inutiles, elle déploya le même esprit d'ironie que j'avais observé chez ma mère. En dix jours, Henriette connut tous les déchirements que causent aux jeunes femmes les révoltes nécessaires à l'établissement de leur indépendance. Vous qui, pour votre bonheur, avez la meilleure des mères, vous ne sauriez comprendre ces choses. Pour avoir une idée de cette lutte entre une femme sèche, froide, calculée, ambitieuse, et sa fille, plein de cette octueuse et fraîche bonté qui ne tarit jamais, il faudrait vous figurer *le lys* auquel mon cœur l'a sans cesse comparée, broyé dans les rouages d'une machine en acier poli. Cette mère n'avait jamais eu rien de cohérent avec sa fille; elle ne sut deviner aucune des véritables difficultés qui l'obligeaient à ne pas profiter des avantages de la restauration, et à continuer sa vie solitaire. Elle crut à quelque amourette entre sa fille et moi. Ce mot dont elle se servit pour exprimer ses soupçons, ouvrit entre ces deux femmes des abimes que rien ne pouvait combler désormais. Quoique les familles enterrent soigneusement ces intolérables dissidences, pénétrez-y? vous trouverez dans presque toutes des plaies profondes, incurables, qui diminuent les sentiments naturels: ou ce sont des passions réelles, attendrissantes que la convenance des caractères rend éternelles et qui donnent à la mort un contre-coup dont les noires meurtrissures sont ineffaçables; ou ce sont des haines latentes qui glacent lentement le cœur et sèchent les larmes au jour des adieux éternels. Tourmentée hier, tourmentée aujourd'hui, frappée par tous, même par ses deux anges souffrants qui n'étaient complices ni des maux qu'ils souffraient ni de ceux qu'ils causaient, comment cette pauvre âme n'aurait-elle pas aimé celui qui ne la frappait point et qui voulait l'environner d'une triple haie d'épines, afin de la défendre des orages, de tout contact, de toute blessure. Si je souffrais de ces débats, j'en étais parfois heureux en sentant qu'elle se rejetait dans mon cœur, car Henriette me confia ses nouvelles peines; je pus alors apprécier son calme dans la douleur, et la patience énergique qu'elle savait déployer; chaque jour j'appris mieux le sens de ces mots : — Aimez-moi, comme m'aimait ma tante.

Vous n'avez donc point d'ambition? me dit à dîner la duchesse d'un air dur.

— Madame, lui répondis-je en lui lançant un regard sérieux, je me sens une force à dompter le monde; mais je n'ai que vingt et un ans, et je suis tout seul.

Elle regarda sa fille d'un air étonné, elle croyait que pour me garder près d'elle, sa fille éteignait en moi toute ambition. Le séjour que fit la duchesse de Lenoncourt à Clochegourde fut un temps de gêne perpétuelle. La comtesse me recommandait le décorum, elle s'effrayait d'une parole doucement dite; et, pour lui plaire, il fallait endosser le harnais de la dissimulation. Le grand jeudi vint, ce fut un jour d'ennuyeux cérémonial, un de ces jours que haïssent les amants habitués aux cajoleries du laisser-aller quotidien, accoutumés à voir leur chaise à sa place et la maîtresse du logis toute à eux. L'amour a horreur de tout ce qui n'est pas lui-même.

La duchesse alla jouir des pompes de la cour, et tout rentra dans l'ordre à Clochegourde.

Ma petite brouille avec le comte avait eu pour résultat de m'y implanter encore plus avant que par le passé : j'y pus venir à tout moment sans exciter la moindre défiance, et les antécédents de ma vie me portèrent à m'étendre comme une plante grimpante, dans la belle âme où s'ouvrait pour moi le monde enchanteur des sentiments partagés. A chaque heure, de moment en moment, notre fraternel mariage fondé sur la confiance, devint plus cohérent ; nous nous établissions chacun dans notre position : la comtesse m'enveloppait dans les nourricières protections, dans les blanches draperies d'un amour tout maternel; tandis que mon amour, séraphique en sa présence, devenait loin d'elle mordant et altéré comme un fer rouge ; je l'aimais d'un double amour qui décochait tour à tour les mille flèches du désir, et les perdait au ciel où elles se mouraient dans un éther infranchissable.

Si vous me demandez pourquoi, jeune et plein de fougueux vouloirs, je demeurai dans les abusives croyances de l'amour platonique, je vous avouerai que je n'étais pas assez homme encore pour tourmenter cette femme, toujours en crainte de quelque catastrophe chez ses enfants ; toujours attendant un éclat, une orageuse variation d'humeur chez son mari ; frappée par lui, quand elle n'était pas affligée par la maladie de Jacques ou de Madeleine ; assise au chevet de l'un d'eux quand son mari calmé pouvait lui laisser prendre un peu de repos. Le son d'une parole trop vive ébranlait son être, un désir l'offensait ; pour elle il fallait être amour voilé, force mêlée de tendresse, enfin tout ce qu'elle était pour les autres. Puis, vous le dirai-je, à vous si bien femme, cette situation comportait des langueurs enchanteresses, des moments de suavité divine et les contentements qui suivent de tacites immolations. Sa conscience était contagieuse, son dévouement sans récompense terrestre imposait par sa persistance ; cette vive et secrète piété qui servait de lien à ses autres vertus, agissait à l'entour comme un encens spirituel. Puis j'étais jeune ! assez jeune pour concentrer ma nature dans le baiser qu'elle me permettait si rarement de mettre sur sa main dont elle ne voulut jamais me donner que le dessus et jamais la paume, limite où pour elle commençaient peut-être les voluptés sensuelles. Si jamais deux âmes ne s'étreignirent avec plus d'ardeur, jamais le corps ne fut plus intrépidement ni plus victorieusement dompté. Enfin, plus tard, j'ai reconnu la cause de ce bonheur plein : à mon âge, aucun intérêt ne me distrayait le cœur, aucune ambition ne traversait le cours de ce sentiment déchaîné comme un torrent et qui faisait onde de tout ce qu'il emportait. Oui, plus tard, nous aimons la femme dans une femme ; tandis que de la première femme aimée, nous aimons tout : ses enfants sont les nôtres, sa maison est la nôtre, ses intérêts sont nos intérêts, son malheur est notre plus grand malheur ; nous aimons sa robe et ses meubles ; nous sommes plus fâchés de voir ses blés versés que de savoir notre argent perdu ; nous sommes prêts à gronder le visiteur qui dérange nos curiosités sur la cheminée. Ce saint amour nous fait vivre dans un autre, tandis que plus tard, hélas! nous attirons une autre vie en nous-mêmes, en demandant à la femme d'enrichir de ses jeunes sentiments nos facultés appauvries. Je fus bientôt de la maison, et j'éprouvai pour la première fois une de ces douceurs infinies qui sont à l'âme tourmentée ce qu'est un bain pour le corps fatigué; l'âme est alors rafraîchie sur toutes ses surfaces, caressée dans ses plis les plus profonds. Vous ne sauriez me comprendre, vous êtes femme, et il s'agit ici d'un bonheur que vous donnez, sans jamais recevoir le pareil. Un homme seul connaît le friand plaisir d'être, au sein d'une maison étrangère, le privilégié de la maîtresse, le centre secret de ses affections : les chiens n'aboient plus après vous, les domestiques reconnaissent, aussi bien que les chiens, les insignes cachés que vous portez; les enfants, chez lesquels rien n'est faussé, qui savent que leur part ne s'amoindrira jamais, et que vous êtes bienfaisant à la lumière de leur vie, ces enfants possèdent un esprit divinateur; ils se font chats pour vous, ils ont de ces bonnes tyrannies qu'ils réservent aux êtres adorés et adorants; ils ont des discrétions spirituelles et sont d'innocents complices; ils viennent à vous sur la pointe des pieds, vous sourient et s'en vont sans bruit; pour vous, tout s'empresse, tout vous aime et vous rit. Les passions vraies semblent être de belles fleurs qui font d'autant plus de plaisir à voir que les terrains où elles se produisent sont plus ingrats? Mais si j'eus les délicieux bénéfices de cette naturalisation dans une famille où je trouvais des parents selon mon cœur, j'en eus aussi les charges. Jusqu'alors monsieur de Mortsauf s'était gêné pour moi ; je n'avais vu que les masses de ses défauts, j'en sentis bientôt l'application dans toute son étendue, et vis combien la comtesse avait été noblement charitable en me dépeignant ses luttes quotidiennes. Je connus alors tous les angles de ce caractère intolérable : j'entendis ces criailleries continuelles à propos de rien, ces plaintes sur des maux dont aucun signe n'existait au dehors, ce mécontentement inné qui déflorait la vie, et ce besoin incessant de tyrannie qui lui aurait fait dévorer chaque année de nouvelles victimes. Quand nous nous promenions le soir, il dirigeait lui-même la promenade ; mais quelle qu'elle fût, il s'y était toujours ennuyé ; de retour au logis, il mettait sur les autres le fardeau de sa lassitude ; sa femme en avait été la cause en le menant contre son gré là où elle voulait aller ; ne se souvenant plus de nous avoir conduits, il se plaignait d'être gouverné par elle dans les moindres détails de la vie, de ne pouvoir garder ni une volonté, ni une pensée à lui, d'être un zéro dans sa maison. Si ses duretés rencontraient une silencieuse patience, il se fâchait en sentant une limite à son pouvoir ; il demandait aigrement si la religion n'ordonnait pas aux femmes de complaire à leurs maris, s'il était convenable de mépriser le père de ses enfants. Il finissait toujours par attaquer chez sa femme une corde sensible ; et quand il l'avait fait résonner, il semblait goûter un plaisir particulier à ces nullités dominatrices. Quelquefois il affectait un mutisme morne, un abattement morbide, qui soudain effrayait sa femme de laquelle il recevait alors des soins touchants. Semblable à ces enfants gâtés qui exercent leur pouvoir sans se soucier des alarmes maternelles, il se laissait dorloter comme Jacques et Madeleine dont il était jaloux. Enfin, à la longue, je découvris que dans les plus petites, comme dans les plus grandes circonstances, le comte agissait envers ses domestiques, ses enfants et sa femme, comme envers moi au jeu de trictrac. Le jour où j'embrassai dans leurs racines et dans leurs rameaux ces difficultés qui, semblables à des lianes, étouffaient, comprimaient les mouvements et la respiration de cette famille, emmaillotaient de fils légers mais multipliés la marche du ménage, et retardaient l'accroissement de la fortune en compliquant les actes les plus nécessaires; j'eus une admirative épouvante qui domina mon amour, et le refoula dans mon cœur. Qu'étais-je, mon Dieu? Les larmes que j'avais bues engendrèrent en moi comme une ivresse sublime, et je trouvai du bonheur à épouser les souffrances de cette femme. Je m'étais plié naguère au despotisme du comte comme un contrebandier paie ses amendes; désormais, je m'offris volontairement aux coups du despote, pour être au plus près d'Henriette. La comtesse me devina, me laissa prendre une place à ses côtés, et me récompensa par la permission de partager ses douleurs, comme jadis l'apostat repenti, jaloux de voler au ciel de conserve avec ses frères, obtenait la grâce de mourir dans le cirque.

— Sans vous j'allais succomber à cette vie, me

dit Henriette un soir où le comte avait été, comme les mouches par un jour de grande chaleur, plus piquant, plus acerbe, plus changeant qu'à l'ordinaire.

Le comte s'était couché. Nous restâmes, Henriette et moi, pendant une partie de la soirée, sous nos acacias; les enfants jouaient autour de nous, baignés dans les rayons du couchant. Nos paroles rares et purement exclamatives nous révélaient la mutualité des pensées par lesquelles nous nous reposions de nos communes souffrances. Quand les mots manquaient, le silence servait fidèlement nos âmes qui pour ainsi dire entraient l'une chez l'autre sans obstacle, mais sans y être conviées par le baiser ; savourant toutes deux les charmes d'une torpeur pensive, elles s'engageaient dans les ondulations d'une même rêverie, se plongeaient ensemble dans la rivière, en sortaient rafraîchies comme deux nymphes aussi parfaitement unies que la jalousie le peut désirer, mais sans aucun lien terrestre. Nous allions dans un gouffre sans fond, nous revenions à la surface, les mains vides, en nous demandant par un regard :
— « Aurons-nous un seul jour à nous, parmi tant de jours? » Quand la volupté nous cueille de ces fleurs nées sans racines, pourquoi la chair murmure-t-elle? Malgré l'énervante poésie du soir qui donnait aux briques de la balustrade ces tons orangés, si calmants et si purs ; malgré cette religieuse atmosphère qui nous communiquait en sons adoucis les cris des deux enfants, et nous laissait tranquilles ; le désir serpenta dans mes veines comme le signal d'un feu de joie. Après trois mois, je com-

mençais à ne plus me contenter de la part qui m'était faite, et je caressais doucement la main d'Henriette en essayant de transborder ainsi les riches voluptés qui m'embrasaient. Henriette redevint madame de Mortsauf et me retira sa main; quelques pleurs roulèrent dans mes yeux, elle les vit et me jeta un regard tiède en portant sa main à mes lèvres.

— Sachez donc bien, me dit-elle, que ceci me coûte des larmes! L'amitié qui veut une si grande faveur est bien dangereuse.

J'éclatai, je me répandis en reproches, je parlai de mes souffrances, et du peu d'allégement que je demandais pour les supporter. J'osai lui dire qu'à mon âge, si les sens étaient tout âme, l'âme aussi avait un sexe; que je saurais mourir, mais non mourir les lèvres closes. Elle m'imposa silence en me lançant son regard fier, où je crus lire : *Et moi, suis-je sur des roses ?* Peut-être aussi me trompai-je. Depuis le jour où, devant la porte de Frapesle, je lui avais à tort prêté cette pensée qui faisait naître notre bonheur d'une tombe, j'avais honte de tacher son âme par des souhaits empreints de passion brutale. Elle prit la parole; et, d'une lèvre emmiellée, me dit qu'elle ne pouvait pas être tout pour moi, que je devais le savoir.

Je compris, au moment où elle disait ces paroles, que, si je lui obéissais, je creuserais des abîmes entre nous deux. Je baissai la tête.

Elle continua, disant qu'elle avait la certitude religieuse de pouvoir aimer un frère, sans offenser ni Dieu ni les hommes; qu'il y avait quelque douceur à faire de ce culte une image réelle de l'amour divin, qui, selon son bon Saint-Martin, est la vie du monde. Si je ne pouvais pas être pour elle quelque chose comme son vieux confesseur, moins qu'un amant, mais plus qu'un frère, il fallait ne plus nous voir; elle saurait mourir en portant à Dieu ce surcroît de souffrances vives, supportées non sans larmes ni déchirements.

— J'ai donné, dit-elle en finissant, plus que je ne devais pour n'avoir plus rien à laisser prendre, et j'en suis déjà punie.

Il fallut la calmer, promettre de ne jamais lui causer une peine, et de l'aimer à vingt ans comme les vieillards aiment leur dernier enfant.

Le lendemain je vins de bonne heure. Elle n'avait plus de fleurs pour les vases de son salon gris. Je m'élançai dans les champs et dans les vignes, et j'y cherchai des fleurs pour lui composer deux bouquets; mais tout en les cueillant une à une, les coupant au pied, les admirant, je pensai que les couleurs et les feuillages avaient une harmonie, une poésie qui se faisait jour dans l'entendement en charmant les regards, comme les phrases musicales réveillent mille souvenirs au fond des cœurs aimants et aimés. Si la couleur est la lumière organisée, ne doit-elle pas avoir un sens comme les combinaisons de l'air ont le leur? Aidé par Jacques et Madeleine, heureux tous trois de conspirer une surprise pour notre chérie, j'entrepris sur les dernières marches du perron où nous établîmes le quartier-général de nos fleurs, deux bouquets par lesquels j'essayai de peindre un sentiment. Figurez-vous une source de fleurs sortant des deux vases par un bouillonnement,

11.

retombant en vagues frangées, et du sein de laquelle s'élançaient mes vœux en roses blanches, en lis à la coupe d'argent ; sur cette fraîche étoffe brillaient les bleuets, les myosotis, les vipérines, toutes les fleurs bleues dont les nuances, prises dans le ciel, se marient si bien avec le blanc : ce sont deux innocences, celle qui ne sait rien et celle qui sait tout, une pensée de l'enfant, une pensée du martyr. L'amour a son blason, et la comtesse le déchiffra secrètement ; elle me jeta l'un de ces regards incisifs qui ressemblent au cri d'un malade touché dans sa plaie : elle était à la fois honteuse et ravie. Quelle récompense dans ce regard ! La rendre heureuse, lui rafraîchir le cœur, quel encouragement ! J'inventai donc la théorie du père Castel au profit de l'amour, et retrouvai pour elle une science perdue en Europe où les fleurs de l'écritoire remplacent les pages écrites en Orient avec des couleurs embaumées. Quel charme que de faire exprimer ses sensations par ces filles du soleil, les sœurs des fleurs écloses sous les rayons de l'amour ? Je m'entendis bientôt avec les productions de la flore champêtre comme un homme que j'ai rencontré plus tard à Fitz-James s'entendait avec les abeilles.

Deux fois par semaine, pendant le reste de mon séjour à Frapesle, je recommençai le long travail de cette œuvre poétique à l'accomplissement de laquelle étaient nécessaires toutes les variétés des graminées dont je fis une étude approfondie, moins en botaniste qu'en poëte, étudiant plus leur esprit que leur forme. Pour trouver une fleur là où elle venait, j'allais souvent à d'énormes distances, au bord des eaux, dans les vallons, au sommet des rochers, en pleines landes, butinant des pensées au sein des bois et des bruyères. Dans ces courses, je m'initiai moi-même à des plaisirs inconnus au savant qui vit dans la méditation, à l'agriculteur occupé de spécialités, à l'artisan cloué dans les villes, au commerçant attaché à son comptoir; mais connus de quelques forestiers, de quelques bûcherons, de quelques rêveurs. Il est dans la nature des effets dont les significances sont sans bornes, et qui s'élèvent à la hauteur des plus grandes conceptions morales : Soit une bruyère fleurie, couverte des diamants de la rosée qui la trempe, et dans laquelle se joue le soleil, immensité parée pour un seul regard qui s'y jette à propos. Soit un coin de forêt environné de roches ruineuses, coupé de sables, vêtu de mousses, garni de genévriers, qui vous saisit par je ne sais quoi de sauvage, de heurté, d'effrayant, et d'où sort le cri de l'orfraie. Soit une lande chaude, sans végétation, pierreuse, à pans raides, dont les horizons tiennent de ceux du désert, et où je rencontrais une fleur sublime et solitaire, une pulsatille au pavillon de soie violette étalé pour ses étamines d'or; image attendrissante de ma blanche idole, seule dans sa vallée! Soit de grandes mares d'eau sur lesquelles la nature jette aussitôt des taches vertes, espèce de transition entre la plante et l'animal, où la vie arrive en quelques jours, des plantes et des insectes flottant là, comme un monde dans l'éther! Soit encore une chaumière avec son jardin plein de choux, sa vigne, ses palis, suspendue au-dessus d'une fondrière, encadrée par quelques maigres champs de seigle figure de tant d'humbles existences ! Soit une longue allée de forêt semblable à quelque nef de cathédrale, où les arbres sont des piliers, où leurs branches forment les arceaux de la voûte, au bout de laquelle une clairière lointaine aux jours mélangés d'ombres ou nuancés par les teintes rouges du couchant pointe à travers les feuilles et montre comme les vitraux coloriés d'un chœur plein d'oiseaux qui chantent. Puis au sortir de ces bois frais et touffus, une jachère crayeuse où sur des mousses ardentes et sonores, des couleuvres repues rentrent chez elles en levant leurs têtes élégantes et fines. Jetez sur ces tableaux, tantôt des torrents de soleil ruisselant comme des ondes nourrissantes, tantôt des amas de nuées grises alignées comme les rides au front d'un vieillard, tantôt les tons froids d'un ciel faiblement orangé, sillonné de bandes d'un bleu pâle; puis écoutez? vous entendrez d'indéfinissables harmonies au milieu d'un silence qui confond. Pendant les mois de septembre et d'octobre, je n'ai jamais construit un seul bouquet qui m'ait coûté moins de trois heures de recherches, tant j'admirais avec le suave abandon des poëtes, ces fugitives allégories où pour moi se peignaient les phases les plus contrastantes de la vie humaine, majestueux spectacles où va maintenant fouiller ma mémoire. Souvent aujourd'hui je marie à ces grandes scènes le souvenir de l'âme alors épandue sur la nature. J'y promène encore la souveraine dont la robe blanche ondoyait dans les taillis, flottait sur les pelouses, et dont la pensée s'élevait, comme un fruit promis, de chaque calice plein d'étamines amoureuses.

Aucune déclaration, nulle preuve de passion insensée n'eut de contagion plus violente que ces symphonies de fleurs, où mon désir trompé me faisait déployer les efforts que Beethoven exprimait avec ses notes; retours profonds sur lui-même, élans prodigieux vers le ciel. Madame de Mortsauf n'était plus qu'Henriette à leur aspect. Elle y revenait sans cesse, elle s'en nourrissait, elle y reprenait toutes les pensées que j'y avais mises, quand pour les revoir elle relevait la tête de dessus son métier à tapisserie en disant : — Mon Dieu, que cela est beau !

Vous comprendrez cette délicieuse correspondance par le détail d'un bouquet, comme d'après un fragment de poésie vous comprendriez Saadi. Avez-vous senti dans les prairies, au mois de mai, ce parfum qui communique à tous les êtres l'ivresse de la fécondation, qui fait qu'en bateau vous trempez vos mains dans l'onde, que vous livrez au vent votre chevelure, et que vos pensées reverdissent comme les touffes forestières? Une petite herbe, la flouve odorante, est un des plus puissants principes de cette harmonie voilée. Aussi personne ne peut-il la garder impunément près de soi. Mettez dans un bouquet ses lames luisantes et rayées comme une robe à filets blancs et verts, d'inépuisables exhalations remueront au fond de votre cœur les roses en bouton que la pudeur y écrase. Autour du col évasé de la porcelaine, supposez une forte marge uniquement composée des touffes blanches particulières au sédum des vignes en Touraine ; vague image des formes souhaitées, roulées comme celles d'une esclave soumise. De cette assise sortent les spirales des liserons à cloches blanches, les brindilles de la bugrane rose, mêlées de quelques fougères, de quelques jeunes pousses de chêne aux feuilles magnifiquement colorées et lustrées ; toutes s'avancent prosternées, humbles comme des saules pleureurs, timides et suppliantes comme des prières. Au-dessus, voyez les fibrilles déliées, fleuries, sans cesse agitées de l'amourette purpurine qui verse à flots ses anthères flavescentes ; les pyramides neigeuses du paturin des champs et des eaux, la verte chevelure des bromes stériles, les panaches effilés de ces agrostis nommés les épis du vent ; violâtres espérances dont se couronnent les premiers rêves et qui se détachent sur le fond gris de lin où la lumière rayonne autour de ces herbes en fleurs. Mais déjà plus haut, quelques roses du Bengale clairsemées parmi les folles dentelles du daucus, les plumes de la linaigrette, les marabous de la reine des prés, les ombellules du cerfeuil sauvage, les blonds cheveux de la clématite en fruits, les mignons sautoirs de la croisette au blanc de lait, les corymbes des millefeuilles, les tiges diffuses de la fumeterre aux fleurs roses et noires, les vrilles de la vigne, les brins tortueux des chèvrefeuilles ; enfin tout ce que ces naïves créatures ont de plus échevelé, de plus déchiré, des flammes et de triples dards, des feuilles lancéolées, déchiquetées, des tiges tourmentées comme les désirs entortillés au fond de l'âme. Du sein de ce prolixe torrent d'amour qui déborde, s'élance un magnifique double pavot rouge accompagné de ses glands prêts à s'ouvrir, déployant les flammèches de son incendie au-dessus des jasmins étoilés et dominant la pluie incessante du pollen, beau nuage qui papillote dans l'air en reflétant le jour dans ses mille parcelles luisantes! Quelle femme enivrée par la senteur d'Aphrodise cachée dans la flouve, ne comprendra ce luxe d'idées soumises, cette blanche tendresse troublée par des mouvements indomptés, et ce rouge désir de l'amour qui demande un bonheur refusé dans les luttes cent fois recommencées de la passion contenue, infatigable, éternelle? Mettez ce discours dans la lumière d'une croisée, afin d'en montrer les frais détails, les délicates oppositions, les arabesques, afin que la souveraine émue y voie une fleur plus épanouie et d'où tombe une larme; elle sera prête à s'abandonner, il faudra qu'un ange ou la voix de son enfant la retienne au bord de l'abime. Que donne-t-on à Dieu? des parfums, de la lumière et des chants, les expressions les plus épurées de notre nature. Eh bien! tout ce qu'on offre à Dieu n'était-il pas offert à l'amour dans ce poëme de fleurs lumineuses qui bourdonnait incessamment ses mélodies au cœur, en y caressant des voluptés cachées, des espérances inavouées, des illusions qui s'enflamment et s'éteignent comme des fils de la vierge par une nuit chaude.

Ces plaisirs neutres nous furent d'un grand secours pour tromper la nature irritée par les longues contemplations de la personne aimée, par ces regards qui jouissent en rayonnant jusqu'au fond des formes pénétrées; ils furent pour moi, je n'ose dire pour elle, comme ces fissures par lesquelles jaillissent les eaux contenues dans un barrage invincible, et qui souvent empêchent un malheur en faisant une part à la nécessité. L'abstinence a des épuisements mortels que préviennent quelques miettes tombées une à une de ce ciel qui, de Dan à Sahara, donne la manne au voyageur. Cependant à l'aspect de ces bouquets, j'ai souvent surpris Henriette les bras pendants, abîmée en ces rêveries orageuses pendant lesquelles les pensées gonflent le sein, animent le front, viennent par vagues, jaillissent écumeuses, menacent et laissent une lassitude énervante. Jamais depuis, je n'ai fait de bouquet pour personne ! Quand nous eûmes créé cette langue à notre usage, nous éprouvâmes un contentement semblable à celui de l'esclave qui trompe son maître.

Pendant le reste de ce mois, quand j'accourais par les jardins, je voyais parfois sa figure collée aux vitres ; et quand j'entrais au salon, je la trouvais à son métier. Si je n'arrivais pas à l'heure, convenue sans que jamais nous l'eussions indiquée, parfois sa forme blanche errait sur la terrasse ; et quand je l'y surprenais, elle me disait : — Je suis venue au devant de vous. Ne faut-il pas avoir un peu de coquetterie pour le dernier enfant.

Les cruelles parties de trictrac avaient été interrompues entre le comte et moi. Ses dernières acquisitions l'obligeaient à une foule de courses, de reconnaissances, de vérifications, de bornages et d'arpentages ; il était occupé d'ordres à donner, de travaux champêtres qui voulaient l'œil du maître, et qui se décidaient entre sa femme et lui. Nous allâmes souvent, la comtesse et moi, le retrouver dans les nouveaux domaines avec ses deux enfants qui durant le chemin couraient après des insectes, des cerfs-volants, des couturières, et faisaient aussi leurs bouquets, ou pour être exact, leurs bottes de fleurs. Se promener avec la femme qu'on aime, lui donner le bras, lui choisir son chemin! ce sont des joies illimitées qui suffisent à une vie. Le discours est alors si confiant! Nous allions seuls, nous revenions avec le général, surnom de raillerie douce que nous donnions au comte quand il était de bonne humeur. Ces deux manières de faire la route nuançaient notre plaisir par des oppositions dont les cœurs gênés mais unis ont seuls le secret. Au retour, les mêmes félicités, un regard, un serrement de main, étaient entremêlées d'inquiétudes. La parole, si libre pendant l'aller, avait au retour de mystérieuses significations, quand l'un de nous trouvait, après quelque intervalle, une réponse à des interrogations insidieuses, ou qu'une discussion commencée se continuait sous ces formes énigmatiques auxquelles se prête si bien notre langue et que créent si ingénieusement les femmes. Qui n'a goûté le plaisir de s'entendre ainsi comme dans une sphère inconnue où les esprits se séparent de la foule et s'unissent en trompant les lois vulgaires. Un jour j'eus un fol espoir promptement dissipé, quand à une demande du comte, qui voulait savoir de quoi nous parlions, Henriette répondit par une phrase à double sens dont il se paya. Cette innocente raillerie amusa Madeleine et fit après coup rougir sa mère, qui m'apprit par un regard sévère qu'elle pouvait me retirer son âme comme elle m'avait naguère retiré sa main, voulant demeurer une irréprochable épouse; mais cette union purement spirituelle a tant d'attraits que le lendemain nous recommençâmes.

Les heures, les journées, les semaines s'enfuyaient ainsi pleines de félicités renaissantes. Nous arrivâmes à l'époque des vendanges, qui sont en Touraine de véritables fêtes. Vers la fin du mois de septembre, le soleil, moins chaud que durant la moisson permet de demeurer aux champs sans avoir à craindre ni le hâle ni la fatigue. Il est plus facile de cueillir les grappes que de scier les blés. Les fruits sont tous mûrs. La moisson faite, le pain devient moins cher, et cette abondance rend la vie heureuse. Enfin les craintes qu'inspirait le résultat des travaux champêtres où s'enfouissent autant d'argent que de sueurs, ont disparu devant la grange pleine et les celliers prêts à s'emplir. La vendange est alors comme le joyeux dessert du festin récolté, le ciel y sourit toujours en Touraine où les automnes sont magnifiques. Dans ce pays hospitalier, les vendangeurs sont nourris au logis. Ces repas étant les seuls où ces pauvres gens aient, chaque année, des aliments substantiels et bien préparés, ils y tiennent comme dans les familles patriarcales les enfants tiennent aux galas des anniversaires. Aussi courent-ils en foule dans les maisons où les maîtres les traitent sans lésinerie. La maison est donc pleine de monde et de provisions. Les pressoirs sont constamment ouverts. Il semble que tout soit animé par ce mouvement d'ouvriers tonneliers, de charrettes chargées de filles rieuses, de gens qui, touchant des salaires meilleurs que pendant le reste de l'année, chantent à tout propos. D'ailleurs, autre cause de plaisir, les rangs sont confondus : femmes, enfants, maîtres et gens, tout le monde participe à la dive cueillette. Ces diverses circonstances peuvent expliquer l'hilarité transmise d'âge en âge, qui se développe en ces derniers beaux jours de l'année et dont le souvenir inspira jadis à Rabelais la forme bachique de son grand ouvrage. Jamais les enfants, Jacques et Madeleine toujours malades, n'avaient été en vendange ; j'étais comme eux, ils eurent je ne sais quelle joie enfantine de voir leurs émotions partagées ; leur mère avait promis de nous y accompagner. Nous avions été à Villaines où se fabriquent les paniers du pays, nous en commander de jolis ; il était question de vendanger à nous quatre quelques chaînées réservées à nos ciseaux ; mais il était convenu qu'on ne mangerait pas trop de raisin. Manger dans les vignes le gros *co* de Touraine paraissait chose si délicieuse, que l'on dédaignait les plus beaux raisins sur la table. Jacques me fit jurer de n'aller voir vendanger nulle part, et de me réserver pour le clos de Clochegourde. Jamais ces deux petits êtres habituellement souffrants et pâles, ne furent plus frais, ni plus roses, ni aussi agissants et remuants que durant cette matinée. Ils babillaient pour babiller, allaient, trottaient, revenaient sans raison apparente ; mais, comme les autres enfants, ils semblaient avoir trop de vie à secouer. Monsieur et madame de Mortsauf ne les avaient jamais vus ainsi. Je redevins enfant avec eux, plus enfant qu'eux peut-être, car j'espérais aussi ma récolte. Nous allâmes par le plus beau temps vers les vignes, et nous y restâmes une demi-journée. Comme nous nous disputions à qui trouverait les plus belles grappes, à qui remplirait plus vite son panier! c'étaient des allées et venues des ceps à la mère, il ne se cueillait pas une grappe qu'on ne la lui montrât. Elle se mit à rire du bon rire plein de sa jeunesse, quand arrivant après sa fille, avec mon panier, je lui dis comme Madeleine : — Et les miens, maman? Elle me répondit : — Cher enfant, ne t'échauffe pas trop! Puis me passant la main tour à tour sur le cou et dans les cheveux, elle me donna un petit coup sur la joue en ajoutant ; — Tu es en nage! Ce fut la seule fois que j'entendis cette caresse de la voix, le *tu* des amants. Je regardai les jolies haies couvertes de fruits rouges, de sinelles et de mûrons ; j'écoutai les cris des enfants, je contemplai la troupe des vendangeuses, la charrette pleine de tonneaux et les hommes chargés de hottes; je gravai tout dans ma mémoire, tout jusqu'au jeune amandier sous lequel elle se tenait, fraîche, colorée, rieuse! sous son ombrelle dépliée. Puis je me mis à cueillir des grappes, à remplir mon panier, à l'aller vider dans le tonneau de vendange avec une application corporelle, silencieuse et soutenue, par une marche lente et mesurée qui laissa mon âme libre. Je goûtai l'ineffable plaisir d'un travail extérieur qui voiture la vie en réglant le cours de la passion près, sans ce mouvement mécanique, de tout incendier. Je sus combien le labeur uniforme contient de sagesse, et je compris les règles monastiques !

Pour la première fois depuis longtemps, le comte n'eut ni maussaderie, ni cruauté. Son fils si bien portant, le futur duc de Lenoncourt Mortsauf, blanc et rose, barbouillé de raisin, lui réjouissait le cœur. Ce jour était le dernier de la vendange, le général promit de faire danser le soir devant Clochegourde en l'honneur des Bourbons revenus ; la fête fut ainsi complète pour tout le monde. En revenant, la comtesse prit mon bras ; elle s'appuya sur moi de manière à faire sentir à mon cœur le poids du sien, mouvement de mère qui voulait communiquer sa joie, et me dit à l'oreille : — Vous nous portez bonheur !

Certes, pour moi qui savais ses nuits sans sommeil, ses alarmes et sa vie antérieure où elle était soutenue par la main de Dieu, mais où tout était aride et fatigant, cette phrase accentuée par sa voix si riche, développait des plaisirs qu'aucune femme au monde ne pouvait plus me rendre.

— L'uniformité malheureuse de mes jours est rompue, la vie devient belle avec des espérances, me dit-elle après une pause. Oh ! ne me quittez pas ! ne trahissez jamais mes innocentes superstitions, soyez l'aîné qui devient la providence de ses frères !

Ici, Natalie, rien n'est romanesque : pour y découvrir l'infini des sentiments profonds, il faut dans sa jeunesse avoir jeté la sonde dans ces grands lacs au bords desquels on a vécu ; si pour beaucoup d'êtres, les passions ont été des torrents de lave écoulés entre des rives desséchées, n'est-il pas des âmes où la passion contenue par d'insurmontables difficultés a rempli d'une eau pure le cratère du volcan?

Nous eûmes encore une fête semblable. Madame de Mortsauf voulait habituer ses enfants aux choses de la vie, et leur donner connaissance des pénibles labeurs par lesquels s'obtient l'argent; elle leur avait donc constitué des revenus soumis aux chances de l'agriculture : à Jacques appartenait le produit des noyers, à Madeleine celui des châtaigniers. A quelques jours de là, nous eûmes la récolte des marrons et celle des noix. Aller gauler les marronniers de Madeleine, entendre tomber les fruits que leur bogue faisait rebondir sur le velours mat et sec des terrains ingrats où vient le châtaignier; voir la gravité sérieuse avec laquelle la petite fille examinait les tas en estimant leur valeur, qui pour elle représentait les plaisirs qu'elle se donnait sans contrôle; les félicitations de Manette, la femme de charge qui seule suppléait la comtesse auprès de ses enfants; les enseignements que préparait le spectacle des peines nécessaires pour recueillir les moindres biens, si souvent mis en péril par les alternatives du climat, ce fut une scène où les ingénues félicités de l'enfance paraissaient charmantes au milieu des teintes graves de l'automne commencé. Madeleine avait son grenier à elle où je voulus voir serrer sa brune chevance, en partageant sa joie. Eh bien! je tressaille encore aujourd'hui en me rappelant le bruit que faisait chaque hottée de marrons, roulant sur la bourre jaunâtre mêlée de terre qui servait de plancher. Le comte en prenait pour la maison; les métiviers, les gens, chacun autour de Clochegourde procurait des acheteurs à la Mignonne, épithète amie que dans le pays les paysans accordent volontiers même à des étrangers, mais qui semblait appartenir exclusivement à Madeleine.

Jacques fut moins heureux pour la cueillette de ses noyers, il plut pendant quelques jours ; mais je le consolai en lui conseillant de garder ses noix, pour les vendre un peu plus tard. Monsieur de Chessel m'avait appris que les noyers ne donnaient rien dans le Bréhémont, ni dans le pays d'Amboise ni dans celui de Vouvray. L'huile de noix est de grand usage en Touraine, Jacques devait trouver au moins quarante sous de chaque noyer, il en avait deux cents, la somme était donc considérable ! Il voulait s'acheter un équipement pour monter à cheval. Son désir émut une discussion publique où son père lui fit faire des réflexions sur l'instabilité des revenus, sur la nécessité de créer des réserves pour les années où les arbres seraient inféconds afin de se procurer un revenu moyen. Je reconnus l'âme de la comtesse dans son silence ; elle était joyeuse de voir Jacques écoutant son père, et le père reconquérant un peu de la sainteté qui lui manquait, grâce à ce sublime mensonge qu'elle avait préparé. Ne vous ai-je pas dit, en vous peignant cette femme, que le langage terrestre serait impuissant à rendre ses traits et son génie.

Quand ces sortes de scènes arrivent, l'âme en savoure les délices sans les analyser ; mais avec quelle vigueur elles se détachent plus tard sur le fond ténébreux d'une vie agitée? pareilles à des diamants, elles brillent serties par des pensées pleines d'alliage, regrets fondus dans le souvenir des bonheurs évanouis! Pourquoi les noms des deux domaines récemment achetés, dont monsieur et madame de Mortsauf s'occupaient tant, la Cassine et la Rhétorière, m'émeuvent-ils plus que les plus beaux noms de la Terre-Sainte ou de la Grèce? *Qui aime, le dit!* s'est écrié Lafontaine. Ces noms possèdent les vertus talismaniques des paroles constellées en usage dans les évocations, ils m'expliquent la magie, ils réveillent des figures endormies qui se dressent aussitôt, et me parlent, ils me mettent dans cette heureuse vallée, ils créent un ciel et des paysages; mais les évocations ne se sont-elles pas toujours passées dans les régions du monde spirituel? Ne vous étonnez donc pas de me voir vous entretenir de scènes aussi familières : les moindres détails de cette vie simple et presque commune, ont été comme autant d'attaches faibles en apparence par lesquelles je me suis étroitement uni à la comtesse.

Les intérêts de ses enfants lui causaient autant de chagrins que lui en donnait leur faible santé. Je reconnus bientôt la vérité de ce qu'elle m'avait dit relativement à son rôle secret dans les affaires de la maison, auxquelles je m'initiai lentement en apprenant sur le pays des détails que doit savoir l'homme d'état. Après dix ans d'efforts, madame de Mortsauf avait changé la culture de ses terres; elle les avait *mis en quatre*, expression dont on se sert dans le pays pour expliquer les résultats de la nouvelle méthode suivant laquelle les cultivateurs ne sèment de blé que tous les quatre ans, afin de faire rapporter chaque année un produit à la terre. Pour vaincre l'obstination des paysans, il avait fallu résilier des baux, partager ses domaines en quatre grandes métairies, et les avoir *à moitié*, le cheptel particulier à la Touraine et aux pays d'alentour. Le propriétaire donne l'habitation, les bâtiments d'exploitation et les semences, à des colons de bonne volonté avec lesquels il partage les frais de culture et les produits. Ce partage est surveillé par un *métivier*, l'homme chargé de prendre la moitié due au propriétaire, système coûteux et compliqué par une comptabilité que varie à tout moment la nature des partages. La comtesse avait fait cultiver par monsieur de Mortsauf une cinquième ferme composée des terres réservées, sises autour de Clochegourde, autant pour l'occuper que pour démontrer par l'évidence des faits, à ses *fermiers à moitié*, l'excellence des nouvelles méthodes. Maîtresse de diriger les cultures, elle avait fait lentement et avec sa persistance de femme, rebâtir deux de ses métairies sur le plan des fermes de l'Artois et de la Flandre. Il est aisé de deviner son dessein. Après l'expiration des baux à moitié, la comtesse voulait composer deux belles fermes de ses quatre métairies, et les louer en argent à des gens actifs et intelligents, afin de simplifier les revenus de Clochegourde. Craignant de mourir la première, elle tâchait de laisser au comte des revenus faciles à percevoir, et à ses enfants des biens qu'aucune impéritie ne pourrait faire péricliter. En ce moment les arbres fruitiers plantés depuis dix ans étaient en plein rapport ; les haies qui garantissaient les domaines de toute contestation future étaient poussées ; les peupliers, les ormes, tout était bien venu. Avec ses nouvelles acquisitions, et en introduisant partout le nouveau système d'exploitation, la terre de Clochegourde, divisée en quatre grandes fermes, dont deux restaient à bâtir, était susceptible de rapporter seize mille francs en écus, à raison de quatre mille francs par chaque ferme ; sans compter le clos de vigne, ni les deux cents arpents de bois qui les joignaient, ni la ferme modèle. Les chemins de ses quatre fermes pouvaient tous aboutir à une grande avenue qui de Clochegourde irait en droite ligne s'embrancher sur la route de Chinon. La distance, entre cette avenue et Tours, n'étant que de cinq lieues, les fermiers ne devaient pas lui manquer, surtout au moment où tout le monde parlait des améliorations faites par le comte, de ses succès, et de la bonification de ses terres. Elle voulait faire jeter dans chacun des deux domaines achetés une quinzaine de mille francs pour convertir les maisons de maître en deux grandes fermes, afin de les mieux louer après les avoir cultivées pendant une année ou deux, en y envoyant pour régisseur un certain Martineau, le meilleur, le plus probe de ses métiviers, lequel allait se trouver sans place ; car les baux à moitié de ses quatre métairies finissaient, et le moment de les réunir en deux fermes et de louer en argent était venu. Ces idées si simples, mais compliquées de trente et quelques mille francs à dépenser, étaient en ce moment l'objet de longues discussions entre elle et le comte; querelles affreuses, et dans lesquelles elle n'était soutenue que par l'intérêt de ses deux enfants. Cette pensée : — « Si je mourais demain, qu'adviendrait-il? » lui donnait des palpitations. Les âmes douces et paisibles chez lesquelles la colère est impossible, qui veulent faire régner autour d'elles leur profonde paix intérieure, savent seules combien de force est nécessaire pour ces luttes; quelles abondantes vagues de sang affluent au cœur avant d'entamer le combat; quelle lassitude s'empare de l'être quand, après avoir lutté, rien n'est obtenu. Au moment où ses enfants étaient moins étiolés, moins maigres, plus agiles, car la saison des fruits avait produit ses effets sur eux; au moment où elle les suivait d'un œil mouillé dans leurs jeux, en éprouvant un contentement qui renouvelait ses forces en lui rafraîchissant le cœur, la pauvre femme subissait les pointilleries injurieuses et les attaques lancinantes d'une âcre opposition. Le comte, effrayé de ces changements, en niait les avantages et la possibilité par un entêtement compact; à des raisonnements concluants, il répondait par l'objection d'un enfant qui mettrait en question l'influence du soleil en été. La comtesse l'emporta. La victoire du bon sens sur la folie calma ses plaies, elle oublia ses blessures. Ce jour elle s'alla promener à la Cassine et à la Rhétorière, afin d'y décider les constructions. Le comte marchait seul en avant, les enfants nous séparaient, et nous étions tous deux en arrière suivant lentement, car elle me parlait de ce ton doux et bas qui faisait ressembler ses phrases à des flots menus, murmurés par la mer sur un sable fin.

« Elle était certaine du succès, me disait-elle. Il allait s'établir une concurrence pour le service de Tours à Chinon, entreprise par un homme actif, par un messager, cousin de Manette, qui voulait avoir une grande ferme sur la route. Sa famille était nombreuse : son fils aîné conduirait les voitures, le second ferait les roulages ; lui placé sur la route, à la Rabelaye, une des fermes à louer et située au centre, il pourrait veiller aux relais, et cultiverait bien les terres en les amendant avec les fumiers que lui donneraient ses écuries. Quant à la seconde ferme, la Baude, celle qui se trouvait à deux pas de Clochegourde, un de leurs quatre colons, homme probe, intelligent, actif et qui sentait les avantages de la nouvelle culture, offrait déjà de la prendre à bail. Quant à la Cassine et à la Rhétorière, ces terres étaient les meilleures du pays ; une fois les fermes bâties et les cultures en pleine valeur, il suffirait de les afficher à Tours. En deux ans, Clochegourde vaudrait ainsi vingt mille francs de rente environ ; la Gravelotte, cette ferme du Maine, retrouvée par monsieur de Mortsauf, venait d'être prise à sept mille francs pour neuf ans ; la pension de maréchal-de-camp était de quatre mille francs ; si ces revenus ne constituaient pas encore une fortune, ils procureraient une grande aisance ; plus tard, d'autres améliorations lui permettraient peut-être d'aller un jour à Paris pour y veiller l'éducation de Jacques, dans deux ans, quand la santé de l'héritier présomptif serait affermie. »

Avec quel tremblement elle prononça le mot *Paris!* J'étais au fond de ce projet, elle voulait se séparer le moins possible de l'ami. Sur ce mot je m'enflammai, je lui dis qu'elle ne me connaissait pas; que sans lui en parler, j'avais comploté d'achever mon éducation en travaillant nuit et jour, afin d'être le précepteur de Jacques; car je ne supporterais pas l'idée de savoir dans son intérieur un jeune homme. A ces mots, elle devint sérieuse.

— Non, Félix, dit-elle, cela ne sera pas plus que votre prêtrise. Si vous avez par un seul mot atteint la mère jusqu'au fond de son cœur, la femme vous aime trop sincèrement pour vous laisser devenir victime de votre attachement. Une déconsidération sans remède serait le loyer de ce dévouement, et je n'y pourrais rien. Oh! non, que je ne vous sois funeste en rien! Vous, vicomte de Vendenesse, précepteur? Fussiez-vous un Richelieu, vous vous seriez à jamais barré la vie. Vous causeriez les plus grands chagrins à votre frère. Mon ami, vous ne savez pas ce qu'une femme comme ma mère sait mettre d'impertinence dans un regard protecteur, d'abaissement dans une parole, de mépris dans un salut.

— Et si vous m'aimez, que me fait le monde?

Elle feignit de ne pas avoir entendu, et dit en continuant : — Quoique mon père soit excellent et disposé à m'accorder ce que je lui demande, il ne vous pardonnerait pas de vous être mal placé dans le monde et se refuserait à vous y protéger. Je ne voudrais pas vous voir précepteur du dauphin! Acceptez la société comme elle est, ne commettez point de fautes dans la vie. Mon ami, cette proposition insensée de....

— D'amour, lui dis-je à voix basse.

— Non, de charité, dit-elle en retenant ses larmes, cette pensée folle m'éclaire sur votre caractère : votre cœur vous nuira. Je réclame, dès ce moment, le droit de vous apprendre certaines choses ; laissez à mes yeux de femme le soin de voir quelquefois pour vous ? Oui, du fond de mon Clochegourde, je veux assister, muette et ravie, à vos succès. Quant au précepteur, eh bien ! soyez tranquille, nous trouverons un bon vieil abbé, quelque ancien savant jésuite, et mon père sacrifiera volontiers une somme pour l'éducation de l'enfant qui doit porter son nom. Jacques est mon orgueil. — Il a pourtant onze ans, dit-elle, après une pause. Mais il en est de lui comme de vous : en vous voyant, je vous avais donné treize ans.

Nous étions arrivés à la Cassine où Jacques, Madeleine et moi nous la suivions comme des petits suivent leur mère ; mais nous la gênions, je la laissai pour un moment et m'en allai dans le verger où Martineau l'aîné, son garde, examinait de compagnie avec Martineau cadet, le métivier, si les arbres devaient être ou non abattus ; ils discutaient ce point comme s'il s'agissait de leurs propres biens. Je vis alors combien la comtesse était aimée. J'exprimai mon idée à un pauvre journalier qui, le pied sur sa bêche et le coude posé sur le manche, écoutait les deux docteurs.

— Ah ! oui, monsieur, me répondit-il, c'est une bonne femme, et pas fière comme toutes ces guenons d'Azay qui nous verraient crever comme des chiens plutôt que de nous céder un sou sur une toise de fossé ! Le jour où cette femme quittera le pays, la Sainte Vierge en pleurera, et nous aussi. Elle sait ce qui lui est dû ; mais elle connaît nos peines, et y a égard.

Avec quel plaisir je donnai tout mon argent à cet homme !

Quelques jours après, il vint un poney pour Jacques, que son père, excellent cavalier, voulait plier lentement aux fatigues de l'équitation. L'enfant eut un joli habillement de cavalier, acheté sur le produit des noyers. Le matin où il prit la première leçon, accompagné de son père, aux cris de Madeleine étonnée qui sautait sur le gazon autour duquel courait Jacques, ce fut pour la comtesse, la première grande fête de sa maternité. Jacques avait une collerette brodée par sa mère, une petite redingote en drap bleu de ciel serrée par une ceinture de cuir verni, un pantalon blanc à plis et une toque écossaise d'où ses cheveux cendrés s'échappaient en grosses boucles : il était ravissant à voir. Aussi tous les gens de la maison se groupèrent-ils en partageant cette félicité domestique. Le jeune héritier souriait à la comtesse en passant, et se tenait sans peur. Ce premier acte d'homme chez cet enfant de qui la mort parut si souvent prochaine, l'espérance d'un bel avenir, garanti par cette promenade qui le lui montrait si beau, si joli, si frais, quelle délicieuse récompense ! La joie du père, qui redevenait jeune et souriait pour la première fois depuis longtemps, le bonheur peint dans les yeux de tous les gens de la maison, le cri d'un vieux piqueur de Lenoncourt qui revenait de Tours, et qui voyant la manière dont l'enfant tenait la bride, lui dit : — « Bravo, monsieur le vicomte! » c'en fut trop, madame de Mortsauf fondit en larmes. Elle, si calme dans ses douleurs, se trouva faible pour supporter la joie en admirant son enfant chevauchant sur ce sable où souvent elle l'avait pleuré par avance, en le promenant au soleil. En ce moment, elle s'appuya sur mon bras, sans remords, et me dit : — Je crois n'avoir jamais souffert. Ne nous quittez pas aujourd'hui?

La leçon finie, Jacques se jeta dans les bras de sa mère qui le reçut et le garda sur elle avec la force que prête l'excès des voluptés, et ce furent des baisers, des caresses sans fin. J'allai faire avec Madeleine deux bouquets magnifiques pour en décorer la table en l'honneur du cavalier. Quand nous revînmes au salon, la comtesse me dit : — Le quinze octobre sera certes un grand jour! Jacques a pris sa première leçon d'équitation, et je viens de faire le dernier point de mon meuble.

— Hé bien! Blanche, dit le comte en riant, je veux vous le payer.

Il lui offrit le bras, et l'amena dans la première cour où elle vit une calèche dont son père lui faisait présent, et pour laquelle le comte avait acheté deux chevaux en Angleterre, amenés avec ceux du duc de Lenoncourt. Le vieux piqueur avait tout préparé dans la première cour pendant la leçon. Nous étrennâmes la voiture, en allant voir le tracé de l'avenue qui devait mener en droite ligne de Clochegourde à la route de Chinon, et que les récentes acquisitions permettaient de faire à travers les nouveaux domaines. En revenant, la comtesse me dit d'un air plein de mélancolie : — Je suis trop heureuse, pour moi le bonheur est comme une maladie, il m'accable, et j'ai peur qu'il ne s'efface comme un rêve.

J'aimais trop passionnément pour ne pas être jaloux, et je ne pouvais lui rien donner, moi ! dans ma rage, je cherchais un moyen de mourir pour elle. Elle me demanda quelles pensées voilaient mes yeux, je les lui dis naïvement, elle en fut plus touchée que de tous les présents, et jeta du baume dans mon cœur, quand après m'avoir emmené sur le perron, elle me dit à l'oreille : — Aimez-moi comme m'aimait ma tante, ne sera-ce pas me donner votre vie? et si je la prends ainsi, n'est-ce pas me faire votre obligée à toute heure?

— Il était temps de finir ma tapisserie, reprit-elle en rentrant dans le salon où je lui baisai la main comme pour renouveler mes serments. Vous ne savez peut-être pas, Félix, pourquoi je me suis imposé ce long ouvrage? Les hommes trouvent dans les occupations de leur vie des ressources contre les chagrins; le mouvement des affaires les distrait ; mais nous autres femmes, nous n'avons dans l'âme aucun point d'appui contre nos douleurs. Afin de pouvoir sourire à mes enfants et à mon mari quand j'étais en proie à de tristes images, j'ai senti le besoin de régulariser la souffrance par un mouvement physique; j'évitais ainsi les atonies qui suivent les grandes dépenses de force, aussi bien que les éclairs de l'exaltation. L'action de lever le bras en temps égaux berçait ma pensée et communiquait à mon âme où grondait l'orage, la paix du flux et du reflux en réglant ainsi ses émotions. Chaque point avait la confidence de mes secrets, comprenez-vous ? Hé bien, en faisant mon dernier fauteuil, je pensais trop à vous ! oui beaucoup trop, mon ami. Ce que vous mettez dans vos bouquets, moi je le disais à mes dessins.

Le dîner fut gai. Jacques, comme tous les enfants dont on s'occupe, me sauta au cou, en voyant les fleurs que je lui avais cueillies en guise de couronne. Sa mère affecta de me bouder à cause de cette infidélité ; le cher enfant lui offrit ce bouquet jalousé, avec quelle grâce, vous le savez ! Le soir, nous fîmes tous trois un trictrac, moi seul contre monsieur et madame de Mortsauf, et le comte fut charmant. Enfin, à la tombée du jour, ils me reconduisirent jusqu'au chemin de Frapesle, par une de ces tranquilles soirées dont les harmonies font gagner en profondeur aux sentiments ce qu'ils perdent en vivacité. Ce fut une journée unique en la vie de cette pauvre femme, un point brillant que vint souvent caresser son souvenir aux heures difficiles. En effet, les leçons d'équitation devinrent bientôt un sujet de discorde. La comtesse craignit avec raison les dures apostrophes du père pour le fils. Jacques maigrissait déjà, ses beaux yeux bleus se cernaient ; pour ne pas causer de chagrin à sa mère, il aimait mieux souffrir en silence. Je trouvai un remède à ses maux en lui conseillant de dire à son père qu'il était fatigué, quand le comte se mettrait en colère ; mais ces palliatifs furent insuffisants ; il fallut substituer le vieux piqueur au père qui ne se laissa pas arracher son écolier sans des tiraillements ; les criailleries et les discussions revinrent ; le comte trouva des textes à ses plaintes continuelles dans le peu de reconnaissance des femmes ; il jeta vingt fois par jour la calèche, les chevaux et les livrées au nez de sa femme. Enfin il arriva l'un de ces événements auxquels les caractères de ce genre et les maladies de cette espèce aiment à se prendre : la dépense dépassa de moitié les prévisions à la Cassine et à la Rhétorière où des murs et des planchers mauvais s'écroulèrent. Un ouvrier vint maladroitement annoncer cette nouvelle à monsieur de Mortsauf, au lieu de la dire à la comtesse. Ce fut l'objet d'une querelle commencée doucement, mais qui s'envenima par degrés, et où l'hypocondrie du comte, apaisée depuis quelques jours, demanda ses arrérages à la pauvre Henriette.

Ce jour-là, j'étais parti de Frapesle à dix heures et demie, après le déjeuner, pour venir faire à Clochegourde un bouquet avec Madeleine. L'enfant m'avait apporté sur la balustrade de la terrasse les deux vases, et j'allais des jardins aux environs, courant après des fleurs d'automne, si belles, mais si rares. En revenant de ma dernière course, je ne vis plus mon petit lieutenant à ceinture rose, à pèlerine dentelée, et j'entendis des cris à Clochegourde.

— Le général, me dit Madeleine en pleurs, et chez elle ce mot était un mot de haine contre son père ; le général gronde notre mère, allez donc la défendre.

Je volai par les escaliers et j'arrivai dans le salon sans être aperçu ni salué par le comte ni par sa femme. En entendant les cris aigus du fou, j'allai fermer toutes les portes, puis je revins, j'avais vu Henriette aussi blanche que sa robe.

— Ne vous mariez jamais, Félix, me dit le comte, une femme est conseillée par le diable; la plus vertueuse inventerait le mal s'il n'existait pas; toutes sont des bêtes brutes.

J'entendis alors des raisonnements sans commencement ni fin. Se prévalant de ses négations antérieures, monsieur de Mortsauf répéta les niaiseries des paysans qui se refusaient aux nouvelles méthodes; il prétendait que s'il avait dirigé Clochegourde, il serait deux fois plus riche qu'il ne l'était. En formulant ces blasphèmes violemment et injurieusement, il jurait, il sautait d'un meuble à l'autre, il les déplaçait et les cognait; puis au milieu d'une phrase, il s'interrompait pour parler de sa moelle qui, disait-il, le brûlait; ou de sa cervelle qui s'échappait à flots, comme son argent. Sa femme le ruinait, le malheureux! Des trente et quelques mille livres de rentes qu'il possédait, elle lui en avait apporté déjà plus de vingt. Les biens du duc et ceux de la duchesse valaient plus de cinquante mille écus de rente, réservés à Jacques. La comtesse souriait superbement et regardait le ciel.

— Oui, s'écria-t-il, Blanche, vous êtes mon bourreau, vous m'assassinez; je vous pèse; tu veux te débarrasser de moi, tu es un monstre d'hypocrisie. Elle rit! — Savez-vous pourquoi elle rit, Félix?

Je gardai le silence et baissai la tête.

— Cette femme, reprit-il en faisant la réponse à sa demande, elle me sèvre de tout bonheur, elle est

autant à moi qu'à vous, et prétend être ma femme !
Elle porte mon nom et ne remplit aucun des devoirs
que les lois divines et humaines lui imposent, elle
ment ainsi aux hommes et à Dieu. Elle m'excède de
courses et me lasse pour que je la laisse seule ; je lui
déplais, elle me hait, et met tout son art à rester
jeune fille ; elle me rend fou par les privations qu'elle
me cause, car tout se porte alors à ma pauvre tête ;
elle me tue à petit feu, et se croit une sainte, ça
communie tous les mois.

La comtesse pleurait en ce moment à chaudes
larmes, humiliée par l'abaissement de cet homme
auquel elle disait pour toute réponse : — Monsieur !
monsieur ! monsieur.

Quoique les paroles du comte m'eussent fait rougir pour lui comme pour Henriette, elles me remuèrent violemment le cœur, car elles répondaient
aux sentiments de chasteté, de délicatesse qui sont
pour ainsi dire l'étoffe des premières amours.

— Elle est vierge à mes dépens, disait le comte.

A ce mot, la comtesse s'écria : — Monsieur !

— Qu'est-ce que c'est, dit-il, que votre monsieur impérieux ? ne suis-je pas le maître ? faut-il
enfin vous l'apprendre ?

Il s'avança sur elle en lui présentant sa tête de
loup blanc devenue hideuse, car ses yeux jaunes
eurent une expression qui le fit ressembler à une
bête affamée sortant d'un bois. Henriette se coula
de son fauteuil à terre pour recevoir le coup qui
n'arriva pas ; elle s'était étendue sur le parquet en
perdant connaissance, toute brisée. Le comte fut
comme un meurtrier qui sent rejaillir à son visage

le sang de sa victime, il resta tout hébété. Je pris la pauvre femme dans mes bras, le comte me la laissa prendre comme s'il se fût trouvé indigne de la porter, mais il alla devant moi pour m'ouvrir la porte de la chambre contiguë au salon, chambre sacrée où je n'étais jamais entré. Je mis la comtesse debout, et la tins un moment dans un bras, en passant l'autre autour de sa taille, pendant que monsieur de Mortsauf ôtait la fausse couverture, l'édredon, l'appareil du lit. Nous la soulevâmes et l'étendîmes tout habillée. En revenant à elle elle nous pria par un geste de détacher sa ceinture; monsieur de Mortsauf trouva des ciseaux et coupa tout. Je lui fis respirer des sels, elle ouvrit les yeux. Le comte s'en alla, plus honteux que chagrin. Deux heures se passèrent en un silence profond. Henriette avait sa main dans la mienne et me la pressait sans pouvoir parler. De temps en temps elle levait les yeux pour me dire par un regard, qu'elle voulait demeurer calme et sans bruit; puis il y eut un moment de trêve où elle se releva sur son coude, et me dit à l'oreille : Le malheureux! si vous saviez... Elle se remit la tête sur l'oreiller. Le souvenir de ses peines passées joint à ses douleurs actuelles lui rendit des convulsions nerveuses que je n'avais calmées que par le magnétisme de l'amour; effet qui m'était encore inconnu, mais dont j'usai par instinct. Je la maintins avec une force tendrement adoucie, et pendant cette dernière crise, elle me jeta des regards qui me firent pleurer. Quand ces mouvements nerveux cessèrent, je rétablis ses cheveux en désordre que je maniai pour la seule et unique fois de ma vie;

puis je repris encore sa main et contemplai longtemps cette chambre à la fois brune et grise, ce lit simple à rideaux de Perse, cette table couverte d'une toilette parée à la mode ancienne, ce canapé mesquin à matelas piqué. Que de poésie dans ce lieu! Quel abandon du luxe pour sa personne! son luxe était la plus exquise propreté. Noble cellule de religieuse mariée pleine de résignation sainte, où le seul ornement était le crucifix de son lit, au-dessus duquel se voyait le portrait de sa tante; puis, de chaque côté du bénitier, ses deux enfants dessinés par elle au crayon, et leurs cheveux du temps où ils étaient petits. Quelle retraite pour une femme de qui l'apparition dans le grand monde eût fait pâlir les plus belles. Tel était le boudoir où pleurait toujours la fille d'une illustre famille, inondée en ce moment d'amertume et se refusant à l'amour qui l'aurait consolée. Malheur secret, irréparable, et des larmes chez la victime pour le bourreau, et des larmes chez le bourreau pour la victime. Quand les enfants et la femme de chambre entrèrent, je sortis. Le comte m'attendait, il m'admettait déjà comme un pouvoir médiateur entre sa femme et lui; et il me saisit par les mains en me criant : — Restez, restez, Félix!

— Malheureusement, lui dis-je, monsieur de Chessel a du monde; il ne serait pas convenable que ses convives cherchassent les motifs de mon absence; mais après le dîner, je reviendrai.

Il sortit avec moi, me reconduisit jusqu'à la porte d'en bas sans me dire un mot; puis il m'accompagna jusqu'à Frapesle, sans savoir ce qu'il faisait. Enfin là, je lui dis : — Au nom du ciel, monsieur le comte, laissez-lui diriger votre maison, si cela peut lui plaire, et ne la tourmentez plus.

— Je n'ai pas longtemps à vivre, me dit-il d'un air sérieux; elle ne souffrira pas longtemps par moi, je sens que ma tête éclate.

Et il me quitta dans un accès d'égoïsme involontaire. Après le dîner, je revins savoir des nouvelles de madame de Mortsauf, que je trouvai déjà mieux. Si telles étaient, pour elle, les joies du mariage, si de semblables scènes se renouvelaient souvent, comment pouvait-elle vivre! Quel lent assassinat impuni! Pendant cette soirée, je compris par quelles tortures inouïes, le comte l'énervait. Devant quel tribunal apporter de tels litiges? Ces réflexions m'hébétaient, je ne pus lui rien dire. Le soir je passai la nuit à lui écrire. Des trois ou quatre lettres que je fis, il m'est resté ce commencement dont je ne fus pas content; mais s'il me parut ne rien exprimer, ou trop parler de moi quand je ne devais m'occuper que d'elle, il vous dira dans quel état était mon âme.

A Madame de Mortsauf.

« Combien de choses n'avais-je pas à vous dire en arrivant, auxquelles je pensais pendant le chemin et que j'oublie en vous voyant. Oui, dès que je vous vois, chère Henriette, je ne trouve plus mes paroles en harmonie avec les reflets de votre âme qui grandissent votre beauté; puis, j'éprouve près de vous un bonheur tellement infini, que le sentiment actuel efface les sentiments de la vie antérieure. Chaque fois, je nais à une vie plus étendue et suis comme le voyageur qui, en montant quelque grand rocher, découvre à chaque pas un nouvel horizon. A chaque nouvelle conversation, n'ajoutai-je pas à mes immenses trésors un nouveau trésor? Là, je crois, est le secret des longs, des inépuisables attachements. Je ne puis donc vous parler de vous, que loin de vous. En votre présence, je suis trop ébloui pour voir, trop heureux pour interroger mon bonheur, trop plein de vous pour être moi, trop éloquent par vous pour parler, trop ardent à saisir le moment présent pour me souvenir du passé. Sachez bien cette constante ivresse pour m'en pardonner les erreurs. Près de vous je ne puis que sentir. Néanmoins j'oserai vous dire, ma chère Henriette, que jamais, dans les nombreuses joies que vous avez faites, je n'ai ressenti de félicités semblables aux délices qui remplirent mon âme hier quand, après cette tempête horrible où vous avez lutté contre le mal avec un courage surhumain, vous êtes revenue à moi seul, au milieu du demi-jour de votre chambre, où cette malheureuse scène m'a conduit. Moi seul ai su de quelles lueurs peut briller une femme quand elle arrive des portes de la mort aux portes de la vie, et que l'aurore d'une renaissance vient nuancer son front. Combien votre voix était harmonieuse! Combien les mots, même les vôtres, me semblaient petits alors que dans le son de votre voix adorée reparaissaient les ressentiments vagues d'une douleur passée, mêlés aux consolations divines par lesquelles vous m'avez enfin rassuré, en me donnant ainsi vos premières pensées. Je vous connaissais brillante de toutes les splendeurs humaines; mais hier j'ai entrevu une nouvelle Henriette qui serait à moi si Dieu le voulait. Hier j'ai entrevu je ne sais quel être dégagé des entraves corporelles qui nous empêchent de secouer les feux de l'âme. Tu étais bien belle dans ton abattement, bien majestueuse dans ta faiblesse. Hier j'ai trouvé quelque chose de plus beau que ta beauté, quelque chose de plus doux que ta voix; des lumières plus étincelantes que ne l'est la lumière de tes yeux, des parfums pour lesquels il n'est point de mots; hier ton âme a été visible et palpable. Ah! j'ai bien souffert de n'avoir pu t'ouvrir mon cœur pour t'y faire revivre. Enfin, hier, j'ai quitté la terreur respectueuse que tu m'inspires, cette défaillance ne nous avait-elle pas rapprochés? Alors j'ai su ce que c'était que respirer en respirant avec toi, quand la crise te permit d'aspirer notre air. Combien de prières élevées au ciel en un moment! Si je n'ai pas expiré en traversant les espaces que j'ai franchis pour aller demander à Dieu de te laisser encore à moi, l'on ne meurt ni de joie ni de douleur. Ce moment m'a laissé des souvenirs ensevelis dans mon âme et qui ne reparaîtront jamais à sa surface sans que mes yeux ne se mouillent de pleurs; chaque joie en augmentera le sillon, chaque douleur les fera plus profonds. Oui les craintes dont mon âme fut agitée hier seront un terme de comparaison pour toutes mes douleurs à venir, comme les joies que tu m'as prodiguées, chère éternelle pensée de ma vie! domineront toutes les joies que la main de Dieu daignera m'épancher. Tu m'as fait comprendre l'amour divin, cet amour sûr qui, plein de sa force et de sa durée, ne connaît ni soupçons ni jalousies. »

Une mélancolie profonde me rongeait l'âme, le spectacle de cette vie intérieure était navrant pour un cœur jeune et neuf aux émotions sociales; trouver cet abîme à l'entrée du monde, un abîme sans fond, une mer morte. Cet horrible concert d'infortunes me suggéra des pensées infinies, et j'eus à mon premier pas dans la vie sociale une immense mesure à laquelle les autres scènes rapportées ne pouvaient plus être que petites. Ma tristesse fit juger à monsieur et madame de Chessel que mes amours étaient malheureuses, et j'eus le bonheur de ne nuire en rien à ma grande Henriette par ma passion. Le lendemain, quand j'entrai dans le salon, elle y était seule; elle me contempla pendant un instant en me tendant la main, et me dit : — L'ami sera donc toujours trop tendre? Ses yeux devinrent humides, elle se leva, puis me dit avec un ton de supplication désespérée : — Ne m'écrivez plus ainsi !

Monsieur de Mortsauf était prévenant. La comtesse avait repris son courage et son front serein; mais son teint trahissait ses souffrances de la veille, qui étaient calmées sans être éteintes. Elle me dit le soir, en nous promenant dans les feuilles sèches de l'automne qui résonnaient sous nos pas : — La douleur est infinie, la joie a des limites. Mot qui révélait ses souffrances, par la comparaison qu'elle en faisait avec ses félicités fugitives.

— Ne médisez pas de la vie, lui dis-je, vous

ignorez l'amour, et il a des voluptés qui rayonnent jusque dans les cieux.

— Taisez-vous, dit-elle, je n'en veux rien connaître. Le Groënlandais mourrait en Italie? Je suis calme et heureuse près de vous, je puis vous dire toutes mes pensées ; ne détruisez pas ma confiance. Pourquoi n'auriez-vous pas la vertu du prêtre et le charme de l'homme libre ?

— Vous feriez avaler des coupes de ciguë, lui dis-je en lui mettant la main sur mon cœur qui battait à coups pressés.

— Encore ! s'écria-t-elle en retirant sa main comme si elle eût ressenti quelque vive douleur. Voulez-vous donc m'ôter le triste plaisir de faire étancher le sang de mes blessures par une main amie? N'ajoutez pas à mes souffrances, vous ne les savez pas toutes! les plus secrètes sont les plus difficiles à dévorer. Si vous étiez femme, vous comprendriez en quelle mélancolie mêlée de dégoût tombe une âme fière, alors qu'elle se voit l'objet d'attentions qui ne réparent rien et avec lesquelles *on* croit tout réparer. Pendant quelques jours, je vais être courtisée, *on* va vouloir se faire pardonner le tort que l'*on* s'est donné. Je pourrais alors obtenir un assentiment aux volontés les plus déraisonnables. Je suis humiliée par cet abaissement, par ces caresses qui cessent le jour où l'*on* croit que j'ai tout oublié. Ne devoir la bonne grâce de son maître qu'à ses fautes....

— A ses crimes, dis-je vivement.

— N'est-ce pas une affreuse condition d'existence? dit-elle en me jetant un triste sourire. Puis, je ne sais pas user de ce pouvoir passager. En ce moment, je ressemble aux chevaliers qui ne portaient pas de coup à leur adversaire tombé. Voir à terre celui que nous devons honorer, le relever pour en recevoir de nouveaux coups, souffrir de sa chute plus qu'il n'en souffre lui-même, et se trouver déshonorée si l'on profite d'une passagère influence, même dans un but d'utilité ; dépenser sa force, épuiser les trésors de l'âme en ces luttes sans noblesse, ne régner qu'au moment où l'on reçoit de mortelles blessures ! Mieux vaut la mort. Si je n'avais pas d'enfants, je me laisserais aller au courant de cette vie ; mais, sans mon courage inconnu, que deviendraient-ils ? je dois vivre pour eux, quelque douloureuse que soit la vie. Vous me parlez d'amour ! eh ! mon ami, songez donc en quel enfer je tomberais, si je donnais à cet être sans pitié, comme le sont tous les gens faibles, le droit de me mépriser ? Je ne supporterais pas un soupçon ! La pureté de ma conduite fait ma force. La vertu, cher enfant, a des eaux saintes où l'on se retrempe et d'où l'on sort renouvelé à l'amour de Dieu !

— Écoutez, chère Henriette, je n'ai plus qu'une semaine à demeurer ici, je veux que....

— Ah ! vous nous quittez ! dit-elle en m'interrompant.

— Mais ne dois-je pas savoir ce que mon père décidera de moi. Voici bientôt trois mois....

— Je n'ai pas compté les jours, me répondit-elle avec l'abandon de la femme émue. Elle se recueillit et me dit : — Marchons, allons à Frapesle.

Elle appela le comte, ses enfants, demanda son châle; puis, quand tout fut prêt, elle si lente, si calme eut une activité de Parisienne, et nous partîmes en troupe pour aller à Frapesle y faire une visite que la comtesse ne devait pas; elle s'efforça de parler à madame de Chessel, qui heureusement fut très-prolixe dans ses réponses. Le comte et monsieur de Chessel s'entretinrent de leurs affaires. J'avais peur que monsieur de Mortsauf ne vantât sa voiture et son attelage, mais il fut d'un goût parfait. Son voisin le questionna sur les travaux qu'il entreprenait à la Cassine et à la Rhétorière. En entendant la demande, je regardai le comte en croyant qu'il s'abstiendrait d'un sujet de conversation si fatal en souvenirs, si cruellement amer pour lui; mais il prouva combien il était urgent d'améliorer l'état de l'agriculture dans le canton, de bâtir de belles fermes dont les locaux fussent sains et salubres; enfin, il s'attribua glorieusement les idées de sa femme. Je contemplai la comtesse en rougissant. Ce manque de délicatesse chez un homme qui dans certaines occasions en montrait tant, cet oubli de la scène mortelle, cette adoption des idées contre lesquelles il s'était si violemment élevé, cette croyance en soi me pétrifiaient.

Quand monsieur de Chessel lui dit : — Croyez-vous pouvoir retrouver vos dépenses?

— Au delà! fit-il avec un geste affirmatif.

De semblables crises ne s'expliquaient que par le mot *démence*. Henriette, la céleste créature, était radieuse. Le comte ne paraissait-il pas homme de sens, bon administrateur, excellent agronome, elle caressait avec ravissement les cheveux de Jacques, heureuse pour elle, heureuse pour son fils ! Quel comique horrible, quel drame railleur ! j'en fus épouvanté. Plus tard, quand le rideau de la scène sociale se releva pour moi, combien de Mortsauf n'ai-je pas vus, moins les éclairs de loyauté, moins la religion de celui-ci ! Quelle singulière et mordante puissance est celle qui perpétuellement jette au fou un ange, à l'homme d'amour sincère et poétique une femme mauvaise, au petit la grande, à ce magot une belle et sublime créature; à lady Brandon le colonel Franchessini, à la noble Juana de Mancini le capitaine Diard de qui vous avez su l'histoire à Bordeaux, à madame de Beauséant M. d'Ajuda, à madame d'Aiglemont son mari ? J'ai cherché longtemps le sens de cette énigme, je vous l'avoue. J'ai fouillé bien des mystères, j'ai découvert la raison de plusieurs lois naturelles, le sens de quelques hiéroglyphes divins; de celui-ci, je ne sais rien, je l'étudie toujours comme une figure du casse-tête indien dont les brames se sont réservé la construction symbolique. Ici le génie du mal est trop visiblement le maître, et je n'ose accuser Dieu. Malheur sans remède, qui donc s'amuse à vous tisser ? Henriette et son Philosophe Inconnu auraient-ils donc raison ? leur mysticisme contiendrait-il le sens général de l'humanité !

Les derniers jours que je passai dans ce pays furent ceux de l'automne effeuillée, jours obscurcis de nuages qui parfois cachèrent le ciel de la Touraine, toujours si pur et si chaud dans cette belle saison. La veille de mon départ, madame de Mortsauf m'emmena sur sa terrasse, avant le dîner.

— Mon cher Félix, me dit-elle après un tour fait en silence sous les arbres dépouillés, vous allez entrer dans le monde, et je veux vous y accompagner en pensée. Ceux qui ont beaucoup souffert ont beaucoup vécu, ne croyez pas que les âmes solitaires ne sachent rien de ce monde, elles le jugent. Si je dois vivre par mon ami, je ne veux être mal à l'aise ni dans son cœur ni dans sa conscience ; au fort du combat il est bien difficile de se souvenir de toutes les règles, permettez-moi de vous donner quelques enseignements de mère à fils. Le jour de votre départ je vous remettrai, cher enfant ! une longue lettre où vous trouverez mes pensées de femme sur le monde, sur les hommes, sur la manière d'aborder les difficultés dans ce grand remuement d'intérêts. Promettez-moi de ne la lire qu'à Paris ? Ma prière est l'expression d'une de ces fantaisies de sentiment qui sont notre secret à nous autres femmes ; je ne crois pas qu'il soit impossible de la comprendre, mais peut-être serions-nous chagrines de la savoir comprise ; laissez-moi ces petits sentiers où la femme aime à se promener seule.

— Je vous le promets, lui dis-je en lui baisant les mains.

— Ah ! dit-elle, j'ai encore un serment à vous demander ; mais engagez-vous d'avance à le souscrire.

— Oh ! oui, lui dis-je en croyant qu'il allait être question de fidélité.

— Il ne s'agit pas de moi, reprit-elle en souriant avec amertume. Félix, ne jouez jamais dans quelque salon que ce puisse être ; je n'excepte celui de personne.

— Je ne jouerai jamais, lui répondis-je.

— Bien, dit-elle. Je vous ai trouvé un meilleur usage du temps que vous dissiperez au jeu ; vous verrez que là où les autres doivent perdre tôt ou tard, vous gagnerez toujours.

— Comment ?

— La lettre vous le dira, répondit-elle d'un air enjoué qui ôtait à ses recommandations le caractère sérieux dont les grands parens accompagnent les leurs.

La comtesse me parla pendant une heure environ et me prouva la profondeur de son affection en me révélant avec quel soin elle m'avait étudié pendant ces trois derniers mois ; elle entra dans les derniers replis de mon cœur, en tâchant d'y appliquer le sien ; son accent était varié, convaincant ; ses paroles tombaient d'une lèvre maternelle, et montraient autant par le ton que par la substance combien de liens nous attachaient déjà l'un à l'autre.

— Si vous saviez, dit-elle en finissant, avec quelles anxiétés je vous suivrai dans votre route, quelle joie si vous allez droit ; quels pleurs si vous vous heurtez à des angles ! Croyez-moi, mon affection est sans égale ; elle est à la fois involontaire et choisie. Ah ! je voudrais vous voir heureux, puissant, considéré, vous qui serez pour moi comme un rêve animé.

Elle me fit pleurer. Elle était à la fois douce et terrible ; son sentiment se mettait trop audacieusement à découvert, il était trop pur pour permettre le moindre espoir au jeune homme altéré de plaisir. En retour de ma chair laissée en lambeaux dans son cœur, elle me versait les lueurs incessantes et incorruptibles de ce divin amour qui ne satisfaisait que l'âme. Elle montait à des hauteurs où les ailes diaprées de l'amour qui me fit dévorer ses épaules ne pouvaient me porter; pour arriver près d'elle, un homme devait avoir conquis les ailes blanches du séraphin.

En toutes choses, lui dis-je, je penserai : que dirait mon Henriette?

— Bien, je veux être l'étoile et le sanctuaire, dit-elle en faisant allusion aux rêves de mon enfance et cherchant à m'en offrir la réalisation pour tromper mes désirs.

— Vous serez ma religion et ma lumière, vous serez tout, m'écriai-je.

— Non, répondit-elle, je ne puis être la source de vos plaisirs.

Elle soupira, et me jeta le sourire des peines secrètes, ce sourire de l'esclave un moment révolté. Dès ce jour, elle fut non pas la bien aimée, mais la plus aimée; elle ne fut pas dans mon cœur comme une femme qui veut une place, qui s'y grave par le dévouement ou par l'excès du plaisir; non, elle eut tout le cœur, et fut quelque chose de nécessaire au jeu des muscles; elle devint ce qu'était la Béatrix du poëte Florentin, la Laure sans tache du poëte Vénitien, la mère des grandes pensées, la cause inconnue des résolutions qui sauvent, le soutien de l'avenir, la lumière qui brille dans l'obscurité comme le lys dans les feuillages sombres. Oui, elle dicta ces hautes déterminations qui coupent la part au feu, qui restituent la chose en péril; elle m'a donné cette constance à la Coligny pour vaincre les vainqueurs, pour renaître de la défaite, pour lasser les plus forts lutteurs.

Le lendemain, après avoir déjeuné à Frapesle et fait mes adieux à mes hôtes si complaisants à l'égoïsme de mon amour, je me rendis à Clochegourde. Monsieur et madame de Mortsauf avaient projeté de me reconduire à Tours, d'où je devais partir dans la nuit pour Paris. Pendant ce chemin la comtesse fut affectueusement muette, elle prétendit d'abord avoir la migraine; puis elle rougit de ce mensonge et le pallia soudain en disant qu'elle ne me voyait point partir sans regret. Le comte m'invita à venir chez lui, quand en l'absence des Chessel j'aurais l'envie de voir la vallée de l'Indre. Nous nous séparâmes héroïquement, sans larmes apparentes; mais comme quelques enfants maladifs, Jacques eut un mouvement de sensibilité qui lui fit répandre quelques larmes, tandis que Madeleine, déjà femme, serrait la main de sa mère.

— Cher petit! dit la comtesse en baisant Jacques avec passion.

Quand je me trouvai seul à Tours, il me prit après le dîner une de ces rages inexpliquées que l'on n'éprouve qu'au jeune âge. Je louai un cheval et franchis en cinq quarts d'heures la distance entre Tours et Pont-de-Ruan. Là, honteux de montrer ma folie, je courus à pied dans le chemin, et j'arrivai comme un espion, à pas de loup, sous la terrasse. La comtesse n'y était pas, j'imaginai qu'elle souffrait; j'avais gardé la clef de la petite porte, j'entrai; elle descendait en ce moment le perron avec ses deux enfants pour venir respirer, triste et lente, la douce mélancolie empreinte sur ce paysage, au coucher du soleil.

— Ma mère, voilà Félix, dit Madeleine.

— Oui, moi, lui dis-je à l'oreille. Je me suis demandé pourquoi j'étais à Tours, quand il m'était encore facile de vous voir. Pourquoi ne pas accomplir un désir que dans huit jours je ne pourrai plus réaliser ?

— Il ne nous quitte pas, ma mère, cria Jacques en sautant à plusieurs reprises.

— Tais-toi donc, dit Madeleine, tu vas attirer ici le général.

— Ceci n'est pas sage, reprit-elle; quelle folie!

Cette consonnance dite dans les larmes par sa voix, quel paiement de ce qu'on devrait appeler les calculs usuraires de l'amour !

— J'avais oublié de vous rendre cette clef, lui dis-je en souriant.

— Vous ne reviendrez donc plus ? dit-elle.

— Est-ce que nous nous quittons, demandai-je en lui jetant un regard qui lui fit abaisser ses paupières pour voiler sa muette réponse.

Je partis après quelques moments passés dans une de ces heureuses stupeurs des âmes arrivées là où finit l'exaltation et où commence la folle extase. Je m'en allai d'un pas lent, en me retournant sans cesse. Quand au sommet du plateau je contemplai la vallée une dernière fois, je fus saisi du contraste qu'elle m'offrit en la comparant à ce qu'elle était quand j'y vins : ne verdoyait-elle pas, ne flambait-elle pas alors comme flambaient, comme verdoyaient mes désirs et mes espérances ? Initié maintenant aux sombres et mélancoliques mystères d'une famille, partageant les angoisses d'une Niobé chrétienne, triste comme elle, l'âme rembrunie, je trouvais en ce moment la vallée au ton de mes idées. En ce moment les champs étaient dépouillés, les feuilles des peupliers tombaient, et celles qui restaient avaient la couleur de la rouille ; les pampres étaient brûlés, la cime des bois offrait les teintes graves de cette couleur *tannée* que jadis les rois adoptaient pour leur costume et qui cachait la pourpre du pouvoir sous le brun des chagrins. Toujours en harmonie avec mes pensées, la vallée où se mouraient les rayons jaunes d'un soleil tiède, me présentait encore une vivante image de mon âme.

Quitter une femme aimée est une situation horrible ou simple, selon les natures ; moi je me trouvai soudain comme dans un pays étranger dont j'ignorais la langue ; je ne pouvais me prendre à rien, en voyant des choses auxquelles je ne sentais plus mon âme attachée. Alors l'étendue de mon amour se déploya, et ma chère Henriette s'éleva de toute sa hauteur dans ce désert où je ne vécus que par son souvenir. Elle fut une figure si religieusement adorée que je résolus de rester sans souillure en présence de ma divinité secrète, et me revêtis idéalement de la robe blanche des lévites, imitant ainsi Pétrarque qui ne se présenta jamais devant Laure de Noves qu'entièrement habillé de blanc.

Avec quelle impatience j'attendis la première nuit où, de retour chez mon père, je pourrais lire cette lettre que je touchais durant le voyage, comme un avare tâte une somme en billets qu'il est forcé de porter sur lui. Pendant la nuit, je baisais le papier sur lequel Henriette avait manifesté ses volontés, où je devais reprendre les mystérieuses effluves échappées de sa main, d'où les accentuations de sa voix s'élanceraient dans mon entendement recueilli. Je n'ai jamais lu ses lettres, que comme je lus la première, au lit et au milieu d'un silence absolu ; je ne sais pas comment on peut lire autrement les lettres écrites par une personne aimée ; cependant il est des hommes indignes d'être aimés qui mêlent la lecture de ces lettres aux préoccupations du jour, la quittent et la reprennent avec une odieuse tranquillité.

Voici, Natalie, l'adorable voix qui tout à coup retentit dans le silence de la nuit, voici la sublime figure qui se dressa pour me montrer du doigt le vrai chemin dans le carrefour où j'étais arrivé.

« Quel bonheur, mon ami, d'avoir à rassembler les éléments épars de mon expérience pour vous la transmettre et vous en armer contre les dangers du monde à travers lequel vous devrez vous conduire habilement! J'ai ressenti les plaisirs permis de l'affection maternelle, en m'occupant de vous durant quelques nuits. Pendant que j'écrivais ceci, phrase à phrase, en me transportant par avance dans la vie que vous mènerez, j'allais parfois à ma fenêtre ; en voyant de là les tours de Frapesle éclairées par la lune, souvent je me disais : « Il dort, et je veille pour lui ! » Sensations charmantes qui m'ont rappelé les premiers bonheurs de ma vie, alors que je contemplais Jacques endormi dans son berceau, en attendant son réveil pour lui donner mon lait. N'êtes-vous pas un homme-enfant de qui l'âme doit être réconfortée par quelques préceptes dont vous n'avez pu vous nourrir dans ces affreux colléges où vous avez tant souffert; mais que, nous autres femmes, avons le privilége de vous présenter. Ce sont des riens; mais ils influent sur vos succès, il les préparent et les consolident. Ne sera-ce pas une maternité spirituelle que cet engendrement du système auquel un homme doit rapporter les actions de sa vie, une maternité bien comprise par l'enfant? Cher Félix, laissez-moi, quand même je commettrais ici quelques erreurs, imprimer à notre amitié le désintéressement qui la sanctifiera : vous livrer au monde, n'est-ce pas renoncer à vous; mais je vous aime assez pour sacrifier mes jouissances à votre bel avenir. Depuis bientôt quatre mois vous m'avez fait étrangement réfléchir aux lois et aux mœurs qui régissent notre époque. Les conversations que j'ai eues avec ma tante, et dont le sens vous appartient, à vous qui la remplacez! les événemens de sa vie que M. de Mortsauf m'a racontés; les paroles de mon père à qui la cour fut si familière; les plus grandes comme les plus petites circonstances, tout a surgi dans ma mémoire au profit de mon enfant adoptif que je vois prêt à se lancer au milieu des hommes, presque seul; prêt à se diriger sans conseil dans un pays ou plusieurs périssent par leurs bonnes qualités étourdiment déployées, ou certains réunissent par leurs mauvaises bien employées.

Avant tout, méditez l'expression concise de mon opinion sur la société considérée dans son ensemble, car avec vous, peu de paroles suffisent. J'ignore si les sociétés sont d'origine divine ou si elles sont inventées par l'homme, j'ignore également en quel sens elles se meuvent; ce qui me semble certain, est leur existence; dès que vous les acceptez, au lieu de vivre à l'écart, vous devez en tenir les conditions constitutives pour bonnes; entre elles et vous, demain il se signera comme un contrat. La société d'aujourd'hui se sert-elle plus de l'homme qu'elle ne lui profite? je le crois; mais que l'homme y trouve plus de charges que de bénéfices, ou qu'il achète trop chèrement les avantages qu'il en recueille, ces questions regardent les législateurs et non l'individu. Selon moi, vous devez donc obéir en toute chose à la loi générale, sans la discuter, qu'elle blesse ou flatte votre intérêt. Quelque simple que puisse vous paraître ce principe, il est difficile en ses applications; il est comme une séve qui doit s'infiltrer dans les moindres tuyaux capillaires pour vivifier l'arbre, lui conserver sa verdure, développer ses fleurs, et bonifier ses fruits si magnifiquement qu'il excite une admiration générale. Cher, les lois ne sont pas toutes écrites dans un livre, les mœurs aussi créent des lois, les plus importantes sont les moins connues; il n'est ni professeurs, ni traités, ni école pour ce droit qui régit vos actions, vos discours, votre vie extérieure, la manière de vous présenter au monde ou d'aborder la fortune. Faillir à ces lois secrètes, c'est rester au fond de l'état social au lieu de le dominer. Quand même cette lettre ferait de fréquents pléonasmes avec vos pensées, laissez-moi donc vous confier ma politique de femme.

Expliquer la société par la théorie du bonheur individuel pris avec adresse aux dépens de tous, est une doctrine fatale dont les déductions sévères amènent l'homme à croire que tout ce qu'il s'attribue secrètement sans que la loi, le monde ou l'individu s'aperçoivent d'une lésion, est bien et dûment acquis. D'après cette charte, le voleur habile est absous, la femme qui manque à ses devoirs sans qu'on en sache rien, est heureuse et sage; tuez un homme sans que la justice en ait une seule preuve, si vous conquérez ainsi quelque diadème à la Macbeth, vous avez bien agi; votre intérêt devient une loi suprême, la question consiste à tourner, sans témoins ni preuves, les difficultés que les mœurs et les lois mettent entre vous et vos satisfactions. A qui voit ainsi la société, le problème que constitue une fortune à faire, mon ami, se réduit à jouer une partie dont les enjeux sont un million ou le bagne, une position politique ou le déshonneur. Encore le tapis vert n'a-t-il pas assez de drap pour tous les joueurs, et faut-il une sorte de génie pour combiner un coup. Je ne vous parle ni de croyances religieuses, ni de sentiments; il s'agit ici des rouages d'une machine d'or et de fer, et de ses résultats immédiats dont s'occupent les hommes. Cher enfant de mon cœur, si vous partagez mon horreur envers cette théorie de criminels, la société ne s'expliquera donc à vos yeux que comme elle s'explique dans tout entendement sain, par la théorie des devoirs. Oui, vous vous vous devez les uns aux autres sous mille for-

mes diverses. Selon moi, le duc et pair se doit bien
plus à l'artisan ou au pauvre, que le pauvre et
l'artisan ne se doivent au duc et pair. Les obligations contractées s'accroissent en raison des bénéfices que la société présente à l'homme; principe vrai en commerce comme en politique, car la
gravité des soins est partout en raison de l'étendue des profits. Chacun paie sa dette à sa manière.
Quand notre pauvre homme de la Rhétorière vient
se coucher fatigué de ses labours, croyez-vous qu'il
n'ait pas rempli des devoirs; il a certes mieux ac-
compli les siens que beaucoup de gens haut placés.
En considérant ainsi la société dans laquelle vous
voudrez une place en harmonie avec votre intelligence et vos facultés, vous avez donc à poser,
comme principe générateur, cette maxime : ne se
rien permettre ni contre votre conscience ni contre
la conscience publique. Quoique mon insistance
puisse vous sembler superflue, je vous supplie, oui,
votre Henriette vous supplie de bien peser le sens
de ces deux paroles. Simples en apparence, elles
signifient, cher, que la droiture, l'honneur, la
loyauté, la politesse sont les instruments les plus
sûrs et les plus prompts de votre fortune. Dans ce
monde égoïste, une foule de gens vous diront que
l'on ne fait pas son chemin par les sentiments, que
les considérations morales trop respectées retardent
leur marche; vous verrez des hommes mal élevés,
mal appris ou incapables de toiser l'avenir, froisser
un petit, se rendre coupables d'une impolitesse envers une vieille femme, refuser de s'ennuyer un moment avec quelque bon vieillard, sous prétexte

qu'ils ne leur sont utiles à rien ; plus tard vous apercevrez ces hommes accrochés à des épines qu'ils n'auront pas épointées, et manquer leur fortune pour un rien ; tandis que l'homme rompu de bonne heure à cette théorie des devoirs, ne rencontrera point d'obstacles ; peut-être arrivera-t-il moins promptement, mais sa fortune sera solide et restera quand celle des autres croulera !

Quand je vous dirai que l'application de cette doctrine exige avant tout la science des manières, vous trouverez peut-être que ma jurisprudence sent un peu la cour et les renseignements que j'ai reçus dans la maison de Lenoncourt. O mon ami, j'attache la plus grande importance à cette instruction, si petite en apparence. Les habitudes de la grande compagnie vous sont aussi nécessaires que peuvent l'être les connaissances étendues et variées que vous possédez ; elles les ont souvent suppléées : certains ignorants en fait, mais doués d'un esprit naturel, habitués à mettre de la suite dans leurs idées, sont arrivés à une grandeur qui fuyait de plus dignes qu'eux. Je vous ai bien étudié, Félix, afin de savoir si votre éducation, prise en commun dans les collèges, n'avait rien gâté chez vous. Avec quelle joie ai-je reconnu que vous pouviez acquérir le peu qui vous manque, Dieu seul le sait ! Chez beaucoup de personnes élevées dans ces traditions, les manières sont purement extérieures ; car la politesse exquise, les belles façons viennent du cœur et d'un grand sentiment de dignité personnelle ; voilà pourquoi malgré leur éducation quelques nobles ont mauvais ton, tandis que certaines personnes d'extraction bourgeoise ont naturellement bon goût, et n'ont plus qu'à prendre quelques leçons pour se donner, sans imitation gauche, d'excellentes manières. Croyez-en une pauvre femme qui ne sortira jamais de sa vallée, ce ton noble, cette simplicité gracieuse empreinte dans la parole, dans le geste, dans la tenue et jusque dans la maison, constitue comme une poésie physique dont le charme est irrésistible ; jugez de sa puissance quand elle prend sa source dans le cœur. La politesse, cher enfant, consiste à paraître s'oublier pour les autres; chez beaucoup de gens, elle est une grimace sociale qui se dément aussitôt que l'intérêt trop froissé montre le bout de l'oreille, un grand devient alors ignoble. Mais, et je veux que vous soyez ainsi, Félix, la vraie politesse implique une pensée chrétienne ; elle est comme une fleur de la charité, et consiste à s'oublier réellement ; en souvenir d'Henriette, ne soyez donc pas une fontaine sans eau, ayez l'esprit et la forme ! Ne craignez pas d'être souvent la dupe de cette vertu sociale, tôt ou tard vous recueillerez le fruit de tant de grains en apparence jetés au vent. Mon père a remarqué jadis qu'une des façons les plus blessantes dans la politesse mal entendue est l'abus des promesses. Quand il vous sera demandé quelque chose que vous ne sauriez faire, refusez net, en ne laissant aucune fausse espérance ; puis accordez promptement ce que vous voulez octroyer : vous acquerrez ainsi la grâce du refus et la grâce du bienfait, double loyauté qui relève merveilleusement un caractère. Je ne sais si l'on ne nous en veut pas plus d'un espoir déçu qu'on ne nous sait gré d'une faveur. Surtout, mon ami, car ces petites choses sont bien dans mes attributions, et je puis m'appesantir sur ce que je crois savoir, ne soyez ni confiant, ni banal, ni empressé, trois écueils ! La trop grande confiance diminue le respect, la banalité nous vaut le mépris, le zèle nous rend excellents à exploiter. Et d'abord, cher enfant, vous n'aurez pas plus de deux ou trois amis dans le cours de votre existence, votre entière confiance est leur bien; la donner à plusieurs, n'est-ce pas les trahir? Si vous vous liez avec quelques hommes plus intimement qu'avec d'autres, soyez donc discret sur vous-même, soyez toujours réservé comme si vous deviez les avoir un jour pour compétiteurs, pour adversaires ou pour ennemis; les hasards de la vie le voudront ainsi. Gardez donc une attitude qui ne soit ni froide ni chaleureuse, sachez trouver cette ligne moyenne sur laquelle un homme peut demeurer sans rien compromettre. Oui, croyez que le galant homme est aussi loin de la lâche complaisance de Philinte que de l'âpre vertu d'Alceste. Le génie du poëte comique brille dans l'indication du milieu vrai que saisissent les spectateurs nobles; certes, tous pencheront plus vers les ridicules de la vertu que vers le souverain mépris caché sous la bonhomie de l'égoïsme; mais ils sauront se préserver de l'un et de l'autre. Quant à la banalité, si elle fait dire de vous par quelques niais, que vous êtes un homme charmant, les gens habitués à sonder, à évaluer les capacités humaines, déduiront votre tare et vous serez promptement déconsidéré, car la banalité est la ressource des gens faibles; or les faibles sont malheureusement méprisés par une société qui ne voit dans chacun de ses membres que des organes; peut-être d'ailleurs a-t-elle raison; la nature condamne à mort les êtres imparfaits. Aussi peut-être les touchantes protections de la femme sont-elles engendrées par le plaisir qu'elle trouve à lutter contre une force aveugle, à faire triompher l'intelligence du cœur sur la brutalité de la matière. Mais la société, plus marâtre que mère, adore les enfants qui flattent sa vanité. Quant au zèle, cette première et sublime erreur de la jeunesse qui trouve un contentement réel à déployer ses forces et commence ainsi par être dupe d'elle-même, avant de l'être d'autrui; gardez-le pour vos sentiments partagés, gardez-le pour la femme et pour Dieu. N'apportez ni au monde ni aux spéculations de la politique des trésors en l'échange desquels ils vous rendront des verroteries. Vous devez croire la voix qui vous commande la noblesse en toute chose, alors qu'elle vous supplie de ne pas vous prodiguer inutilement, car malheureusement les hommes vous estiment en raison de votre utilité, sans tenir compte de votre valeur. Pour employer une image qui se grave en votre esprit poétique, que le chiffre soit d'une grandeur démesurée, tracé en or, écrit au crayon, ce ne sera jamais qu'un chiffre. Comme l'a dit un homme de cette époque : « n'ayez jamais de zèle! » Le zèle effleure la duperie, il cause des mécomptes; vous ne trouveriez jamais au-dessus de vous une chaleur en harmonie avec la vôtre : les rois comme les femmes croient que tout leur est dû. Quelque triste que soit ce principe, il est vrai, mais ne déflore point l'âme. Placez vos sentiments purs en des lieux inaccessibles où leurs fleurs soient passionnément admirées, où l'artiste rêvera presque amoureusement au chef-d'œuvre. Les devoirs, mon ami, ne sont pas des sentiments; faire ce qu'on doit, n'est pas faire ce qui plaît; un homme doit aller mourir froidement pour son pays et peut donner avec bonheur sa vie à une femme. Une des règles les plus importantes de la science des manières, est un silence presque absolu sur vous-même. Donnez-vous la comédie, quelque jour, de parler de vous-même à des gens de simple connaissance? Entretenez-les de vos souffrances, de vos plaisirs ou de vos affaires? vous verrez l'indifférence succéder à l'intérêt joué; puis l'ennui venu, si la maîtresse du logis ne vous interrompt poliment, chacun s'éloignera sous des prétextes habilement saisis. Mais voulez-vous grouper autour de vous toutes les sympathies, passer pour un homme aimable et spirituel, d'un commerce sûr, entretenez-les d'eux-mêmes? cherchez un moyen de les mettre en scène, même en soulevant des questions en apparence inconciliables avec les individus, les fronts s'animeront, les bouches vous souriront, et quand vous serez parti, chacun fera votre éloge. Votre conscience et la voix du cœur vous diront la limite où commence la lâcheté des flatteries, où finit la grâce de la conversation. Encore un mot sur les discours publics. Mon ami, la jeunesse est toujours encline à je ne sais quelle promptitude de jugement qui lui fait honneur, mais qui la dessert; de là venait le silence imposé par l'éducation d'autrefois aux jeunes gens qui faisaient auprès des grands un stage pendant lequel ils étudiaient la vie; car, autrefois, la Noblesse comme l'Art avait ses apprentis, ses pages dévoués aux maîtres qui les nourrissaient. Aujourd'hui la jeunesse possède une science de serre chaude, partant tout acide, qui la porte à juger avec sévérité les actions, les pensées et les écrits; elle tranche avec le fil d'une lame qui n'a pas encore servi. N'ayez pas ce travers! vos arrêts seraient des censeurs qui blesseraient beaucoup de personnes autour de vous; et toutes pardonneront moins peut-être une blessure secrète qu'un tort que vous vous donneriez publiquement. Les jeunes gens sont sans indulgence, parce qu'ils ne connaissent rien de la vie ni de ses difficultés; le vieux critique est bon et doux; le jeune critique est implacable; celui-ci ne sait rien; celui-là sait tout. D'ailleurs, il est au fond de toutes les actions humaines un labyrinthe de raisons déterminantes, desquelles Dieu s'est réservé le jugement définitif. Ne soyez sévère que pour vous-même. Votre fortune est devant vous, mais personne en ce monde ne peut faire la sienne sans aide; pratiquez donc la maison de mon père, l'entrée vous en est acquise; les relations que vous vous y créerez vous serviront en mille occasions; mais n'y cédez pas un pouce de terrain à ma mère, elle écrase celui qui s'abandonne et admire la fierté de celui qui lui résiste; elle ressemble au fer qui, battu, peut se joindre au fer, mais qui brise par son contact tout ce qui n'a pas sa dureté. Cultivez donc ma mère ; si elle vous veut du bien, elle vous introduira dans les salons où vous acquerrez cette fatale science du monde, l'art d'écouter, de parler, de répondre, de vous présenter de sortir; le langage précis, ce *je ne sais quoi* qui n'est pas plus la supériorité que l'habit ne constitue le génie, mais sans lequel le plus beau talent ne sera jamais admis. Je vous connais assez pour être sûre de ne me faire aucune illusion en vous voyant par avance comme je souhaite que vous soyez : simple dans vos manières, doux de ton, fier sans fatuité, respectueux près des vieillards, prévenant sans servilité, discret surtout. Deployez votre esprit, mais ne servez pas d'amusement aux autres ; car, sachez bien que si votre supériorité froisse un homme médiocre, il se taira, puis il dira de vous : — Il est très-amusant! » terme de mépris. Que votre supériorité soit toujours léonine. Ne cherchez pas d'ailleurs à complaire aux hommes. Dans vos relations avec eux, je vous recommande une froideur qui puisse arriver jusqu'à cette impertinence dont ils ne peuvent se fâcher; tous respectent celui qui les dédaigne ; et ce dédain vous conciliera la faveur de toutes les femmes qui vous estimeront en raison du peu de cas que vous ferez des hommes. Ne souffrez jamais près de vous des gens déconsidérés, quand même ils ne mériteraient pas leur réputation, car le monde nous demande également compte de nos amitiés et de nos haines ; à cet égard, que vos jugements soient longtemps et mûrement pesés, mais qu'ils soient irrévocables. Quand les hommes repoussés par vous auront justifié votre répulsion, votre estime sera recherchée; ainsi vous inspirerez ce respect tacite qui grandit un homme parmi les hommes. Vous voilà donc armé de la jeunesse qui plaît, de la grâce qui séduit, de la sagesse qui conserve les conquêtes. Tout ce que je viens de vous dire, peut se résumer par un vieux mot : *noblesse oblige!*

Maintenant appliquez ces préceptes à la politique des affaires. Vous entendrez plusieurs personnes disant que la finesse est l'élément du succès, que le moyen de percer la foule est de diviser les hommes pour se faire faire place. Mon ami, ces principes étaient bons au moyen-âge, quand les princes avaient des forces rivales à détruire les unes par les autres; mais aujourd'hui tout est à jour, et ce système vous rendrait de fort mauvais services. En effet, vous rencontrerez devant vous, soit un homme loyal et vrai, soit un ennemi traître, un homme qui procédera par la calomnie, par la médisance, par la fourberie. Eh bien! sachez que vous n'avez pas de plus puissant auxiliaire que celui-ci, l'ennemi de cet homme est lui-même; vous pouvez le combattre en vous servant d'armes loyales, il sera tôt ou tard méprisé. Quant au premier, votre franchise vous conciliera son estime; et, vos intérêts conciliés (car tout s'arrange) il vous servira. Ne craignez pas de vous faire des ennemis, malheur à qui n'en a pas dans le monde où vous allez; mais tâchez de ne donner prise ni au ridicule ni à la déconsidération; je dis tâchez, car à Paris un homme ne s'appartient pas toujours, il est soumis à de fatales circonstances; vous n'y pourrez éviter ni la boue du ruisseau, ni la tuile qui tombe; la morale a ses ruisseaux d'où les gens déshonorés essaient de faire jaillir sur les plus nobles personnes la boue dans laquelle ils se noient ; mais vous pouvez toujours vous faire respecter en vous montrant dans toutes les sphères implacable dans vos dernières déterminations. Dans ce conflit d'ambitions, au milieu de ces difficultés entrecroisées, allez toujours droit au fait, marchez résolument à la question, et ne vous battez jamais que sur un point, avec toutes vos forces. Vous savez combien monsieur de Mortsauf haïssait Napoléon, il le poursuivait de sa malédiction, il veillait sur lui comme la justice sur le criminel, il lui redemandait tous les soirs le duc d'Enghien, la seule infortune, seule mort qui lui ait fait verser des larmes ; eh bien ! il l'admirait comme le plus hardi des capitaines, il m'en a souvent expliqué la tactique. Cette stratégie ne peut-elle donc s'appliquer dans la guerre des intérêts, elle y économiserait le temps, comme l'autre économisait les hommes et l'espace ; songez à ceci, car une femme se trompe souvent en ces choses que nous jugeons par instinct et par sentiment. Je puis insister sur un point : toute finesse, toute tromperie est découverte, et finit par nuire ; tandis que toute situation me paraît être moins dangereuse quand un homme se place sur le terrain de la franchise. Si je pouvais citer mon exemple, je vous dirais qu'à Clochegourde, forcée par le caractère de monsieur de Mortsauf à prévenir tout litige, à faire arbitrer immédiatement les contestations qui seraient pour lui comme une maladie dans laquelle il se complairait en y succombant, j'ai toujours tout terminé moi-même en allant droit au nœud, et disant à l'adversaire : Dénouons et coupons? Il vous arrivera souvent d'être utile aux autres, de leur rendre service, et vous en serez peu récompensé; mais n'imitez pas ceux qui se plaignent des hommes, et se vantent de ne trouver que des ingrats. N'est-ce pas se mettre sur un piédestal, puis n'est-il pas un peu niais d'avouer son peu de connaissance du monde; mais ferez-vous le bien comme un usurier prête son argent? ne le ferez-vous pas pour le bien en lui-même? *Noblesse oblige!* Néanmoins ne rendez pas de tels services que vous forciez les gens à l'ingratitude, car ceux-là deviendraient pour vous d'irréconciliables ennemis : il y a le désespoir de l'obligation, comme le désespoir de la ruine qui prête des forces incalculables. Quant à vous, acceptez le moins que vous pourrez des autres; ne soyez le vassal d'aucune âme, ne relevez que de vous-même. Je ne vous donne d'avis, mon ami, que sur les petites choses de la vie; dans le monde politique, tout change d'aspect; les règles qui régissent votre personne fléchissent devant les grands intérêts. Mais si vous parveniez à la sphère où se meuvent les grands hommes, vous seriez, comme Dieu, seul juge de vos résolutions. Alors, vous ne serez plus un homme, vous serez la loi vivante; vous ne serez plus un individu, vous vous serez incarné la nation. Mais si vous jugez, vous serez jugé aussi; plus tard vous comparaîtrez devant les siècles, et vous savez assez l'histoire pour avoir apprécié les sentiments et les actes qui engendrent la vraie grandeur.

J'arrive à la question grave, à votre conduite

auprès des femmes. Dans les salons où vous irez, ayez pour principe de ne pas vous prodiguer en vous livrant au petit manége de la coquetterie. Un des hommes qui, dans l'autre siècle, eurent le plus de succès, avait l'habitude de ne jamais s'occuper que d'une seule personne dans la même soirée, et de s'attacher à celles qui paraissent négligées. Cet homme, cher enfant, a dominé son époque; il avait sagement calculé que, dans un temps donné, son éloge serait obstinément fait par tout le monde. La plupart des jeunes gens perdent au jeu leur plus précieuse fortune, le temps nécessaire pour se créer des relations qui sont la moitié de la vie sociale; comme ils plaisent par eux-mêmes, ils ont peu de choses à faire pour qu'on s'attache à leurs intérêts, mais ce printemps est rapide, sachez le bien employer. Cultivez donc les femmes influentes : les femmes influentes sont les vieilles femmes, elles vous apprendront les alliances, les secrets de toutes les familles, et les chemins de traverse qui peuvent vous mener rapidement au but; elles seront à vous de cœur; la protection est leur dernier amour quand elles ne sont pas dévotes; elles vous serviront merveilleusement, elles vous prôneront et vous rendront désirable. Fuyez les jeunes femmes! Ne croyez pas qu'il y ait le moindre intérêt personnel dans ce que je vous dis? La femme de cinquante ans fera tout pour vous, la femme de vingt ans rien; celle-ci veut toute votre vie, l'autre ne vous demandera qu'un moment, une attention. Raillez les jeunes femmes, prenez d'elles tout en plaisanterie, car elles sont incapables d'avoir une pensée sérieuse. Les jeunes femmes, mon ami, sont égoïstes, petites, sans amitié vraie, elles n'aiment qu'elles, elles vous sacrifieraient à un succès. D'ailleurs, toutes veulent du dévouement, et votre situation exigera qu'on en ait pour vous ; ce seraient deux prétentions inconciliables. Aucune d'elles n'aura l'entente de vos intérêts, toutes penseront à elles et non à vous, toutes vous nuiront plus par leur vanité qu'elles ne vous serviront par leur attachement ; elles vous dévoreront sans scrupule votre temps, vous feront manquer votre fortune, vous détruiront de la meilleure grâce du monde. Si vous vous plaignez, la plus sotte d'entre elles vous prouvera que son gant vaut le monde, que rien n'est plus glorieux que de la servir. Toutes vous diront qu'elles donnent le bonheur, et vous feront oublier vos belles destinées : leur bonheur est muable, votre grandeur sera certaine. Vous ne savez pas avec quel art perfide elles s'y prennent pour satisfaire leurs fantaisies, pour convertir un goût passager en un amour qui commence sur la terre et doit se continuer dans le ciel. Le jour où elles vous quitteront, elles vous diront que le mot *je n'aime plus*, justifie l'abandon, comme le mot *j'aime* excusait leur amour, que l'amour est involontaire. Doctrine absurde, cher ! Croyez-le, le véritable amour est éternel, infini, toujours semblable à lui-même ; il est égal et pur, sans démonstrations violentes ; il se voit en cheveux blancs, jeune de cœur. Rien de ces choses ne se trouve parmi les femmes mondaines, elles jouent toutes la comédie : celle-là vous intéressera par ses malheurs, elle paraîtra la plus douce et la moins exigeante des femmes ; mais quand elle se sera rendue nécessaire, elle vous dominera lentement et vous fera faire ses volontés ; vous voudrez être diplomate, aller, venir, étudier les hommes, les intérêts, les pays ; non, vous resterez à Paris ou à sa terre, elle vous coudra malicieusement à sa jupe, et plus vous montrerez de dévouement, plus elle sera ingrate. Celle-là tentera de vous intéresser par sa soumission, elle se fera votre page, elle vous suivra romanesquement au bout du monde, elle se compromettra pour vous garder et sera comme une pierre à votre cou. Vous vous noierez un jour, et la femme surnagera. Les moins rusées des femmes ont des piéges infinis ; la plus imbécile triomphe par le peu de défiance qu'elle excite ; la moins dangereuse serait une femme galante qui vous aimerait sans savoir pourquoi, qui vous quitterait sans motif, et vous reprendrait par vanité. Mais toutes vous nuiront dans le présent ou dans l'avenir, car toute jeune femme qui va dans le monde, qui vit de plaisirs et de vaniteuses satisfactions, est une femme à demi corrompue qui vous corrompra. Là, ne sera pas la créature chaste et recueillie dans l'âme de laquelle vous régnerez toujours. Ah ! elle sera solitaire celle qui vous aimera : ses plus belles fêtes seront vos regards, elle vivra de vos paroles. Que cette femme soit donc pour vous le monde entier, car vous serez tout pour elle ; aimez-la bien, ne lui donnez ni chagrins, ni rivales, n'excitez pas sa jalousie. Être aimé, cher, être compris, est le plus grand bonheur, je souhaite que vous le goûtiez ; mais ne compromettez pas la fleur de votre âme, soyez bien sûr du cœur où vous placerez vos affections. Cette femme ne sera jamais elle, elle ne devra jamais penser à elle, mais à vous ; elle ne vous disputera rien, elle n'entendra jamais ses propres intérêts et saura flairer pour vous un danger là où vous n'en verrez point, là où elle oubliera le sien propre ; enfin si elle souffre, elle souffrira sans se plaindre, elle n'aura point de coquetterie personnelle, mais elle aura comme un respect de ce que vous aimerez en elle. Répondez à cet amour en le surpassant. Si vous êtes assez heureux pour rencontrer ce qui manquera toujours à votre pauvre amie, un amour également inspiré, également ressenti ; songez, quelle que soit la perfection de cet amour, que dans une vallée vivra pour vous une mère de qui le cœur est si creusé par le sentiment dont vous l'avez rempli, que vous n'en pourrez jamais trouver le fond ; oui, je vous porte une affection dont vous ne connaîtrez jamais l'étendue ; car, pour qu'elle se montre ce qu'elle est, il faudrait que vous eussiez perdu votre belle intelligence, et alors vous ne sauriez pas jusqu'où pourrait aller mon dévouement. Suis-je suspecte en vous disant d'éviter les jeunes femmes, toutes plus ou moins artificieuses, moqueuses, vaniteuses, futiles, gaspilleuses ; de vous attacher aux femmes influentes, à ces imposantes douairières, pleines de sens comme l'était ma tante, et qui vous serviront si bien, qui vous défendront contre les accusations secrètes en les détruisant, qui diront de vous ce que vous ne pourriez en dire vous-même. Enfin, ne suis-je pas généreuse en vous ordonnant de réserver vos adorations pour l'ange au cœur pur. Si ce mot *noblesse oblige* contient une grande partie de mes premières recommandations, mes avis sur vos relations avec les femmes sont aussi dans ce mot de chevalerie : *les servir toutes, n'en aimer qu'une.*

Votre instruction est immense, votre cœur conservé par la souffrance est resté sans souillure; tout est beau, tout est bien en vous, *veuillez donc!* Votre avenir est maintenant dans ce seul mot, le mot des grands hommes. N'est-ce pas, mon enfant, que vous obéirez à votre Henriette, que vous lui permettrez de continuer à vous dire ce qu'elle pense de vous et de vos rapports avec le monde : j'ai dans l'âme un œil qui voit l'avenir pour vous comme pour mes enfants, laissez-moi donc user de cette faculté, à votre profit, don mystérieux que m'a fait la paix de ma vie et qui, loin de s'affaiblir, s'entretient dans la solitude et le silence. Je vous demande en retour de me donner un grand bonheur : je veux vous voir grandir parmi les hommes, sans qu'un seul de vos succès me fasse plisser le front; je veux que vous mettiez promptement votre fortune à la hauteur de votre nom et pouvoir me dire que j'ai contribué mieux que par le désir à votre grandeur; cette secrète coopération est le seul plaisir que je puisse me permettre. J'attendrai. Je ne vous dis pas adieu. Nous sommes séparés, vous ne pouvez avoir ma main sous vos lèvres; mais vous devez bien avoir entrevu quelle place vous occupez dans mon cœur.   HENRIETTE.

Quand j'eus fini cette lettre, je sentais palpiter sous mes doigts un cœur maternel au moment où j'étais encore glacé par le sévère accueil de ma mère. Je devinai pourquoi la comtesse m'avait interdit en Touraine la lecture de cette lettre, elle craignait sans doute de voir ma tête à ses pieds et de les sentir mouillés par mes pleurs.

Je fis enfin la connaissance de mon frère Charles qui jusqu'alors avait été comme un étranger pour moi ; mais il eut dans ses moindres relations une morgue qui mettait trop de distance entre nous pour que nous nous aimassions en frères ; tous les sentiments doux reposent sur l'égalité des âmes, et il n'y eut entre nous aucun point de cohésion. Il m'enseignait doctoralement ces riens que l'esprit ou le cœur devinent ; à tout propos, il paraissait se défier de moi ; en affectant de croire que je ne savais rien, si je n'avais pas eu pour point d'appui mon amour, il m'eût rendu gauche et bête. Néanmoins il me présenta dans le monde où ma niaiserie devait faire valoir ses qualités. Sans les malheurs de mon enfance, j'aurais pu prendre sa vanité de protecteur pour de l'amitié fraternelle ; mais la solitude morale produit les mêmes effets que la solitude terrestre : le silence permet d'y apprécier les plus légers retentissements, et l'habitude de se réfugier en soi-même développe une sensibilité dont la délicatesse révèle les moindres nuances des affections qui nous touchent. Avant d'avoir connu madame de Mortsauf, un regard dur me blessait, l'accent d'un mot brusque me frappait au cœur ; j'en gémissais, mais sans rien savoir de la vie des caresses ; tandis qu'à mon retour de Clochegourde, je pouvais établir des comparaisons qui perfectionnaient ma science prématurée. L'observation qui repose sur les souffrances est incomplète ; le bonheur a sa lumière aussi. Je me laissai d'autant plus volontiers écraser sous la supériorité du droit d'aînesse, que je n'étais pas la dupe de Charles.

J'allai seul chez la duchesse de Lenoncourt où je n'entendis point parler d'Henriette, où personne, excepté le bon vieux duc, la simplicité même, ne m'en parla ; mais à la manière dont il me reçut, je devinai les secrètes recommandations de sa fille. Au moment où je commençais à perdre le niais étonnement que cause à tout débutant la vue du grand monde, au moment où j'y entrevoyais des plaisirs en comprenant les ressources qu'il offre aux ambitieux, et que je me plaisais à mettre en usage les maximes d'Henriette en admirant leur profonde vérité, les événements du 20 mars arrivèrent. Mon frère suivit la cour à Gand ; moi, par le conseil de la comtesse avec qui j'entretenais une correspondance active de mon côté seulement, j'y accompagnai le duc de Lenoncourt. La bienveillance habituelle du duc devint une sincère protection quand il me vit attaché de cœur, de tête et de pied aux Bourbons ; il me présenta lui-même à Sa Majesté. Les courtisans du malheur sont peu nombreux ; la jeunesse a des admirations naïves, des fidélités sans calcul ; le roi savait juger les hommes ; ce qui n'eût pas été remarqué aux Tuileries le fut donc beaucoup à Gand ; j'eus le bonheur de plaire à Louis XVIII. Une lettre de madame de Mortsauf à son père, apportée avec des dépêches par un émissaire des Vendéens et dans laquelle il y avait un mot pour moi, m'apprit que Jacques était malade. Monsieur de Mortsauf au désespoir autant de la mauvaise santé de son fils que de voir une seconde émigration commencer sans lui, avait ajouté quelques mots qui me firent deviner la situation de la bien-aimée. Tourmentée par lui sans doute quand elle passait tous ses instants au chevet de Jacques, n'ayant de repos ni le jour ni la nuit, supérieure aux taquineries, mais sans force pour les dominer quand elle employait toute son âme à soigner son enfant, Henriette devait désirer le secours d'une amitié qui lui avait rendu la vie moins pesante; ne fût-ce que pour s'en servir à occuper monsieur de Mortsauf. Déjà plusieurs fois j'avais emmené le comte au dehors quand il menaçait de la tourmenter; innocente ruse dont le succès m'avait valu quelques-uns de ces regards qui expriment une reconnaissance passionnée où l'amour voit des promesses. Quoique je fusse impatient de marcher sur les traces de Charles envoyé récemment au congrès de Vienne, quoique je voulusse au risque de mes jours justifier les prédictions d'Henriette et m'affranchir de la vassalité fraternelle, mon ambition, mes désirs d'indépendance, l'intérêt que j'avais à ne pas quitter le roi, tout pâlit devant la figure endolorie de madame de Mortsauf; je résolus de quitter la cour de Gand pour aller servir la vraie souveraine. Dieu me récompensa. L'émissaire envoyé par les Vendéens ne pouvait pas retourner en France, le roi voulait un homme qui se dévouât à y porter ses instructions. Le duc de Lenoncourt savait que le roi n'oublierait point celui qui se chargerait de cette périlleuse entreprise ; il me fit agréer sans me consulter, et j'acceptai, bien heureux de pouvoir me retrouver à Clochegourde tout en servant la bonne cause.

Après avoir eu, dès vingt et un ans, une audience du roi, je revins en France où, soit à Paris, soit en Vendée, j'eus le bonheur d'accomplir les intentions de Sa Majesté. Vers la fin de mai, poursuivi par les autorités bonapartistes auxquelles j'étais signalé, je fus obligé de fuir en homme qui semblait retourner à son manoir, allant à pied de domaine en domaine, de bois en bois, à travers la haute Vendée, le Bocage et le Poitou, changeant de route suivant l'occurrence. J'atteignis Saumur, de Saumur je vins à Chinon, et de Chinon, en une seule nuit, je gagnai les bois de Nueil où je rencontrai le comte à cheval dans une lande ; il me prit en croupe, et m'amena chez lui, sans que nous eussions vu personne qui pût me reconnaître.

— Jacques est mieux, avait été son premier mot.

Je lui avouai ma position de fantassin diplomatique traqué comme une bête fauve, et le gentilhomme s'arma de son royalisme pour disputer à monsieur de Chessel le danger de me recevoir. En apercevant Clochegourde, il me sembla que les huit mois qui venaient de s'écouler étaient un songe. Quand le comte dit à sa femme en me précédant : — Devinez qui je vous amène?... Félix.

— Est-ce possible ! demanda-t-elle les bras pendants et le visage stupéfié.

Je me montrai, nous restâmes tous deux immobiles, elle clouée sur son fauteuil, moi sur le seuil de sa porte, nous contemplant avec l'avide fixité de deux amants qui veulent réparer par un seul regard tout le temps perdu ; mais honteuse d'une surprise qui laissait son cœur sans voile, elle se leva, je m'approchai.

— J'ai bien prié pour vous, me dit-elle après m'avoir tendu sa main à baiser.

Elle me demanda des nouvelles de son père ; puis elle devina ma fatigue, et alla s'occuper de mon gîte ; tandis que le comte me faisait donner à manger, car je mourais de faim. Ma chambre fut celle qui se trouvait au-dessus de la sienne, celle de sa tante ; elle m'y fit conduire par le comte, après avoir mis le pied sur la première marche de l'escalier en délibérant sans doute avec elle-même si elle m'y accompagnerait ; je me retournai, elle rougit, me souhaita un bon sommeil, et se retira précipitamment. Quand je descendis pour dîner, j'appris les désastres de Waterloo, la fuite de Napoléon, la marche des alliés sur Paris et le retour probable des Bourbons. Ces événements étaient tout pour le comte, ils ne furent rien pour nous. Savez-vous la plus grande nouvelle, après les enfants caressés, car je ne vous parle pas de mes alarmes en voyant la comtesse pâle et maigrie ; je connaissais le ravage que pouvait faire un geste d'étonnement, et n'exprimai que du plaisir en la voyant. La grande nouvelle pour nous, fut : « — Vous aurez de la glace ! » Elle s'était souvent dépitée l'année dernière de ne pas avoir d'eau assez fraîche pour moi qui, n'ayant pas d'autre boisson, l'aimais glacée. Dieu sait au prix de combien d'importunités elle avait fait construire une glacière ! Vous savez mieux que personne qu'il suffit à l'amour, d'un mot, d'un regard, d'une inflexion de voix, d'une attention légère en apparence ; son plus beau privilége est de se prouver par lui-même. Hé bien ! son mot, son regard, son plaisir me révélèrent l'étendue de ses sentiments, comme je lui avais naguère dit tous les miens par ma conduite au trictrac. Mais les naïfs témoignages de sa tendresse abondèrent : le septième jour après mon arrivée, elle redevint fraîche, elle pétilla de santé, de joie et de jeunesse ; je retrouvai mon cher lys, embelli, mieux épanoui, de même que je trouvai mes trésors de cœur augmentés. N'est-ce pas seulement chez les petits esprits, ou dans les cœurs vulgaires, que l'absence amoindrit les sentiments, efface les traits de l'âme et diminue les beautés de la personne aimée? Pour les imaginations ardentes, pour les êtres chez lesquels l'enthousiasme passe dans le sang, le teint d'une pourpre nouvelle, et chez qui la passion prend les formes de la constance, l'absence n'a-t-elle pas l'effet des supplices qui raffermissaient la foi des premiers chrétiens, et leur rendaient Dieu visible? N'existe-t-il pas chez un cœur rempli d'amour des souhaits incessants qui donnent plus de prix aux formes désirées en les faisant entrevoir colorées par le feu des rêves? n'éprouve-t-on pas des irritations qui communiquent le beau de l'idéal aux traits adorés en les chargeant de pensées? Le passé, repris souvenir à souvenir, s'agrandit ; l'avenir se meuble d'espérances. Entre deux cœurs où surabondent ces nuages électriques, une première entrevue devint alors comme un bienfaisant orage qui ravive la terre et la féconde en y portant les subites lumières de la foudre. Combien de plaisirs suaves ne goûtai-je pas en voyant que chez nous ces pensers, ces ressentiments étaient réciproques, de quel œil charmé je suivis les progrès du bonheur chez Henriette ! Une femme qui revit sous les regards de l'aimé donne peut-être une plus grande preuve de sentiment que celle qui meurt tuée par un doute, ou séchée sur sa tige, faute de séve ; je ne sais qui des deux est la plus touchante. La renaissance de madame de Mortsauf fut naturelle, comme les effets du mois de mai sur les prairies, comme ceux du soleil et de l'onde sur les fleurs abattues ; comme notre vallée d'amour elle avait eu son hiver, elle renaissait comme elle au printemps. Avant le dîner, nous descendîmes sur notre chère terrasse. Là, tout en caressant la tête de son pauvre enfant devenu plus débile que je ne l'avais vu, qui marchait aux flancs de sa mère, silencieux comme s'il couvait encore une maladie, elle me raconta ses nuits passées au chevet du malade. — Durant ces trois mois, elle avait, me disait-elle, vécu d'une vie tout intérieure ; elle avait habité comme un palais sombre en craignant d'entrer en de somptueux appartements où brillaient des lumières, où se donnaient des fêtes à elle interdites, et à la porte desquels elle se tenait, un œil à son enfant, l'autre sur une figure indistincte, une oreille pour écouter les douleurs, une autre pour entendre une voix. Elle disait des poésies suggérées par la solitude, comme aucun poëte n'en a jamais inventé ; mais tout cela naïvement, sans savoir qu'il y eût le moindre vestige d'amour, ni trace de voluptueuse pensée, ni poésie orientalement suave, comme une rose du Frangistan. Quand le comte nous rejoignit, elle continua du même ton, en femme fière d'elle-même, qui peut jeter un regard d'orgueil à son mari, et mettre sans rougir un baiser sur le front de son fils. Elle avait beaucoup prié, elle avait tenu Jacques pendant des nuits entières sous ses mains jointes, ne voulant pas qu'il mourût.

— J'allais, disait-elle, jusqu'aux portes du sanctuaire, demander sa vie à Dieu. Elle avait eu des visions, elle me les racontait ; mais au moment où elle prononça de sa voix d'ange ces paroles merveilleuses : — Quand je dormais, mon cœur veillait !

— C'est-à-dire que vous avez été presque folle, répondit le comte en l'interrompant.

Elle se tut, atteinte d'une vive douleur, comme si c'était la première blessure reçue, comme si elle eût oublié que, depuis treize ans, jamais cet homme n'avait manqué de lui décocher une flèche au cœur. Oiseau sublime atteint dans son vol par ce grossier grain de plomb, elle tomba dans un stupide abattement.

— Hé quoi ! monsieur, dit-elle après une pause, jamais une de mes paroles ne trouvera-t-elle grâce au tribunal de votre esprit ? n'aurez-vous jamais d'indulgence pour ma faiblesse, ni de compréhension pour mes idées de femme ?

Elle s'arrêta. Déjà cet ange se repentait de ses murmures, et mesurait d'un regard son passé comme son avenir ; pourrait-elle être comprise, n'allait-elle pas faire jaillir une virulente apostrophe? Ses veines bleues battirent violemment dans ses tempes, elle n'eut point de larmes, mais le vert de ses yeux devint pâle ; puis elle abaissa ses regards vers la terre pour ne pas voir dans les miens sa peine agrandie, ses sentiments devinés, son âme caressée en mon âme, et surtout la compatissance encolérée d'un jeune amour prêt, comme un chien fidèle, à dévorer celui qui blesse sa maîtresse, sans discuter ni la force ni la qualité de l'assaillant. En ces cruels moments il fallait voir l'air de supériorité que prenait le comte ; il croyait triompher de sa femme, et l'accablait alors d'une grêle de phrases qui répétaient la même idée, et ressemblaient à des coups de hache rendant le même son.

— Il est donc toujours le même? lui dis-je quand le comte nous quitta, forcément réclamé par son piqueur qui vint le chercher.

— Toujours, me répondit Jacques.

— Toujours excellent, mon fils, dit-elle à Jacques en essayant ainsi de soustraire monsieur de Mortsauf au jugement de ses enfants. Vous voyez le présent, vous ignorez le passé, vous ne sauriez critiquer votre père sans commettre quelque injustice ; mais eussiez-vous la douleur de voir votre père en faute, l'honneur des familles exige que vous ensevelissiez de tels secrets dans le plus profond silence.

— Comment ont été les changements à la Cassine et à la Rhétorière? lui demandai-je pour la tirer de ses amères pensées.

— Au delà de mes espérances, me dit-elle. Les

bâtiments finis, nous avons trouvé deux fermiers excellents qui ont pris l'une à quatre mille cinq cents francs impôts payés, l'autre à cinq mille francs; les baux sont consentis pour quinze ans. Nous avons déjà planté trois mille pieds d'arbres sur les deux nouvelles fermes. Le parent de Manette est enchanté d'avoir la Rabelaye. Martineau tient la Baude. Le bien de nos quatre fermiers consiste en prés et en bois, dans lesquels ils ne portent point, comme le font quelques fermiers peu consciencieux, les fumiers destinés à nos terres de labour. Ainsi *nos* efforts ont été couronnés par le plus beau succès. Clochegourde, sans les réserves que nous nommons la ferme du château, sans les bois ni les clos, rapporte dix-neuf mille francs, et les plantations nous ont préparé de belles annuités. Je bataille pour faire donner nos terres réservées à Martineau, notre garde qui maintenant peut se faire remplacer par son fils. Il en offre trois mille francs si monsieur de Mortsauf veut lui bâtir une ferme à la Commanderie. Nous pourrions alors dégager les abords de Clochegourde, achever notre avenue projetée jusqu'au chemin de Chinon, et n'avoir que nos vignes et nos bois à soigner. Si le roi revient, *notre* pension reviendra; *nous* y consentirons après quelques jours de croisière contre le bon sens de *notre* femme. La fortune de Jacques sera donc indestructible. Ces derniers résultats obtenus, je laisserai monsieur thésauriser pour Madeleine, que le roi dotera d'ailleurs selon l'usage. J'ai la conscience tranquille; ma tâche s'accomplit. Et vous? me dit-elle.

Je lui expliquai ma mission, et lui fis voir combien son conseil avait été fructueux et sage. Était-elle douée de seconde vue pour ainsi pressentir les événements.

— Ne vous l'ai-je pas écrit, dit-elle. Pour vous seul, je puis exercer une faculté surprenante, dont je n'ai parlé qu'à monsieur de la Berge, mon confesseur, et qu'il explique par une intervention divine. Souvent, après quelques méditations profondes, provoquées par des craintes sur l'état de mes enfants, mes yeux se fermaient aux choses de la terre, et voyaient dans une autre région : quand j'y apercevais Jacques et Madeleine lumineux, ils étaient pendant un certain temps en bonne santé ; si je les y trouvais enveloppés d'un brouillard, ils tombaient bientôt malades. Pour vous, non-seulement, je vous vois toujours brillant, mais j'entends une voix douce qui m'explique sans paroles, par une communication mentale, ce que vous devez faire. Par quelle loi ne puis-je user de ce don merveilleux que pour mes enfants et pour vous ? dit-elle en tombant dans la rêverie. Dieu veut-il leur servir de père, se demanda-t-elle après une pause.

— Laissez-moi croire, lui dis-je, que je n'obéis qu'à vous !

Elle me jeta l'un de ces sourires entièrement gracieux qui me causaient une si grande ivresse de cœur, que je n'aurais pas alors senti un coup mortel.

— Dès que le roi sera dans Paris, allez-y, quittez Clochegourde, reprit-elle. Autant il est dégradant de quêter des places et des grâces, autant il est ridicule de ne pas être à portée de les accepter.

Il se fera de grands changements ; les hommes capables et sûrs seront nécessaires au roi, ne lui manquez pas ; vous entrerez jeune aux affaires, et vous vous en trouverez bien ; car, pour les hommes d'état comme pour les acteurs, il est des choses de métier que le génie ne révèle pas, il faut les apprendre. Mon père tient ceci du duc de Choiseul. Songez à moi, me dit-elle après une pause, faites-moi goûter les plaisirs de la supériorité dans une âme toute à moi. N'êtes-vous pas mon fils?

— Votre fils? repris-je d'un air boudeur.

— Rien que mon fils, dit-elle en se moquant de moi, n'est-ce pas avoir une assez belle place dans mon cœur?

La cloche sonna le dîner, elle prit mon bras et s'y appuya complaisamment.

— Vous avez grandi, me dit-elle en montant les escaliers. Quand nous fûmes au perron, elle m'agita le bras comme si mes regards l'atteignaient trop vivement ; quoiqu'elle eût les yeux baissés, elle savait bien que je ne regardais qu'elle ; elle me dit alors de cet air faussement impatienté, si gracieux, si coquet : — Allons, voyez donc un peu notre chère vallée? Elle se retourna, mit son ombrelle de soie blanche au-dessus de nos têtes, en collant Jacques sur elle ; et le geste de tête par lequel elle me montra l'Indre, la toue, les prés, prouvait que depuis mon séjour et nos promenades elle s'était entendue avec ces horizons fumeux, avec leurs sinuosités vaporeuses. La nature était le manteau sous lequel s'abritaient ses pensées. Elle savait maintenant ce que soupire le rossignol pendant les nuits, et ce que répète le chantre des marais en psalmodiant sa note plaintive.

A huit heures, le soir, je fus témoin d'une scène qui m'émut profondément et que je n'avais jamais pu voir, car je restais toujours à jouer avec monsieur de Mortsauf, pendant qu'elle se passait dans la salle à manger avant le coucher des enfants. La cloche sonna deux coups, tous les gens de la maison vinrent.

— Vous êtes notre hôte, soumettez-vous à la règle du couvent? dit-elle en m'entraînant par la main avec cet air d'innocente raillerie qui distingue les femmes vraiment pieuses.

Le comte nous suivit. Maîtres, enfants, domestiques, tous s'agenouillèrent, têtes nues, en se mettant à leurs places habituelles. C'était le tour de Madeleine à dire les prières; la chère petite les prononça de sa voix enfantine dont les tons ingénus se détachèrent avec clarté dans l'harmonieux silence de la campagne et prêtèrent aux phrases la sainte candeur de l'innocence, cette grâce des anges. Ce fut la plus émouvante prière que j'aie entendue. La nature répondait aux paroles de l'enfant par les mille bruissements du soir, accompagnement d'orgue légèrement touché. Madeleine était à droite de la comtesse et Jacques à la gauche. Les touffes gracieuses de ces deux têtes entre lesquelles s'élevait la coiffure nattée de la mère et que dominaient les cheveux entièrement blancs et le crâne jauni de monsieur de Mortsauf, composaient un tableau dont les couleurs répétaient en quelque sorte à l'esprit les idées réveillées par les mélodies de la prière;

enfin pour satisfaire aux conditions de l'unité qui marque le sublime, cette assemblée recueillie était enveloppée par la lumière adoucie du couchant dont les teintes rouges coloraient la salle, en laissant croire ainsi aux âmes, ou poétiques ou superstitieuses, que les feux du ciel visitaient ces fidèles serviteurs de Dieu agenouillés là sans distinction de rang, dans l'égalité voulue par l'Église. En me reportant aux jours de la vie patriarcale, mes pensées agrandissaient encore cette scène déjà si grande par sa simplicité. Les enfants dirent bonsoir à leur père, les gens nous saluèrent, la comtesse s'en alla, donnant une main à chaque enfant, et je rentrai dans le salon avec le comte.

— Nous vous ferons faire votre salut par là et votre enfer par ici, me dit-il en montrant le trictrac.

La comtesse nous rejoignit une demi-heure après et avança son métier près de notre table.

— Ceci est pour vous, dit-elle en déroulant le canevas; mais depuis trois mois l'ouvrage a bien langui. Entre cet œillet rouge et cette rose, mon pauvre enfant a souffert.

— Allons, allons, dit monsieur de Mortsauf, ne parlons pas de cela. Six-cinq, monsieur l'envoyé du roi.

Quand je me couchai, je me recueillis pour l'entendre aller et venir dans sa chambre. Si elle demeura calme et pure, je fus travaillé par des idées folles qu'inspiraient d'intolérables désirs. — Pourquoi ne serait-elle pas à moi? me disais-je. Peut-être est-elle, comme moi, plongée dans cette tourbillonnante agitation des sens? A une heure, je descendis, je pus marcher sans faire de bruit, j'arrivai devant sa porte, je m'y couchai, l'oreille appliquée à la fente, j'entendis son égale et douce respiration d'enfant. Quand le froid m'eut saisi, je remontai, je me remis au lit et dormis tranquillement jusqu'au matin. Je ne sais à quelle prédestination, à quelle nature doit s'attribuer le plaisir que je trouve à m'avancer jusqu'au bord des précipices, à sonder le gouffre du mal, à en interroger le fond, en sentir le froid, et me retirer tout ému. Cette heure de nuit passée au seuil de sa porte où j'ai pleuré de rage, sans qu'elle ait jamais su que le lendemain elle avait marché sur mes pleurs et sur mes baisers, sur sa vertu tour à tour détruite et respectée, maudite et adorée; cette heure, sotte aux yeux de plusieurs, est une inspiration de ce sentiment inconnu qui pousse des militaires, quelques-uns m'ont dit avoir ainsi joué leur vie, à se jeter devant une batterie pour savoir s'ils échapperaient à la mitraille, et s'ils seraient heureux en chevauchant ainsi l'abîme des probabilités, en fumant comme Jean Bart sur un tonneau de poudre. Le lendemain j'allai cueillir et faire deux bouquets; le comte les admira, lui que rien en ce genre n'émouvait et pour qui le mot de Champcenetz, « il fait des cachots en Espagne, » semblait avoir été dit.

Je passai quelques jours à Clochegourde, n'allant faire que de courtes visites à Frapesle, où je dînai trois fois cependant. L'armée française vint occuper Tours. Quoique je fusse évidemment la vie et la santé de madame de Mortsauf, elle me conjura de gagner Châteauroux, pour revenir en toute hâte à Paris, par Issoudun et Orléans. Je voulus résister, elle commanda disant que le génie familier avait parlé; j'obéis. Nos adieux furent cette fois trempés de larmes, elle craignait pour moi l'entraînement du monde où j'allais vivre. Ne fallait-il pas entrer sérieusement dans le tournoiement des intérêts, des passions, des plaisirs qui font de Paris une mer aussi dangereuse aux chastes amours qu'à la pureté des consciences. Je lui promis de lui écrire chaque soir les événements et les pensées de la journée, même les plus frivoles. A cette promesse, elle appuya sa tête allanguie sur mon épaule, et me dit :

— N'oubliez rien, tout m'intéressera.

Elle me donna des lettres pour le duc et la duchesse chez lesquels j'allai le second jour de mon arrivée.

— Vous avez du bonheur, me dit le duc, dînez ici, venez avec moi ce soir au château, votre fortune est faite. Le roi vous a nommé ce matin, en disant : « Il est jeune, capable et fidèle ! » Et le roi regrettait de ne pas savoir si vous étiez mort ou vivant, en quel lieu vous avaient jeté les événements, après vous être si bien acquitté de votre mission.

Le soir j'étais maître des requêtes au conseil-d'état, et j'avais auprès du roi Louis XVIII un emploi secret d'une durée égale à celle de son règne, place de confiance, sans faveur éclatante, mais sans chance de disgrâce, qui me mit au cœur du gouvernement et fut la source de mes prospérités. Madame de Mortsauf avait vu juste, je lui devais donc tout : pouvoir et richesse, le bonheur et la science, elle

18

me guidait et m'encourageait, purifiait mon cœur et donnait à mes vouloirs cette unité sans laquelle les forces de la jeunesse se dépensent inutilement. Plus tard j'eus un collègue. Chacun de nous fut de service pendant six mois. Nous pouvions nous suppléer l'un l'autre au besoin ; nous avions une chambre au château, notre voiture et de larges rétributions pour nos frais quand nous étions obligés de voyager. Singulière situation! Être les disciples secrets d'un monarque à la politique duquel ses ennemis ont rendu depuis une éclatante justice, de l'entendre jugeant tout, intérieur, extérieur, d'être sans influence patente et de se voir parfois consultés comme Laforêt par Molière, de sentir les hésitations d'une vieille expérience, affermies par la conscience de la jeunesse. Notre avenir était d'ailleurs fixé de manière à satisfaire l'ambition. Outre mes appointements de maître des requêtes, payés par le budget du conseil-d'état, le roi me donnait mille francs par mois sur sa cassette, et me remettait souvent lui-même quelques gratifications. Quoique le roi sentît qu'un jeune homme de vingt-trois ans ne résisterait pas longtemps au travail dont il m'accablait, mon collègue, aujourd'hui pair de France, ne fut choisi que vers le mois d'août 1817. Ce choix était si difficile, nos fonctions exigeaient tant de qualités, que le roi fut longtemps à se décider. Il me fit l'honneur de me demander quel était celui des jeunes gens entre lesquels il hésitait, avec qui je m'accorderais le mieux. Parmi eux se trouvait un de mes camarades de la pension Lepître, et je ne l'indiquai point. Sa Majesté me demanda pourquoi.

— Le roi, lui dis-je, a choisi des hommes également fidèles, mais de capacités différentes, j'ai nommé celui que je crois le plus habile, certain de toujours bien vivre avec lui.

Mon jugement coïncidait avec celui du roi, qui me sut toujours gré du sacrifice que j'avais fait. En cette occasion, il me dit : — Vous serez Monsieur le Premier. Il ne laissa pas ignorer cette circonstance à mon collègue qui, en retour de ce service, m'accorda son amitié. La considération que me marqua le duc de Lenoncourt donna la mesure à celle dont m'environna le monde. Ces mots : « Le roi prend un vif intérêt à ce jeune homme, ce jeune homme a de l'avenir, le roi le goûte, » auraient tenu lieu de talents, mais ils communiquaient au gracieux accueil dont les jeunes gens sont l'objet, ce je ne sais quoi qu'on accorde au pouvoir. Soit chez le duc de Lenoncourt, soit chez ma sœur qui épousa vers ce temps son cousin le marquis de Listomère, le fils de la vieille parente chez qui j'allais à l'île Saint-Louis, je fis insensiblement la connaissance des personnes les plus influentes au faubourg Saint-Germain, et particulièrement celle du duc de Navarreins, de la vicomtesse de Grandlieu, de madame d'Espard, de la marquise d'Aiglemont, du comte de Fontaine, de madame Firmiani, des Maulincourt auxquels votre mariage vous allie. Puis, j'allai chez la comtesse de Sérizy où se trouvaient des personnes comme les Restaud, les Grandville, la duchesse de Carigliano, les Nucingen, les Lanty, les Feraud qui tous avaient la prétention d'être du faubourg Saint-Germain, et n'y étaient que reçus.

Henriette me mit bientôt au cœur de la société dite le Petit-Château, par les soins de la princesse de Blamont-Chauvry dont elle était la petite belle-nièce; elle lui écrivit si chaleureusement à mon sujet, que la princesse m'invita sur-le-champ à la venir voir; je la cultivai, je sus lui plaire, et elle devint non pas ma protectrice, mais une amie dont les sentiments eurent je ne sais quoi de maternel. La vieille princesse prit à cœur de me lier avec la duchesse de Langeais et la vicomtesse de Beauséant, deux femmes qui tenaient alors le sceptre de la mode et qui furent d'autant plus gracieuses pour moi, que j'étais sans prétention auprès d'elles, et toujours prêt à leur être agréable. Mon frère Charles, loin de me renier, s'appuya dès lors sur moi ; mais ce rapide succès lui inspira une secrète jalousie qui plus tard me causa bien des chagrins. Mon père et ma mère, surpris de cette fortune inespérée, sentirent leur vanité flattée, et m'adoptèrent enfin pour leur fils; mais comme leur sentiment était en quelque sorte artificiel, pour ne pas dire joué, ce retour eut peu d'influence sur un cœur ulcéré; d'ailleurs, les affections entachées d'égoïsme excitent peu les sympathies; le cœur abhorre les calculs et les profits de tout genre.

J'écrivais fidèlement à ma chère Henriette, qui me répondait une ou deux lettres par mois. Son esprit planait ainsi sur moi, ses pensées traversaient les distances et me faisaient une atmosphère pure. Aucune femme ne pouvait me captiver. Le roi sut ma réserve; sous ce rapport, il était de l'école de Louis XV, et me nommait en riant mademoiselle de

Vandenesse, mais la sagesse de ma conduite lui plaisait fort. J'ai la conviction que la patience dont j'avais pris l'habitude pendant mon enfance et surtout à Clochegourde servit beaucoup à me concilier les bonnes grâces du roi, qui fut toujours excellent pour moi. Il eut sans doute la fantaisie de lire mes lettres, car il ne fut pas longtemps la dupe de ma vie de demoiselle. Un jour, le duc était de service, j'écrivais sous la dictée du roi qui, voyant entrer le duc de Lenoncourt, nous enveloppa d'un regard malicieux.

— Hé bien! ce diable de Mortsauf veut donc toujours vivre? lui dit-il de sa belle voix d'argent à laquelle il savait communiquer à volonté le mordant de l'épigramme.

— Toujours, répondit le duc.

— La comtesse de Mortsauf est un ange que je voudrais cependant bien voir ici, reprit le roi; mais si je ne puis rien, mon chancelier, dit-il en se tournant vers moi, sera plus heureux. Vous avez six mois à vous, je me décide à vous donner pour collègue le jeune homme dont nous parlions hier. Amusez-vous bien à Clochegourde, monsieur Caton! Et il se fit rouler hors du cabinet en souriant.

Je volai comme une hirondelle en Touraine. Pour la première fois j'allais me montrer à celle que j'aimais, non-seulement un peu moins niais, mais encore dans l'appareil d'un jeune homme élégant dont les manières avaient été formées par les salons les plus polis, dont l'éducation avait été achevée par les femmes les plus gracieuses, qui avait enfin recueilli le prix de ses souffrances, et qui avait mis en

18.

usage l'expérience du plus bel ange que le ciel ait commis à la garde d'un enfant. Vous savez comment j'étais équipé pendant les trois mois de mon premier séjour à Frapesle ; quand je revins à Clochegourde lors de ma mission en Vendée, j'étais vêtu comme un chasseur ; je portais une veste verte à boutons blancs rougis, un pantalon à raies, des guêtres de cuir et des souliers ; la marche, les halliers m'avaient si mal arrangé, que le comte fut obligé de me prêter du linge. Cette fois, deux ans de séjour à Paris, l'habitude d'être avec le roi, les façons de la fortune, ma croissance achevée, une physionomie jeune qui recevait un lustre inexplicable de la placidité d'une âme magnétiquement unie à l'âme pure qui de Clochegourde rayonnait sur moi, tout m'avait transformé : j'avais de l'assurance sans fatuité, j'avais un contentement intérieur de me trouver, malgré ma jeunesse, au sommet des affaires ; j'avais la conscience d'être le soutien secret de la plus adorable femme qui fût ici-bas, son espoir inavoué. Peut-être eus-je un petit mouvement de vanité quand le fouet des postillons claqua dans la nouvelle avenue qui de la route de Chinon menait à Clochegourde, et qu'une grille que je ne connaissais pas s'ouvrit au milieu d'une enceinte circulaire récemment bâtie. Je ne lui avais pas écrit mon arrivée, voulant lui causer une surprise, et j'eus doublement tort ; d'abord, elle éprouva le saisissement que donne un plaisir longtemps espéré, mais considéré comme impossible ; puis elle me prouva que toutes les surprises calculées étaient de mauvais goût. Quand elle vit le jeune homme là où elle n'avait jamais vu qu'un enfant, elle abaissa son regard vers la terre par un mouvement d'une tragique lenteur ; elle se laissa prendre et baiser la main sans témoigner ce plaisir intime dont j'étais averti par son frissonnement de sensitive ; et quand elle releva son visage, pour me regarder encore, je la trouvai pâle.

— Hé bien ! vous n'oubliez donc pas vos vieux amis ? me dit monsieur de Mortsauf qui n'était ni changé ni vieilli.

Les deux enfants me sautèrent au cou. J'aperçus à la porte la figure grave de l'abbé de Dominis, précepteur de Jacques.

— Oui, dis-je au comte ; j'aurai désormais par an six mois de liberté qui vous appartiendront toujours. Hé bien ! qu'avez-vous ? dis-je à la comtesse en lui passant mon bras pour lui envelopper la taille et la soutenir, en présence de tous les siens.

— Oh ! laissez-moi, me dit-elle en bondissant, ce n'est rien.

Je lus dans son âme, et répondis à sa pensée secrète en lui disant : — Ne reconnaissez-vous donc plus votre fidèle esclave ?

Elle prit mon bras, quitta le comte, ses enfants, l'abbé, les gens accourus, et me mena loin de tous en tournant le boulingrin, mais en restant sous leurs yeux ; puis, quand elle jugea que sa voix ne serait point entendue : — Félix, mon ami, dit-elle, pardonnez la peur à qui n'a qu'un fil pour se diriger dans un labyrinthe souterrain, et qui tremble de le voir se briser ; répétez-moi que je suis plus que jamais Henriette pour vous, que vous ne m'abandonnerez point, que rien ne prévaudra contre moi, que vous serez toujours un ami dévoué. J'ai vu tout à coup dans l'avenir, et vous n'y étiez pas, comme toujours la face brillante et les yeux sur moi ; vous me tourniez le dos.

— Henriette, idole dont le culte l'emporte sur celui de Dieu, lys fleur de ma vie, comment ne savez-vous donc plus, vous qui êtes ma conscience, que je me suis si bien incarné à votre cœur, que mon âme est ici quand ma personne est à Paris. Faut-il donc vous dire que je suis venu en dix-sept heures, que chaque tour de roue emportait un monde de pensées et de désirs qui a éclaté comme une tempête aussitôt que je vous ai vue...

— Dites, dites, je suis sûre de moi, je puis vous entendre sans crime. Dieu ne veut pas que je meure ; il vous envoie à moi comme il dispense son souffle à ses créations, comme il épand la pluie des nuées sur une terre aride ; dites ! dites ! m'aimez-vous saintement ?

— Saintement.

— A jamais ?

— A jamais.

— Comme une vierge Marie, qui doit rester dans ses voiles et sous sa couronne blanche ?

— Comme une vierge Marie visible.

— Comme une sœur ?

— Comme une sœur trop aimée.

— Comme une mère ?

— Comme une mère secrètement désirée.

— Chevaleresquement, sans espoir ?

— Chevaleresquement, mais avec espoir.

— Enfin, comme si vous n'aviez encore que vingt ans, et que vous portiez votre petit méchant habit bleu du bal?

— Oh! mieux. Je vous aime ainsi, et je vous aime encore comme... Elle me regarda dans une vive appréhension. Comme vous aimait votre tante.

— Je suis heureuse, vous avez dissipé mes terreurs, dit-elle en revenant vers la famille étonnée de notre conférence secrète; mais soyez bien enfant ici! car vous êtes encore un enfant. Si votre politique est d'être homme avec le roi; sachez, monsieur, qu'ici la vôtre est de rester enfant. Enfant, vous serez aimé! Je résisterai toujours à la force de l'homme; mais que refuserais-je à l'enfant, rien; il ne peut rien vouloir que je ne puisse accorder. — Les secrets sont dits, fit-elle en regardant le comte d'un air malicieux où reparaissait la jeune fille et son caractère primitif. Je vous le laisse, je vais m'habiller.

Jamais, depuis trois ans, je n'avais entendu sa voix aussi pleinement heureuse. Pour la première fois, je connus ces jolis cris d'hirondelle, ces notes enfantines dont je vous ai parlé. J'apportais un équipage de chasse à Jacques, à Madeleine une boîte à ouvrage dont sa mère se servit toujours; enfin je réparai la mesquinerie à laquelle m'avait condamné jadis la parcimonie de ma mère. La joie que témoignaient les deux enfants, enchantés de se montrer l'un à l'autre leurs cadeaux, parut importuner le comte toujours chagrin quand on ne s'occupait pas de lui; je fis un signe d'intelligence à Madeleine et je suivis le comte qui voulait causer de lui-même avec moi. Il m'emmena vers la terrasse; mais nous

nous arrêtâmes sur le perron à chaque fait grave dont il m'entretenait.

— Mon pauvre Félix, me dit-il, vous les voyez tous heureux et bien portants, moi je fais ombre au tableau ; j'ai pris leurs maux, et je bénis Dieu de me les avoir donnés. Autrefois j'ignorais ce que j'avais, mais aujourd'hui je le sais, j'ai le pylore attaqué, je ne digère plus rien.

— Par quel hasard êtes-vous devenu savant comme un professeur de l'École de médecine? lui dis-je en souriant. Votre médecin est-il assez indiscret pour vous dire ainsi...

— Dieu me préserve de consulter les médecins, s'écria-t-il, en manifestant la répulsion que la plupart des malades imaginaires éprouvent pour la médecine.

Je subis alors une conversation folle, pendant laquelle il me fit les plus ridicules confidences, se plaignant de sa femme, de ses gens, de ses enfants et de la vie, en prenant un plaisir évident à répéter ses dires de tous les jours à un ami qui, ne les connaissant pas, pouvait s'en étonner, et que la politesse obligeait à l'écouter avec intérêt; il dut être content de moi, car je lui prêtais une profonde attention, en essayant de pénétrer ce caractère inconcevable et de deviner les nouveaux tourments qu'il infligeait à sa femme et qu'elle me taisait. Henriette mit fin à ce monologue en apparaissant sur le perron; le comte l'aperçut, hocha la tête et me dit : — Vous m'écoutez, vous Félix ; mais ici personne ne me plaint !

Il s'en alla comme s'il eût eu la conscience du

trouble qu'il aurait porté dans mon entretien avec Henriette; ou que, par une attention chevaleresque pour elle, il eût su qu'il lui faisait plaisir en nous laissant seuls. Son caractère offrait des désinences vraiment inexplicables, car il était jaloux comme tous les gens faibles; mais aussi sa confiance dans la sainteté de sa femme était sans bornes; peut-être même, les souffrances de son amour-propre blessé par la supériorité de cette haute vertu engendraient-elles son opposition constante aux volontés de la comtesse qu'il bravait comme les enfants bravent leurs maîtres ou leurs mères. Jacques prenait sa leçon, Madeleine faisait sa toilette; pendant une heure environ je pus donc me promener seul avec la comtesse sur la terrasse.

— Hé bien! chère ange, lui dis-je, la chaîne s'est alourdie, les sables se sont enflammés, les épines se multiplient?

— Taisez-vous, me dit-elle en devinant les pensées que m'avait suggérées ma conversation avec le comte, vous êtes ici, tout est oublié! Je ne souffre point, je n'ai pas souffert!

Elle fit quelques pas légers, comme pour aérer sa blanche toilette, pour livrer au zéphyr ses ruches de tulle neigeuses, ses manches flottantes, ses rubans frais, sa pèlerine et les boucles fluides de sa coiffure à la Sévigné. Je la vis pour la première fois, jeune fille, gaie de sa gaieté naturelle, prête à jouer comme un enfant, je connus alors et les larmes du bonheur et la joie que l'homme éprouve à donner le plaisir.

— Belle fleur humaine que caresse ma pensée et

que baise mon âme ! ô mon lys ! lui dis-je, toujours intact et droit sur ta tige, toujours blanc, fier, parfumé, solitaire !

— Assez, monsieur, dit-elle en souriant. Parlez-moi de vous, racontez-moi bien tout.

Nous eûmes alors sous cette mobile voûte de feuillages frémissants une longue conversation pleine de parenthèses interminables, prise, quittée et reprise, où je la mis au fait de ma vie, de mes occupations ; je lui décrivis mon appartement à Paris, car elle voulut tout savoir ; et, bonheur alors inapprécié, je n'avais rien à lui cacher. En connaissant ainsi mon âme, et tous les détails de cette existence remplie par d'écrasants travaux, en apprenant l'étendue de ces fonctions où, sans une probité sévère, on pouvait si facilement tromper, s'enrichir; mais que j'exerçais avec tant de rigueur que le roi, lui dis-je, m'appelait *mademoiselle de Vandenesse ;* elle saisit ma main, et la baisa en y laissant tomber une larme de joie. Cette subite transposition des rôles, cet éloge si magnifique, cette pensée si rapidement exprimée, mais plus rapidement comprise : « Voici le maître que j'aurais voulu, voilà mon rêve ! » Tout ce qu'il y avait d'aveux dans cette action où l'abaissement était de la grandeur, où l'amour se trahissait dans une région interdite aux sens, cet orage de choses célestes me tomba sur le cœur et m'écrasa. Je me sentis petit, j'aurais voulu mourir à ses pieds.

— Ah ! dis-je, vous nous surpasserez toujours en tout. Comment pouvez-vous douter de moi ? car on en a douté tout à l'heure, Henriette.

— Non pour le présent, reprit-elle en me regardant avec une douceur ineffable qui, pour moi seulement, voilait la lumière de ses yeux ; mais en vous voyant si beau, je me suis dit : — Nos projets sur Madeleine seront dérangés par quelque femme qui devinera les trésors cachés dans votre cœur, qui vous adorera, qui nous volera notre Félix et brisera tout ici.

— Toujours Madeleine ! dis-je en exprimant une surprise dont elle ne s'affligea qu'à demi. Est-ce donc à Madeleine que je suis fidèle ?

Nous tombâmes dans un silence que monsieur de Mortsauf vint malencontreusement interrompre. Je dus, le cœur plein, soutenir une conversation hérissée de difficultés, où mes sincères réponses sur la politique alors suivie par le roi heurtèrent les idées du comte qui me força d'expliquer les intentions de Sa Majesté. Malgré mes interrogations sur ses chevaux, sur la situation de ses affaires agricoles, s'il était content de ses cinq fermes, s'il couperait les arbres d'une vieille avenue ; il en revenait toujours à la politique avec une taquinerie de vieille fille et une persistance d'enfant, car ces sortes d'esprits se heurtent volontiers aux endroits où brille la lumière, ils y retournent toujours en bourdonnant sans rien pénétrer et fatiguent l'âme comme les grosses mouches fatiguent l'oreille en fredonnant le long des vitres. Henriette se taisait. Pour éteindre cette conversation que la chaleur du jeune âge pouvait enflammer, je répondis par des monosyllabes approbatifs en évitant ainsi d'inutiles discussions ; mais monsieur de Mortsauf avait beaucoup trop d'esprit pour ne pas sentir tout ce que ma politesse avait d'injurieux. Au moment où, fâché d'avoir toujours raison, il se cabra, ses sourcils et les rides de son front jouèrent, ses yeux jaunes éclatèrent, son nez ensanglanté se colora davantage, comme le jour où, pour la première fois, je fus témoin d'un de ses accès de démence. Henriette me jeta des regards suppliants en me faisant comprendre qu'elle ne pouvait déployer en ma faveur l'autorité dont elle usait pour justifier ou pour défendre ses enfants; je répondis alors au comte en le prenant au sérieux et maniant avec une excessive adresse son esprit ombrageux.

— Pauvre cher, pauvre cher! disait-elle en murmurant plusieurs fois ces deux mots qui arrivaient à mon oreille comme une brise. Puis, quand elle crut pouvoir intervenir avec succès, elle nous dit en s'arrêtant : — Savez-vous, messieurs, que vous êtes parfaitement ennuyeux?

Ramené par cette interrogation à la chevaleresque obéissance due aux femmes, le comte cessa de parler politique; nous l'ennuyâmes à notre tour en disant des riens, et il nous laissa libres de nous promener en prétendant que la tête lui tournait à parcourir ainsi continuellement le même espace.

Mes tristes conjectures étaient vraies. Les doux paysages, la tiède atmosphère, le beau ciel, l'enivrante poésie de cette vallée qui, pendant quinze ans, avaient calmé les lancinantes fantaisies de ce malade, étaient impuissants aujourd'hui. A l'époque de la vie où chez les autres hommes les aspérités se fondent et les angles s'émoussent, le caractère du vieux gentilhomme était encore devenu plus agressif que par le passé. Depuis quelques mois, il contredisait pour contredire, sans raison, sans justifier ses opinions ; il demandait le pourquoi de toute chose, s'inquiétait d'un retard ou d'une commission, se mêlait à tout propos des affaires intérieures, et se faisait rendre compte des moindres minuties du ménage de manière à fatiguer sa femme ou ses gens, en ne leur laissant point leur libre arbitre. Jadis il ne s'irritait jamais sans quelque motif spécieux, maintenant son irritation était constante. Peut-être les soins de sa fortune, les spéculations de l'agriculture, une vie de mouvement avaient-ils jusqu'alors détourné son humeur atrabilaire en donnant une pâture à ses inquiétudes, en employant l'activité de son esprit ; et peut-être aujourd'hui le manque d'occupations mettait-il sa maladie aux prises avec elle-même ; ne s'exerçant plus au dehors, elle se produisait par des idées fixes, le *moi* moral s'était emparé du *moi* physique. Il était devenu son propre médecin, il compulsait des livres de médecine, croyait avoir les maladies dont il lisait les descriptions, et prenait alors pour sa santé des précautions inouïes, variables, impossibles à prévoir, partant impossibles à contenter. Tantôt il ne voulait pas de bruit, et quand la comtesse établissait autour de lui un silence absolu, tout à coup, il se plaignait d'être comme dans une tombe, il disait qu'il y avait un milieu entre ne pas faire de bruit et le néant de la Trappe. Tantôt il affectait une parfaite indifférence des choses terrestres, la maison entière respirait, ses enfants

jouaient, les travaux ménagers s'accomplissaient sans aucune critique ; soudain au milieu du bruit, il s'écriait lamentablement : — « On veut me tuer ! »
— Ma chère, s'il s'agissait de vos enfants, vous sauriez bien deviner ce qui les gêne, disait-il à sa femme en aggravant l'injustice de ces paroles par le ton aigre et froid dont il les accompagnait. Il se vêtait et se dévêtait à tout moment, en étudiant les plus légères variations de l'atmosphère, et ne faisait rien sans consulter le baromètre. Malgré les maternelles attentions de sa femme, il ne trouvait aucune nourriture à son goût, car il prétendait avoir un estomac délabré dont les douloureuses digestions lui causaient des insomnies continuelles ; et néanmoins, il mangeait, buvait, digérait, dormait avec une perfection que le plus savant médecin aurait admirée. Ses volontés changeantes lassaient les gens de sa maison qui, routiniers comme le sont tous les domestiques, étaient incapables de se conformer aux exigences de systèmes incessamment contraires. Le comte ordonnait-il de tenir les fenêtres ouvertes sous prétexte que le grand air était désormais nécessaire à sa santé ; quelques jours après, le grand air, ou trop humide ou trop chaud, devenait intolérable ; il grondait alors, il entamait une querelle, et pour avoir raison, il niait souvent sa consigne antérieure. Ce défaut de mémoire ou cette mauvaise foi lui donnait gain de cause dans toutes les discussions où sa femme essayait de l'opposer à lui-même. L'habitation de Clochegourde était devenue si insupportable que l'abbé de Dominis, homme profondément instruit,

avait pris le parti de chercher la résolution de quelques problèmes, et se retranchait dans une distraction affectée. La comtesse n'espérait plus, comme par le passé, pouvoir enfermer dans le cercle de la famille les accès de ses folles colères; déjà les gens de la maison avaient été témoins de scènes où l'exaspération sans motif de ce vieillard prématuré passa les bornes; ils étaient si dévoués à la comtesse qu'il n'en transpirait rien au dehors, mais elle redoutait chaque jour un éclat public de ce délire que le respect humain ne contenait plus. J'appris plus tard d'affreux détails sur la conduite du comte envers sa femme; au lieu de la consoler il l'accablait de sinistres prédictions et la rendait responsable des malheurs à venir, parce qu'elle refusait les médications insensées auxquelles il voulait soumettre ses enfants. La comtesse se promenait-elle avec Jacques et Madeleine, le comte lui prédisait un orage, malgré la pureté du ciel; si par hasard l'événement justifiait son pronostic, la satisfaction de son amour-propre le rendait insensible au mal de ses enfants; l'un d'eux était-il indisposé, le comte employait tout son esprit à rechercher la cause de cette souffrance dans le système de soins adopté par sa femme et qu'il épiloguait dans les plus minces détails, en concluant toujours par ces mots assassins : « Si vos enfants retombent malades, vous l'aurez bien voulu. » Il agissait ainsi dans les moindres détails de l'administration domestique où il ne voyait jamais que le pire côté des choses, se faisant à tout propos *l'avocat du diable,* suivant une expression de son vieux cocher. La comtesse avait in-

diqué pour Jacques et Madeleine des heures de
repas différentes des siennes, et les avait ainsi
soustraits à la terrible action de la maladie du
comte, en attirant sur elle tous les orages. Madeleine et Jacques voyaient rarement leur père. Par
une de ces hallucinations particulières aux égoïstes, le comte n'avait pas la plus légère conscience
du mal dont il était l'auteur; dans la conversation
confidentielle que nous avions eue, il s'était surtout plaint d'être trop bon pour tous les siens. Il
maniait donc le fléau, abattait, brisait tout autour
de lui comme eût fait un singe; puis, après avoir
blessé sa victime, il niait l'avoir touchée. Je compris alors d'où provenaient les lignes comme marquées avec le fil d'un rasoir sur le front de la comtesse, et que j'avais aperçues en la revoyant. Il est
chez les âmes nobles une pudeur qui les empêche
d'exprimer leurs souffrances, elles en dérobent
orgueilleusement l'étendue à ceux qu'elles aiment
par un sentiment de charité voluptueuse. Aussi,
malgré mes instances, n'arrachai-je pas tout d'un
coup cette confidence à Henriette. Elle craignait de
me chagriner, elle me faisait des aveux interrompus par de subites rougeurs; mais j'eus bientôt
deviné l'aggravation que le désœuvrement du comte
avait apportée dans les peines domestiques de Clochegourde.

— Henriette, lui dis-je quelques jours après,
en lui prouvant que j'avais mesuré la profondeur
de ses nouvelles misères, n'avez-vous pas eu tort
de si bien arranger votre terre que le comte n'y
trouve plus à s'occuper ?

— Cher, me dit-elle en souriant, ma situation est assez critique pour mériter toute mon attention, croyez que j'en ai bien étudié les ressources, et toutes sont épuisées. En effet, les tracasseries ont toujours été grandissant. Comme monsieur de Mortsauf et moi nous sommes toujours en présence, je ne puis les affaiblir en les divisant sur plusieurs points, tout serait également douloureux pour moi. J'ai songé à distraire monsieur de Mortsauf, en lui conseillant d'établir une magnanière à Clochegourde où il existe déjà quelques mûriers, vestiges de l'ancienne industrie de la Touraine; mais j'ai reconnu qu'il serait tout aussi despote au logis, et que j'aurais de plus les mille ennuis de cette entreprise. Apprenez, monsieur l'observateur, me dit-elle, que dans le jeune âge les mauvaises qualités de l'homme sont contenues par le monde, arrêtées dans leur essor par le jeu des passions, gênées par le respect humain; plus tard, dans la solitude, chez un homme âgé, les petits défauts se montrent d'autant plus terribles qu'ils ont été longtemps comprimés. Les faiblesses humaines sont essentiellement lâches, elles ne comportent ni paix ni trêve; ce que vous leur avez accordé hier, elles l'exigent aujourd'hui, demain et toujours; elles s'établissent dans les concessions et les étendent. La puissance est clémente, elle se rend à l'évidence, elle est juste et paisible; tandis que les passions engendrées par la faiblesse sont impitoyables; elles sont heureuses quand elles peuvent agir à la manière des enfants qui préfèrent les fruits volés en secret à ceux qu'ils peuvent manger à table; ainsi monsieur de Mortsauf éprouve une joie véritable à me surprendre; et lui qui ne tromperait personne, me trompe avec délices pourvu que la ruse reste dans le for intérieur.

Un mois environ après mon arrivée, un matin, en sortant de déjeuner, la comtesse me prit le bras, se sauva par une porte à claire-voie qui donnait dans le verger, et m'entraîna vivement dans les vignes.

— Ah, il me tuera, dit-elle. Cependant je veux vivre, ne fût-ce que pour mes enfants ! Comment, pas un jour de relâche ! Toujours marcher dans les broussailles, manquer de tomber à tout moment, et à tout moment rassembler ses forces pour garder son équilibre. Aucune créature ne saurait suffire à de telles dépenses d'énergie. Si je connaissais bien le terrain sur lequel doivent porter mes efforts, si ma résistance était déterminée, l'âme s'y plierait; mais non, chaque jour l'attaque change de caractère, et me surprend sans défense; ma douleur n'est pas une, elle est multiple. Félix, Félix, vous ne sauriez imaginer quelle forme odieuse a prise sa tyrannie, et quelles sauvages exigences lui ont suggérées ses livres de médecine. Oh ! mon ami... dit-elle, en appuyant sa tête sur mes épaules, sans achever sa confidence. Que devenir, que faire ? reprit-elle en se débattant contre les pensées qu'elle n'avait pas exprimées. Comment résister ? Il me tuera. Non, je me tuerai moi-même, et c'est un crime cependant ! M'enfuir ? et mes enfants ! Me séparer ? mais comment, après quinze ans de mariage, dire à mon père que je ne puis demeurer avec monsieur de Mortsauf ; quand, si mon père ou ma mère viennent, il sera posé, sage, poli, spirituel. D'ailleurs les femmes mariées ont-elles des pères, ont-elles des mères ? elles appartiennent corps et biens à leurs maris. Je vivais tranquille, sinon heureuse, je puisais quelques forces dans ma chaste solitude, je l'avoue ; mais si je suis privée de ce bonheur négatif, je deviendrai folle aussi moi. Ma résistance est fondée sur de puissantes raisons qui ne me sont pas personnelles. N'est-ce pas un crime que de donner le jour à de pauvres créatures condamnées par avance à de perpétuelles douleurs ? Cependant ma conduite soulève de si graves questions que je ne puis les décider seule ; je suis juge et partie. J'irai demain à Tours consulter l'abbé Birotteau mon nouveau directeur, car mon cher et vertueux abbé de la Berge est mort, dit-elle en s'interrompant. Quoiqu'il fût sévère, sa force apostolique me manquera toujours ; son successeur est un ange de douceur qui s'attendrit au lieu de réprimander ; néanmoins, au cœur de la religion quel courage ne se retremperait ? quelle raison ne s'affermirait à la voix de l'Esprit-Saint ? — Mon Dieu, reprit-elle en séchant ses larmes et levant les yeux au ciel, de quoi me punissez-vous ? Mais, il faut le croire, dit-elle en appuyant ses doigts sur mon bras, oui, croyons-le, Félix, nous devons passer par un creuset rouge avant d'arriver saints et parfaits dans les sphères supérieures. Dois-je me taire ? me défendez-vous, mon Dieu, de crier dans le sein d'un ami ? l'aimé-je trop ? Elle me pressa sur son cœur comme si elle eût craint de me perdre : — Qui me résoudra ces doutes ?

Ma conscience ne me reproche rien. Les étoiles rayonnent d'en haut sur les hommes; pourquoi l'âme, cette étoile humaine, n'envelopperait-elle pas de ses feux un ami, quand on ne laisse aller à lui que de pures pensées?

J'écoutais cette horrible clameur en silence, tenant la main moite de cette femme dans la mienne plus moite encore; je la serrais avec une force à laquelle Henriette répondait par une force égale.

— Vous êtes donc par là? cria le comte qui venait à nous, la tête nue. Depuis mon retour il voulait obstinément se mêler à nos entretiens; soit qu'il en espérât quelque amusement, soit qu'il crût que la comtesse me contait ses douleurs et se plaignait dans mon sein, soit encore qu'il fût jaloux d'un plaisir qu'il ne partageait point.

— Comme il me suit! dit-elle avec l'accent du désespoir. Allons voir les clos, nous l'éviterons. Baissons-nous le long des haies pour qu'il ne nous aperçoive pas.

Nous nous fîmes un rempart d'une haie touffue, nous gagnâmes les clos en courant, et nous nous trouvâmes bientôt loin du comte, dans une allée d'amandiers.

— Chère Henriette, lui dis-je alors en serrant son bras contre mon cœur, et m'arrêtant pour la contempler dans sa douleur, vous m'avez naguère dirigé savamment à travers les voies périlleuses du grand monde; permettez-moi de vous donner quelques instructions pour vous aider à finir le duel sans témoins dans lequel vous succomberiez infailliblement, car vous ne vous battez point avec des armes égales. Ne luttez pas plus longtemps contre un fou....

— Chut! dit-elle en réprimant des larmes qui roulèrent dans ses yeux.

— Écoutez-moi, chère! Après une heure de ces conversations que je suis obligé de subir par amour pour vous, souvent ma pensée est pervertie, ma tête est lourde; le comte me fait douter de mon intelligence, les mêmes idées répétées se gravent malgré moi dans mon cerveau. Les monomanies bien caractérisées ne sont pas contagieuses; mais quand la folie réside dans la manière d'envisager les choses, et qu'elle se cache sous des discussions constantes, elle peut causer des ravages sur ceux qui vivent auprès d'elle. Votre patience est sublime, mais ne vous mène-t-elle pas à l'abrutissement? Ainsi pour vous, pour vos enfants, changez de système avec le comte. Votre adorable complaisance a développé son égoïsme, vous l'avez traité comme une mère traite un enfant qu'elle gâte; mais aujourd'hui, si vous voulez vivre... Et, dis-je en la regardant, vous le voulez! déployez l'empire que vous avez sur lui. Vous le savez, il vous aime et vous craint, faites-vous craindre davantage, opposez à ses volontés diffuses une volonté rectiligne. Étendez votre pouvoir comme il a su étendre, lui, les concessions que vous lui avez faites, et renfermez sa maladie dans une sphère morale, comme on renferme les fous dans une loge.

— Cher enfant, me dit-elle en souriant avec amertume, une femme sans cœur peut seule jouer ce rôle. Je suis mère, je serais un mauvais bourreau.

Oui, je sais souffrir, mais faire souffrir les autres ! jamais, dit-elle, pas même pour obtenir un résultat honorable ou grand. D'ailleurs, ne devrais-je pas faire mentir mon cœur, déguiser ma voix, armer mon front, corrompre mon geste... ne me demandez pas de tels mensonges. Je puis me placer entre monsieur de Mortsauf et ses enfants, je recevrai ses coups pour qu'ils n'atteignent ici personne ; voilà tout ce que je puis pour concilier tant d'intérêts contraires.

— Laisse-moi t'adorer ! sainte, trois fois sainte ! dis-je en mettant un genou en terre, en baisant sa robe et y essuyant des pleurs qui me vinrent aux yeux.

— Mais, s'il vous tue, lui dis-je.

Elle pâlit, et répondit en levant les yeux au ciel : — La volonté de Dieu sera faite !

— Savez-vous ce que le roi disait à votre père à propos de vous. « Ce diable de Mortsauf vit donc toujours ! »

— Ce qui est une plaisanterie dans la bouche du roi, répondit-elle, est un crime ici.

Malgré nos précautions, le comte nous avait suivis à la piste ; il nous atteignit tout en sueur sous un noyer où la comtesse s'était arrêtée pour me dire cette parole grave. En le voyant je me mis à parler vendange. Eut-il d'injustes soupçons ? je ne sais ; mais il resta sans mot dire à nous examiner, sans prendre garde à la fraîcheur que distillent les noyers. Après un moment employé par quelques paroles insignifiantes entrecoupées de pauses très-significatives, le comte dit avoir mal au cœur et à la tête ;

il se plaignit doucement, sans quêter notre pitié, sans nous peindre ses douleurs par des images exagérées. Nous n'y fîmes aucune attention. En rentrant, il se sentit plus mal encore, parla de se mettre au lit, et s'y mit sans cérémonie, avec un naturel qui ne lui était pas ordinaire. Nous profitâmes de l'armistice que nous donnait son humeur hypocondriaque, et nous descendîmes à notre chère terrasse, accompagnés de Madeleine.

— Allons nous promener sur l'eau, dit la comtesse après quelques tours, nous irons assister à la pêche que le garde fait pour nous aujourd'hui.

Nous sortons par la petite porte, nous gagnons la toue, nous y sautons, et nous voilà remontant l'Indre avec lenteur. Comme trois enfants amusés à des riens, nous regardions les herbes des bords, les demoiselles bleues ou vertes; et la comtesse s'étonnait de pouvoir goûter d'aussi tranquilles plaisirs, au milieu de ses poignants chagrins; mais le calme de la nature qui marche insouciante de nos luttes n'exerce-t-il pas sur nous un charme consolateur. L'agitation d'un amour plein de désirs contenus s'harmonie à celle de l'eau, les fleurs que la main de l'homme n'a point perverties expriment ses rêves les plus secrets, le voluptueux balancement d'une barque imite vaguement les pensées qui flottent dans l'âme; nous éprouvâmes l'engourdissante influence de cette double poésie : les paroles montées au diapazon de la nature déployèrent une grâce mystérieuse, et les regards eurent de plus éclatants rayons en participant à la lumière si largement versée par le soleil dans la prairie flamboyante; la ri-

20

vière fut comme un sentier sur lequel nous volions, et n'étant pas diverti par le mouvement qu'exige la marche à pied, notre esprit s'empara de la création. La joie tumultueuse d'une petite fille en liberté, si gracieuse dans ses gestes, si agaçante dans ses propos, n'était-elle pas aussi la vivante expression de deux âmes libres qui se plaisaient à former idéalement cette merveilleuse créature rêvée par Platon, connue de tous ceux dont la jeunesse fut remplie par un heureux amour. Pour vous peindre cette heure, non dans ses détails indescriptibles, mais dans son ensemble, je vous dirai que nous nous aimions en tous les êtres, en toutes les choses qui nous entouraient ; nous sentions hors de nous le bonheur que chacun de nous souhaitait, il nous pénétrait si vivement que la comtesse ôta ses gants et laissa tomber ses belles mains dans l'eau comme pour rafraîchir une secrète ardeur ; ses yeux parlaient, mais sa bouche, qui s'entr'ouvrait comme une rose à l'air, se serait fermée à un désir. Vous connaissez la mélodie des sons graves parfaitement unis aux sons élevés, elle m'a toujours rappelé la mélodie de nos deux âmes en ce moment qui ne se retrouva plus jamais.

— Où faites-vous pêcher, lui dis-je, si vous ne pouvez pêcher que sur les rives qui sont à vous ?

— Près du pont de Ruan, me dit-elle. Ha ! nous avons maintenant la rivière à nous, depuis le pont de Ruan jusqu'à Clochegourde. Monsieur de Mortsauf vient d'acheter quarante arpents de prairie, avec les économies de ces deux années et l'arriéré de sa pension. Cela vous étonne ?

— Moi, je voudrais que toute la vallée fût à vous ! m'écriai-je.

Elle me répondit par un sourire. Nous arrivâmes au-dessous du pont de Ruan, à un endroit où l'Indre est large, et où l'on pêchait.

— Hé bien, Martineau ? dit-elle.

— Ha, madame la comtesse, nous avons du guignon. Depuis trois heures que nous y sommes, en remontant du moulin ici, nous n'avons rien pris.

Nous abordâmes afin d'assister aux derniers coups de filet, et nous nous plaçâmes tous trois à l'ombre d'un *brouillard*, espèce de peuplier dont l'écorce est blanche, qui se trouve sur le Danube, sur la Loire, probablement sur tous les grands fleuves, et qui jette au printemps un coton blanc soyeux, l'enveloppe de sa fleur. La comtesse avait repris son auguste sérénité, elle se repentait presque de m'avoir dévoilé ses douleurs, et d'avoir crié comme Job, au lieu de pleurer comme la Madeleine, une Madeleine sans amours ni fêtes, ni dissipations, mais non sans parfums ni beautés. La seine ramenée à ses pieds fut pleine de poissons : des tanches, des barbillons, des brochets, des perches, et une énorme carpe sautillant sur l'herbe.

— C'est un fait exprès, dit le garde.

Les ouvriers écarquillaient leurs yeux en admirant cette femme qui ressemblait à une fée dont la baguette avait touché les filets. En ce moment le piqueur parut chevauchant à travers la prairie au grand galop, et lui causa d'horribles tressaillements; nous n'avions pas Jacques avec nous, et la première pensée des mères est, comme l'a si poétiquement dit Virgile, de serrer leurs enfants sur leur sein au moindre événement.

— Jacques! cria-t-elle. Où est Jacques? qu'est-il arrivé à mon fils!

Elle ne m'aimait pas! Si elle m'avait aimé, elle aurait eu pour mes souffrances cette expression de lionne au désespoir.

— Madame la comtesse, monsieur le comte se trouve plus mal.

Elle respira, courut avec moi, suivie de Madeleine.

— Revenez lentement, me dit-elle, que cette chère fille ne s'échauffe pas; vous le voyez, la course de monsieur de Mortsauf par ce temps si chaud l'avait mis en sueur, et sa station sous le noyer a pu devenir la cause d'un malheur.

Ce mot dit au milieu de son trouble accusait la pureté de son âme. La mort du comte, un malheur! Elle gagna rapidement Clochegourde, passa par la brèche d'un mur, et traversa les clos. Je revins lentement en effet; l'expression d'Henriette m'avait éclairé, mais comme éclaire la foudre qui ruine les moissons engrangées. Durant cette promenade sur l'eau, je m'étais cru le préféré; je sentis amèrement qu'elle était de bonne foi dans ses paroles. L'amant qui n'est pas tout, n'est rien. J'aimais donc seul avec les désirs d'un amour qui sait tout ce qu'il veut, qui se repaît par avance de caresses espérées, et se contente des voluptés de l'âme parce qu'il y mêle celles qui lui réserve l'avenir. Si Henriette aimait, elle ne connaissait rien, ni des plaisirs de l'amour, ni de ses tempêtes; elle vivait du sentiment même, comme une sainte avec Dieu. J'étais l'objet auquel s'étaient rattachées ses pensées, ses sensations méconnues, comme un essaim s'attache à quelque branche d'arbre fleuri ; mais je n'étais pas le principe, j'étais un accident de sa vie, je n'étais pas toute sa vie. Roi détrôné, j'allais me demandant qui pouvait me rendre mon royaume. Dans ma folle jalousie, je me reprochais de n'avoir rien osé, de n'avoir pas resserré les liens d'une tendresse, qui me semblait alors plus subtile que vraie, par les chaînes du droit positif que crée la possession.

L'indisposition du comte, déterminée peut-être par le froid du noyer, devint grave en quelques heures. J'allai quérir à Tours un médecin renommé, monsieur Origet, que je ne pus ramener que dans la soirée ; mais il resta pendant toute la nuit et le lendemain à Clochegourde. Quoiqu'il eût envoyé chercher une grande quantité de sangsues par le piqueur, il jugea qu'une saignée était urgente, et n'avait point de lancette sur lui. Aussitôt je courus à Azay par un temps affreux, je réveillai le chirurgien, monsieur Deslandes, et le contraignis à venir avec une célérité d'oiseau. Dix minutes plus tard, et le comte eût succombé, la saignée le sauva. Malgré ce premier succès, le médecin pronostiquait la fièvre inflammatoire la plus pernicieuse, une de ces maladies comme en font les gens qui se sont bien portés pendant vingt ans. La comtesse atterrée croyait être la cause de cette fatale crise. Sans force pour me remercier de mes soins, elle se contentait de me jeter quelques sourires dont l'expression équivalait au baiser qu'elle avait mis sur ma main ; j'aurais voulu y lire les remords d'un illicite amour, mais c'était l'acte de contrition d'un repentir qui faisait mal à voir dans une âme aussi pure, c'était l'expansion d'une admirative tendresse pour celui qu'elle regardait comme noble, en s'accusant, elle seule, d'un crime imaginaire. Certes, elle aimait comme Laure de Noves aimait Pétrarque ; et non comme Francesca di Rimini aimait Paolo ; affreuse découverte pour qui rêvait l'union de ces deux sortes d'amour! La comtesse gisait, le corps affaissé, les bras pendants, sur un fauteuil sale dans cette chambre qui ressemblait à la bauge d'un sanglier. Le lendemain soir, avant de partir, le médecin dit à la comtesse qui avait passé la nuit, de prendre une garde. La maladie devait être longue.

— Une garde, répondit-elle, non, non. Nous le soignerons, s'écria-t-elle en me regardant, nous nous devons de le sauver!

A ce cri, le médecin nous jeta un coup d'œil observateur, plein d'étonnement ; l'expression de cette parole était de nature à lui faire soupçonner quelque forfait manqué ; il promit de revenir deux fois par semaine, indiqua la marche à tenir à monsieur Deslandes et désigna les symptômes menaçants qui pouvaient exiger qu'on vînt le chercher à Tours. Afin de procurer à la comtesse au moins une nuit de sommeil sur deux, je lui demandai de me laisser veiller le comte alternativement avec elle. Ainsi je la décidai, non sans peine à s'aller coucher la troisième nuit. Quand tout reposa dans la maison, pendant un moment où le comte s'assoupit, j'entendis chez

Henriette un douloureux gémissement ; mon inquiétude devint si vive que j'allai la trouver. Elle était à genoux devant son prie-dieu, fondant en larmes, et s'accusait : — Mon Dieu, si tel est le prix d'un murmure, criait-elle, je ne me plaindrai jamais.

— Vous l'avez quitté ! dit-elle en me voyant.

— Je vous entendais pleurer et gémir, j'ai eu peur pour vous.

— Oh ! moi, dit-elle, je me porte bien !

Elle voulut être certaine que monsieur de Mortsauf dormît ; nous descendîmes tous deux, et tous deux à la clarté d'une lampe, nous le regardâmes : le comte était plus affaibli par la perte du sang tiré à flots, qu'il n'était endormi ; ses mains agitées cherchaient à ramener sa couverture sur lui.

On prétend que ce sont des gestes de mourants, dit-elle. Ah ! s'il mourait de cette maladie que nous avons causée, je ne me marierais jamais, je le jure, ajouta-t-elle en étendant la main sur la tête du comte par un geste solennel.

— J'ai tout fait pour le sauver, lui dis-je.

— Oh ! vous, vous êtes bon, dit-elle. Mais moi, je suis la grande coupable.

Elle se pencha sur ce front décomposé, en balaya la sueur avec ses cheveux, et le baisa saintement ; mais je ne vis pas avec une joie secrète qu'elle s'acquittait de cette caresse comme d'une expiation.

— Blanche, à boire, dit le comte d'une voix éteinte.

— Vous voyez, il ne connaît que moi, me dit-elle en lui apportant un verre. Et par son accent, par ses manières affectueuses, elle cherchait à insulter aux sentiments qui nous liaient, en les immolant au malade.

— Henriette, lui dis-je, allez prendre quelque repos? je vous en supplie.

— Plus d'Henriette, dit-elle en m'interrompant avec une impérieuse précipitation.

— Couchez-vous afin de ne pas tomber malade. Vos enfants, *lui-même* vous ordonnent de vous soigner, il est des cas où l'égoïsme devient une sublime vertu.

— Oui, dit-elle.

Elle s'en alla me recommandant son mari par des gestes qui eussent accusé quelque prochain délire, s'ils n'avaient pas eu les grâces de l'enfance mêlées à la force suppliante du repentir. Cette scène, terrible en la mesurant à l'état habituel de cette âme pure, m'effraya; je craignis l'exaltation de sa conscience. Quand le médecin revint, je lui révélai les scrupules d'hermine effarouchée qui poignaient ma blanche Henriette. Quoique discrète, cette confidence dissipa les soupçons de monsieur Origet, et il calma les agitations de cette belle âme en disant qu'en tout état de cause, le comte devait subir cette crise, et que sa station sous le noyer avait été plus utile que nuisible en déterminant la maladie.

Pendant cinquante-deux jours le comte fut entre la vie et la mort, nous veillâmes chacun à notre tour, Henriette et moi, vingt-six nuits. Certes, monsieur de Mortsauf dut son salut à nos soins, à la scrupuleuse exactitude avec laquelle nous exécutions les ordres de monsieur Origet. Semblable aux médecins philosophes que de sagaces observations autorisent à douter des belles actions quand elles ne sont que le secret accomplissement d'un devoir, cet homme, tout en assistant au combat d'héroïsme qui se passait entre la comtesse et moi, ne pouvait s'empêcher de nous épier par des regards inquisitifs, tant il avait peur de se tromper dans son admiration.

— Dans une semblable maladie, me dit-il lors de sa troisième visite, la mort rencontre un prompt auxiliaire dans le moral, quand il se trouve aussi gravement altéré que l'est celui du comte. Le médecin, la garde, les gens qui entourent le malade tiennent sa vie entre leurs mains; car alors un seul mot, une crainte vive exprimée par un geste, ont la puissance du poison.

En me parlant ainsi, Origet étudiait mon visage et ma contenance; mais il vit dans mes yeux la claire expression d'une âme candide. En effet, durant le cours de cette cruelle maladie, il ne se forma pas dans mon intelligence la plus légère de ces mauvaises idées involontaires qui parfois sillonnent les consciences les plus innocentes. Pour qui contemple en grand la nature, tout y tend à l'unité par l'assimilation; le monde moral doit être régi par un principe analogue; dans une sphère pure, tout est pur; près d'Henriette, il se respirait un parfum du ciel, il semblait qu'un désir reprochable devait à jamais vous éloigner d'elle. Ainsi, non-seulement elle était le bonheur, mais elle était aussi la vertu. En nous trouvant toujours également attentifs et soigneux, le docteur avait je ne sais quoi de pieux et d'attendri dans les paroles et dans les

manières; il semblait se dire : — Voilà les vrais malades; ils cachent leur blessure et l'oublient! »
Par un contraste qui, selon cet excellent homme, était assez ordinaire chez les hommes ainsi détruits, monsieur de Mortsauf fut patient, plein d'obéissance, ne se plaignit jamais et montra la plus merveilleuse docilité; lui qui, bien portant, ne faisait pas la chose la plus simple sans mille observations. Le secret de cette soumission à la médecine, tant niée naguère, était une secrète peur de la mort, autre contraste chez un homme d'une bravoure irrécusable ! Cette peur pourrait assez bien expliquer plusieurs bizarreries du nouveau caractère que lui avaient prêté ses malheurs.

Vous l'avouerai-je, Natalie, et le croirez-vous? ces cinquante jours et le mois qui les suivit furent les plus beaux moments de ma vie. L'amour n'est-il pas dans les espaces infinis de l'âme, comme est dans une belle vallée le grand fleuve où se rendent les pluies, les ruisseaux et les torrents; où tombent les arbres et les fleurs, les graviers du bord et les plus élevés quartiers de roc; il s'agrandit aussi bien par les orages que par le lent tribut des claires fontaines. Oui, quand on aime, tout arrive à l'amour. Les premiers grands dangers passés, la comtesse et moi, nous nous habituâmes à la maladie. Malgré le désordre incessant introduit par les soins qu'exigeait le comte, sa chambre que nous avions trouvée si mal tenue devint propre et coquette. Bientôt nous y fûmes comme deux êtres échoués dans une île déserte; car non-seulement les malheurs isolent; mais encore ils font taire les mesquines conventions de la société. Puis l'intérêt du malade nous obligea d'avoir des points de contact qu'aucun autre événement n'aurait autorisés. Combien de fois nos mains, si timides auparavant, ne se rencontrèrent-elles pas en rendant quelque service au comte ; n'avais-je pas à soutenir, à aider Henriette. Souvent emportée par une nécessité comparable à celle du soldat en vedette, elle oubliait de manger ; je lui servais alors, quelquefois sur ses genoux, un repas pris en hâte et qui nécessitait mille petits soins ; c'était une scène d'enfance à côté d'une tombe entr'ouverte. Elle me commandait vivement les apprêts qui pouvaient éviter quelque souffrance au comte, et m'employait à mille menus ouvrages. Pendant le premier temps où l'intensité du danger étouffait, comme durant une bataille, les subtiles distinctions qui caractérisent les faits de la vie ordinaire, elle dépouilla nécessairement ce décorum que toute femme, même la plus naturelle, garde en ses paroles, dans ses regards, dans son maintien quand elle est en présence du monde ou de sa famille, et qui n'est plus de mise en déshabillé. Ne venait-elle pas me relever aux premiers chants de l'oiseau, dans ses vêtements du matin qui me permirent de revoir parfois les éblouissants trésors que, dans mes folles espérances, je considérais comme miens ? Tout en restant imposante et fière, pouvait-elle ainsi ne pas être familière ? D'ailleurs pendant les premiers jours le danger ôta si bien toute signification passionnée aux privautés de notre intime union, qu'elle n'y vit point de mal ; puis quand vint la réflexion, elle songea peut-être

que ce serait une insulte pour elle comme pour moi
que de changer ses manières. Nous nous trouvâmes
insensiblement apprivoisés, mariés à demi. Elle se
montra bien noblement confiante, sûre de moi
comme d'elle-même. J'entrai donc plus avant dans
son cœur. La comtesse redevint mon Henriette,
Henriette contrainte d'aimer davantage celui qui
s'efforçait d'être sa seconde âme. Bientôt je n'attendis plus sa main toujours irrésistiblement abandonnée au moindre coup d'œil sollicitcur; je pouvais,
sans qu'elle se dérobât à ma vue, suivre avec ivresse
les lignes de ses belles formes durant les longues
heures pendant lesquelles nous écoutions le sommeil du malade. Les chétives voluptés que nous
nous accordions, ces regards attendris, ces paroles
prononcées à voix basse pour ne pas éveiller le
comte, les craintes, les espérances dites et redites,
enfin les mille événements de cette fusion complète
de deux cœurs longtemps séparés, se détachaient
vivement les ombres douloureuses de la scène actuelle. Nous connûmes nos âmes à fond dans cette
épreuve à laquelle succombent souvent les affections
les plus vives qui ne résistent pas au laisser-voir
de toutes les heures, qui se détachent en éprouvant
cette cohésion constante où l'on trouve la vie ou
lourde ou légère à porter. Vous savez quel ravage
fait la maladie d'un maître, quelle interruption
dans les affaires, le temps manque pour tout; la
vie embarrassée chez lui dérange les mouvements
de sa maison et ceux de sa famille. Quoique tout
tombât sur madame de Mortsauf, le comte était encore utile au dehors; il allait parler aux fermiers,

se rendait chez les gens d'affaires, recevait les fonds ; si elle était l'âme, il était le corps. Je me fis son intendant pour qu'elle pût soigner le comte sans rien laisser péricliter au dehors. Elle accepta tout sans façon, sans un remercîment. Ce fut une douce communauté de plus que ces soins de maison partagés, que ces ordres transmis en son nom. Je m'entretenais souvent le soir avec elle, dans sa chambre, et de ses intérêts et de ses enfants. Ces causeries donnèrent un semblant de plus à notre mariage éphémère. Avec quelle joie Henriette se prêtait à me laisser jouer le rôle de son mari, à me faire occuper sa place à table, à m'envoyer parler au garde ; et tout cela dans une complète innocence, mais non sans cet intime plaisir qu'éprouve la plus vertueuse femme du monde à trouver un biais où se réunissent la stricte observation des lois et le contentement de ses désirs inavoués. Annulé par la maladie, le comte ne pesait plus sur sa femme, ni sur sa maison ; et alors la comtesse fut elle-même, elle eut le droit de s'occuper de moi, de me rendre l'objet d'une foule de soins. Quelle joie quand je découvris en elle la pensée vaguement conçue peut-être, mais délicieusement exprimée, de me révéler tout le prix de sa personne et de ses qualités, de me faire apercevoir le changement qui s'opérerait en elle si elle était comprise. Cette fleur, incessamment fermée dans la froide atmosphère de son ménage, s'épanouit à mes regards, et pour moi seul ; elle prit autant de joie à se déployer, que j'en sentis en y jetant l'œil curieux de l'amour. Elle me prouvait par tous les riens de la vie combien j'étais présent à sa pensée. Le jour où, après avoir passé la nuit au chevet du malade, je dormais tard, Henriette se levait le matin avant tout le monde, elle faisait régner autour de moi le plus absolu silence; sans être avertis, Jacques et Madeleine jouaient au loin; elle usait de mille supercheries pour conquérir le droit de mettre elle-même mon couvert; enfin, elle me servait, avec quel pétillement de joie dans les mouvements, avec quelle fauve finesse d'hirondelle, quel vermillon sur les joues, quels tremblements dans la voix, quelle pénétration de lynx! ces expansions de l'âme se peignent-elles? Souvent elle était accablée de fatigue; mais si par hasard en ces moments de lassitude il s'agissait de moi, pour moi comme pour ses enfants, elle trouvait de nouvelles forces, elle s'élançait agile, vive et joyeuse. Comme elle aimait à jeter sa tendresse en rayons dans l'air! Ah Natalie! oui, certaines femmes partagent ici-bas les priviléges des Esprits Angéliques, et répandent comme eux cette lumière que saint Martin, le Philosophe Inconnu, disait être intelligente, mélodieuse et parfumée. Sûre de ma discrétion, Henriette se plut à me relever le pesant rideau qui nous cachait l'avenir, en me laissant voir en elle deux femmes : la femme enchaînée qui m'avait séduit malgré ses rudesses, et la femme libre dont la douceur devait éterniser mon amour. Quelle différence! madame de Mortsauf était le bengali transporté dans la froide Europe, tristement posé sur son bâton, muet et mourant dans sa cage où le garde un naturaliste; Henriette était l'oiseau chantant ses poëmes orientaux dans son bocage au bord

du Gange, et comme une pierrerie vivante, volant de
branche en branche parmi les roses d'un immense
volkameria toujours fleuri. Sa beauté se fit plus belle,
son esprit se raviva. Ce continuel feu de joie était
un secret entre nos deux esprits, car l'œil de l'abbé
de Dominis, ce représentant du monde, était plus
redoutable pour Henriette que celui de M. de Mortsauf; mais elle prenait comme moi grand plaisir à
donner à sa pensée des tours ingénieux, elle cachait
son contentement sous la plaisanterie, et couvrait
d'ailleurs les témoignages de sa tendresse du brillant pavillon de la reconnaissance.

— Nous avons mis votre amitié à de rudes épreuves, Félix! Nous pouvons bien lui permettre les li-
cences que nous permettons à Jacques, monsieur
l'abbé? disait-elle à table.

Le sévère abbé répondait par l'aimable sourire
de l'homme pieux qui lit dans les cœurs et les trouve
purs; il exprimait d'ailleurs pour la comtesse le
respect mélangé d'adoration qu'inspirent les anges.
Deux fois, en ces cinquante jours, la comtesse
s'avança peut-être au delà des bornes dans lesquelles
se renfermait notre affection; mais encore ces deux
événements furent-ils enveloppés d'un voile qui ne
se leva qu'au jour des aveux suprêmes. Un matin,
dans les premiers jours de la maladie du comte, au
moment où elle se repentit de m'avoir traité si sévèrement en me refusant les innocents priviléges ac-
cordés à ma chaste tendresse; je l'attendais, elle
devait me remplacer. Trop fatigué, je m'étais endormi, la tête appuyée sur la muraille. Je me réveillai soudain en me sentant le front touché par je

ne sais quoi de frais qui me donna une sensation comparable à celle d'une rose qu'on y eût appuyée. Je vis la comtesse à trois pas de moi, qui me dit :
— « J'arrive! » Je m'en allai; mais en lui souhaitant le bonjour, je lui pris la main, et la sentis humide et tremblante.

— Souffrez-vous? lui dis-je.

— Pourquoi me faites-vous cette question? me demanda-t-elle.

Je la regardai, rougissant, confus : — J'ai rêvé, dis-je.

Un soir, pendant une des dernières visites de monsieur Origet, qui avait positivement annoncé la convalescence du comte, je me trouvais avec Jacques et Madeleine sur le perron où nous étions tous trois couchés sur les marches, emportés par l'attention que demandait une partie d'onchets que nous faisions avec des tuyaux de paille et des crochets armés d'épingles. Monsieur de Mortsauf dormait. En attendant que son cheval fût attelé, le médecin et la comtesse causaient à voix basse dans le salon. Monsieur Origet s'en alla sans que je m'aperçusse de son départ. Après l'avoir reconduit, Henriette s'appuya sur la fenêtre d'où elle nous contempla sans doute pendant quelque temps, à notre insu. La soirée était une de ces soirées chaudes où le ciel prend les teintes du cuivre, où la campagne envoie dans les échos mille bruits confus. Un dernier rayon de soleil se mourait sur les toits, les fleurs des jardins embaumaient les airs, les clochettes des bestiaux ramenés aux étables retentissaient au loin. Nous nous conformions au silence de cette heure tiède en étouffant nos cris de peur d'éveiller le comte. Tout à coup, malgré le bruit onduleux d'une robe, j'entendis la contraction gutturale d'un soupir violemment réprimé; je m'élançai dans le salon, j'y vis la comtesse assise dans l'embrasure de la fenêtre, un mouchoir sur la figure; elle reconnut mon pas, et me fit un geste impérieux pour m'ordonner de la laisser seule. Je vins, le cœur pénétré de crainte, et voulus lui ôter son mouchoir de force, elle avait le visage baigné de larmes, elle s'enfuit dans sa chambre, et n'en sortit que pour la prière. Pour la première fois, depuis cinquante jours, je l'emmenai sur la terrasse et lui demandai compte de son émotion; mais elle affecta la gaîté la plus folle et la justifia par la bonne nouvelle que lui avait donnée Origet.

— Henriette, Henriette, lui dis-je, vous la saviez au moment où je vous ai vue pleurant. Entre nous deux un mensonge serait une monstruosité. Pourquoi m'avez-vous empêché d'essuyer ces larmes? M'appartenaient-elles donc?

— J'ai pensé, me dit-elle, que pour moi, cette maladie a été comme une halte dans la douleur. Maintenant que je ne tremble plus pour monsieur de Mortsauf, il faut trembler pour moi.

Elle avait raison. La santé du comte s'annonça par le retour de son humeur fantasque; il commençait à dire que ni sa femme, ni moi, ni le médecin ne savaient le soigner, nous ignorions tous et sa maladie et son tempérament, et ses souffrances et les remèdes convenables; Origet, infatué de je ne sais quelle doctrine, voyait une altération dans les humeufs; tandis qu'il ne devait s'occuper que du pylore. Un jour, il nous regarda malicieusement comme un homme qui nous aurait épiés ou devinés, et il dit en souriant à sa femme : — Eh bien, ma chère, si j'étais mort, vous m'auriez regretté sans doute; mais, avouez-le, vous vous seriez résignée...

— J'aurais porté le deuil de cour, rose et noir, répondit-elle en riant afin de faire taire son mari.

Mais il y eut surtout à propos de la nourriture que le docteur déterminait sagement en s'opposant à ce que l'on satisfît la faim du convalescent, des scènes de violence et des criailleries qui ne pouvaient se comparer à rien dans le passé, car le caractère du comte se montra d'autant plus terrible qu'il avait pour ainsi dire sommeillé. Forte des ordonnances du médecin et de l'obéissance de ses gens, stimulée par moi qui vis dans cette lutte un moyen de lui apprendre à exercer sa domination sur son mari, la comtesse s'enhardit à la résistance; elle sut opposer un front calme à la démence de ses cris; elle s'habitua, le prenant pour ce qu'il était, pour un enfant, à entendre ses épithètes injurieuses. J'eus le bonheur de lui voir saisir enfin le gouvernement de cet esprit maladif. Le comte criait, mais il obéissait et il obéissait surtout après avoir beaucoup crié. Malgré l'évidence des résultats, Henriette pleurait parfois à l'aspect de ce vieillard décharné, faible, au front plus jaune que la feuille prête à tomber, aux yeux pâles, aux mains tremblantes; elle se reprochait ses duretés, elle ne résistait pas souvent à la joie qu'elle voyait dans les yeux du comte quand, en lui mesurant ses repas, elle allait au delà des défenses du médecin. Elle se montra d'ailleurs d'autant plus douce et gracieuse pour lui, qu'elle l'avait été pour moi; mais il y eut cependant des différences qui remplirent mon cœur d'une joie illimitée. Elle n'était pas infatigable, elle savait appeler ses gens pour servir le comte quand ses caprices se succédaient un peu trop rapidement et qu'il se plaignait de ne pas être compris.

La comtesse voulut aller rendre grâce à Dieu du rétablissement de monsieur de Mortsauf; elle fit dire une messe et me demanda mon bras pour se rendre à l'église; je l'y menai; mais pendant le temps que dura la messe, je vins voir monsieur et madame de Chessel. Au retour, elle voulut me gronder.

— Henriette, lui dis-je, je suis incapable de fausseté. Je puis me jeter à l'eau pour sauver mon ennemi qui se noie, lui donner mon manteau pour le réchauffer; enfin je lui pardonnerais, mais sans oublier l'offense.

Elle garda le silence, et pressa mon bras sur son cœur.

— Vous êtes un ange; vous avez dû être sincère dans vos actions de grâces, dis-je en continuant. La mère du prince de la Paix fut sauvée des mains d'une populace furieuse qui voulait la tuer, et quand la reine lui demanda : Que faisiez-vous? Elle répondit : je priais pour eux! La femme est ainsi. Moi je suis un homme et nécessairement imparfait.

— Ne vous calomniez point, dit-elle en me remuant le bras avec violence, peut-être valez-vous mieux que moi.

— Oui, repris-je, car je donnerais l'éternité pour un seul jour de bonheur, et vous!...

— Et moi? dit-elle en me regardant avec fierté.

Je me tus et baissai les yeux pour éviter la foudre de son regard.

— Moi! reprit-elle, de quel *moi* parlez-vous? Je sens bien des moi, en moi! Ces deux enfants, ajouta-t-elle en montrant Madeleine et Jacques, sont des *moi*. Félix, dit-elle avec un accent déchirant, me croyez-vous donc égoïste? ne pensez-vous pas que je puisse sacrifier toute une éternité pour récompenser celui qui me sacrifie sa vie? Cette pensée est horrible, elle froisse à jamais les sentiments religieux; une femme ainsi déchue peut-elle se relever; son bonheur peut-il l'absoudre? Vous me feriez bientôt décider ces questions!... Oui, je vous livre enfin un secret de ma conscience, cette idée m'a souvent traversé le cœur, je l'ai souvent expiée par de dures pénitences, elle a causé des larmes dont vous m'avez demandé compte avant-hier.....

— Ne donnez-vous pas trop d'importance à certaines choses que les femmes vulgaires mettent à haut prix et que vous devriez...

— Oh! dit-elle en m'interrompant, leur en donnez-vous moins?

Cette logique arrêta tout raisonnement.

— Hé bien, reprit-elle, sachez-le! Oui, j'aurais la lâcheté d'abandonner ce pauvre vieillard dont je suis la vie? Mais mon ami, ces deux petites créatures si faibles qui sont en avant de nous, Madeleine et Jacques, ne resteraient-ils pas avec leur père? Eh bien, croyez-vous, je vous le demande, croyez-vous qu'ils vécussent trois mois sous la domination insensée de cet homme? Si en manquant à mes devoirs, il ne s'agissait que de moi.... Elle laissa échapper un superbe sourire. Mais n'est-ce pas tuer mes deux enfants? leur mort serait certaine. Mon Dieu! sécria-t-elle, pourquoi parlons-nous de ces choses? Mariez-vous, et laissez-moi mourir!

Elle dit ces paroles d'un ton si amer, si profond, qu'elle étouffa la révolte de ma passion.

— Vous avez crié, là-haut, sous ce noyer; je viens de crier, moi, sous ces aunes, voilà tout. Je me tairai désormais.

— Vos générosités me tuent, dit-elle en levant les yeux au ciel.

Nous étions arrivés sur la terrasse, nous y trouvâmes le comte assis dans un fauteuil, au soleil; l'aspect de sa figure fondue, à peine animée par un sourire faible, éteignit les flammes sorties des cendres. Je m'appuyai sur la balustrade, en contemplant le tableau que m'offrait ce moribond, entre ses deux enfants toujours malingres, et sa femme pâlie par les veilles, amaigrie par les excessifs travaux, par les alarmes et peût-être par les joies de ces deux terribles mois, mais que les émotions de cette scène avaient colorée outre mesure. A l'aspect de cette famille souffrante, enveloppée des feuillages tremblotants à travers lesquels passait la grise lumière d'un ciel d'automne nuageux, je sentis en moi-même se dénouer les liens qui rattachent le corps à l'esprit. Pour la première fois, j'éprouvai ce spleen moral que connaissent, dit-on, les plus robustes lutteurs au fort de leurs combats, espèce de folie froide qui fait un lâche de l'homme le plus brave, un incrédule du dévot, qui rend indifférent à toute chose, même aux sentiments les plus vitaux, à l'honneur, à l'amour ; car alors le doute nous ôte la connaissance de nous-même, et nous dégoûte de la vie. Pauvres créatures nerveuses que la richesse de votre organisation livre sans défense à je ne sais quel fatal génie, où sont vos pairs et vos juges ? Je conçus comment le jeune audacieux qui avançait déjà la main sur le bâton des maréchaux de France, habile négociateur autant qu'intrépide capitaine, avait pu devenir l'innocent assassin que je voyais ! Mes désirs, aujourd'hui couronnés de roses, pouvaient avoir cette fin ! Épouvanté par la cause autant que par l'effet, demandant comme l'impie où était ici la Providence, je ne pus retenir deux larmes qui roulèrent sur mes joues.

— Qu'as-tu, mon bon Félix ? me dit Madeleine de sa voix enfantine.

Puis Henriette acheva de dissiper ces noires vapeurs et ces ténèbres par un regard de sollicitude qui rayonna dans mon âme comme le soleil. En ce moment, le vieux piqueur m'apporta de Tours une lettre dont la vue m'arracha je ne sais quel cri de surprise, et qui fit trembler madame de Mortsauf par contre-coup ; je voyais le cachet du cabinet, le roi me rappelait. Je la lui tendis, elle la lut d'un regard.

— Il s'en va! dit le comte.

— Que vais-je devenir? me dit-elle en apercevant pour la première fois son désert sans soleil.

Nous restâmes dans une stupeur de pensée qui nous oppressa tous également, car nous n'avions jamais si bien senti que nous nous étions tous nécessaires les uns aux autres. La comtesse eut, en me parlant de choses même indifférentes, un son de voix nouveau, comme si l'instrument eût perdu plusieurs cordes, et que les autres se fussent détendues. Elle eut des gestes d'apathie et des regards sans lueur. Je la priai de me confier ses pensées.

— En ai-je? me dit-elle.

Elle m'entraîna dans sa chambre, me fit asseoir sur son canapé, fouilla le tiroir de sa toilette, se mit à genoux devant moi, et me dit : — Voilà les cheveux qui me sont tombés depuis un an, prenez-les; ils sont bien à vous, vous saurez un jour comment et pourquoi.

Je me penchai lentement vers son front, elle ne se baissa pas pour éviter mes lèvres, je les appuyai saintement, sans coupable ivresse, sans volupté chatouilleuse, mais avec un solennel attendrissement. Voulait-elle tout sacrifier? Allait-elle seulement, comme je l'avais fait, au bord du précipice? Si l'amour l'avait amenée à se livrer, elle n'eût pas eu ce calme profond, ce regard religieux, et ne m'eût pas dit de sa voix pure : — Vous ne m'en voulez plus?

Je partis au commencement de la nuit, elle voulut m'accompagner par la route de Frapesle, et nous nous arrêtâmes au noyer; je le lui montrai, lui disant comment de là je l'avais aperçue quatre ans auparavant : — La vallée était bien belle! m'écriai-je.

— Et maintenant? reprit-elle vivement.

— Vous êtes sous le noyer, lui dis-je, et la vallée est à nous!

Elle baissa la tête, et notre adieu se fit là. Elle remonta dans sa voiture avec Madeleine, et moi dans la mienne, seul. De retour à Paris, je fus heureusement absorbé par des travaux pressants qui me donnèrent une violente distraction et me forcèrent à me dérober au monde qui m'oublia. Je correspondis avec madame de Mortsauf, à qui j'envoyais mon journal toutes les semaines, et qui me répondait deux fois par mois. Vie obscure et pleine, semblable à ces endroits touffus, fleuris, ignorés, que j'avais admirés naguère encore au fond des bois en faisant de nouveaux poëmes de fleurs pendant les deux dernières semaines.

O vous qui aimez! imposez-vous de ces belles obligations, chargez-vous de règles à accomplir comme l'Église en a donné pour chaque jour aux chrétiens. C'est de grandes idées que les observances rigoureuses créées par la Religion Romaine, elles tracent toujours plus avant dans l'âme les sillons du devoir par la répétition des actes qui conservent l'espérance et la crainte ; les sentiments courent toujours vifs dans ces ruisseaux creusés qui retiennent les eaux, les purifient, rafraîchissent incessamment le cœur, et fertilisent la vie par les abondants trésors d'une foi cachée, source divine où se multiplie l'unique pensée d'un unique amour.

Ma passion, qui recommençait le moyen âge et rappelait la chevalerie, fut connue je ne sais comment. Peut-être le roi et le duc de Lenoncourt en causèrent-ils; de cette sphère supérieure, l'histoire à la fois romanesque et simple d'un jeune homme qui adorait pieusement une femme belle sans public, grande dans la solitude, fidèle sans l'appui du devoir, se répandit sans doute au cœur du faubourg Saint-Germain? Dans les salons, je me trouvais l'objet d'une attention gênante, car la modestie de la vie a des avantages qui, une fois éprouvés, rendent insupportable l'éclat d'une mise en scène constante. De même que les yeux habitués à ne voir que des couleurs douces sont blessés par le grand jour, de même il est certains esprits auxquels déplaisent les violents contrastes. J'étais alors ainsi, vous pouvez vous en étonner aujourd'hui; mais prenez patience, les bizarreries du Vandenesse actuel vont s'expliquer. Je trouvais donc les femmes bienveillantes et le monde parfait pour moi. Après le mariage du duc de Berry, la cour reprit du faste, les fêtes françaises revinrent. L'occupation étrangère avait cessé, la prospérité reparaissait, les plaisirs étaient possibles. Des personnages illustres par leur rang, ou considérables par leur fortune, abondèrent de tous les points de l'Europe dans la capitale de l'intelligence où se retrouvent les avantages des autres pays et leurs vices agrandis, aiguisés par l'esprit français. Cinq mois après avoir quitté Clochegourde au milieu de l'hiver, mon bon ange m'écrivit une lettre désespérée en me racontant une grave maladie de son fils, et à laquelle il avait échappé, mais qui laissait des craintes pour l'avenir, le médecin avait parlé de précautions à prendre pour la poitrine, mot terrible qui, prononcé par la science, teint en noir toutes les heures d'une mère. A peine Henriette respirait-elle, à peine Jacques entrait-il en convalescence, que sa sœur inspira des inquiétudes. Madeleine, cette jolie plante qui répondait si bien à la culture maternelle, subissait une crise prévue, mais redoutable pour une aussi frêle constitution. Abattue déjà par les fatigues que lui avait causées la longue maladie de Jacques, la comtesse se trouvait sans courage pour supporter ce nouveau coup; et le spectacle que lui présentaient ces deux chers êtres la rendait insensible aux tourments redoublés du caractère de son mari. Ainsi, des orages de plus en plus troubles et chargés de graviers déracinaient par leurs vagues âpres les espérances le plus profondément plantées dans son cœur. Elle s'était d'ailleurs abandonnée à la tyrannie du comte qui, de guerre lasse, avait regagné le terrain perdu.

« Quand toute ma force enveloppait mes enfants, m'écrivait-elle, pouvais-je l'employer contre monsieur de Mortsauf et pouvais-je me défendre de ses agressions en me défendant contre la mort? En marchant aujourd'hui, seule et affaiblie, entre les deux jeunes mélancolies qui m'accompagnent, je suis atteinte par un invincible dégoût de la vie. Quel coup puis-je sentir, à quelle affection puis-je répondre, quand je vois sur la terrasse Jacques immobile dont la vie ne m'est plus attestée que par ses deux beaux yeux agrandis de maigreur, caves comme ceux d'un vieillard, et dont, fatal pronostic! l'intelligence avancée contraste avec sa débilité corporelle? Quand je vois à mes côtés, cette jolie Madeleine si vive, si caressante, si colorée, maintenant blanche comme une morte; ses cheveux et ses yeux me semblent avoir pâli, elle tourne sur moi des regards languissants comme si elle voulait me faire ses adieux; aucun mets ne la tente, ou si elle désire quelque nourriture, elle m'effraie par l'étrangeté de ses goûts; la candide créature, quoique élevée dans mon cœur, rougit en me les confiant. Malgré mes efforts, je ne puis les amuser; chacun d'eux me sourit; mais ce sourire leur est arraché par mes coquetteries, et ne vient pas d'eux; ils pleurent de ne pouvoir répondre à mes caresses. La souffrance a tout détendu dans leur âme, même les liens qui nous attachent. Ainsi vous comprenez combien Clochegourde est triste; monsieur de Mortsauf y règne sans obstacle. O mon ami, vous ma gloire! m'écrivait-elle plus loin, vous devez bien m'aimer pour m'aimer encore, pour m'aimer inerte, ingrate, et pétrifiée par la douleur. »

En ce moment, où jamais je ne me sentis plus vivement atteint dans mes entrailles, et où je ne vivais que dans cette âme, sur laquelle je tâchais d'envoyer la brise lumineuse des matins et l'espérance des soirs empourprés, je rencontrai dans les salons de l'Élysée-Bourbon l'une de ces illustres ladys qui sont à demi-souveraines. D'immenses richesses, la naissance dans une famille qui depuis la conquête était pure de toute mésalliance, un mariage avec l'un des hommes les plus distingués de la pairie anglaise, tous ces avantages n'étaient que des accessoires qui rehaussaient la beauté de cette personne, ses grâces, ses manières, son esprit, je ne sais quel brillant qui éblouissait avant de fasciner. Elle fut l'idole du jour, et régna d'autant mieux sur la société parisienne, qu'elle eut les qualités nécessaires à ses succès, la main de fer sous un gant de velours dont parlait Bernadotte. Vous connaissez la singulière personnalité des Anglais, cette orgueilleuse Manche infranchissable, ce froid canal Saint-Georges qu'ils mettent entre eux et les gens qui ne leur sont point présentés. L'humanité semble être une fourmilière sur laquelle ils marchent; ils ne connaissent de leur espèce que les gens admis par eux; les autres, ils n'en entendent pas le langage; ce sont bien des lèvres qui se remuent et les yeux qui voient, mais ni le son ni le regard ne les atteignent; pour eux, ces gens sont comme s'ils n'étaient point. Ils offrent ainsi comme une image de leur île où la loi régit tout, où tout est uniforme dans chaque sphère, où l'exercice des vertus semble être le jeu nécessaire de rouages qui marchent à heure fixe. Les fortifications d'acier poli élevées autour d'une femme anglaise, encagée dans son ménage par des fils d'or, mais où sa mangeoire et son abreuvoir, où ses bâtons et sa pâture sont des merveilles, lui prêtent d'irrésistibles attraits. Jamais un peuple n'a mieux préparé l'hypocrisie de la femme mariée en la mettant à tout propos entre la mort et la vie sociale; pour elle, aucun intervalle entre la honte et l'honneur : ou la faute est complète, ou elle n'est pas; c'est tout ou rien, le *to be, or not to be* d'Hamlet. Cette alternative, jointe au dédain constant auquel leurs mœurs les habituent, fait d'une femme anglaise un être à part dans le monde, c'est une pauvre créature, vertueuse par force et prête à se dépraver, condamnée à de continuels mensonges enfouis en son cœur, mais délicieuse par la forme, parce que ce peuple a tout mis dans la forme. De là les beautés particulières aux femmes de ce pays : cette exaltation d'une tendresse où pour elles se résume nécessairement la vie, l'exagération de leurs soins pour elles-mêmes, la délicatesse de leur amour si gracieusement peinte dans la fameuse scène de Roméo et de Juliette où le génie de Shakespeare a d'un trait exprimé la femme anglaise. A vous qui leur enviez tant de choses, que vous dirai-je que vous ne sachiez de ces blanches sirènes, impénétrables en apparence et sitôt connues, qui croient que l'amour suffit à l'amour, et qui importent le spleen dans les jouissances en ne les variant pas, dont l'âme n'a qu'une note, dont la voix n'a qu'une syllabe, océan d'amour, où qui n'a pas nagé ignorera toujours quelque chose de la poésie des sens, comme celui qui n'a pas vu la mer aura des cordes de moins à sa lyre. Vous connaissez le pourquoi de ces paroles. Mon aventure avec la marquise Dudley eut une fatale célébrité. Dans un âge où les sens ont tant d'empire sur nos déterminations, chez un jeune homme où leurs ardeurs avaient été si violemment comprimées, l'image de la sainte qui souffrait son lent martyre à Clochegourde rayonna si fortement que je pus résister aux séductions. Cette fidélité fut le lustre qui me valut l'attention de lady Arabelle. Ma résistance aiguisa

22.

sa passion. Ce qu'elle désirait, comme le désirent beaucoup d'Anglaises, était l'éclat, l'extraordinaire ; elle voulait du poivre, du piment pour la pâture du cœur, de même que les Anglais veulent des condiments enflammés pour réveiller leur goût. L'atonie que met dans l'existence de ces femmes une perfection constante dans les choses, une régularité méthodique dans les habitudes, les conduit à l'adoration du romanesque et du difficile. Je ne sus pas juger ce caractère. Plus je me renfermais dans un froid dédain, plus lady Dudley se passionnait. Cette lutte dont elle se faisait gloire, excita la curiosité de quelques salons, ce fut pour elle un premier bonheur qui lui faisait une obligation du triomphe. Ah ! j'eusse été sauvé, si quelque ami m'avait répété le mot atroce qui lui échappa sur madame de Mortsauf et sur moi.

— Je suis, dit-elle, ennuyée de ces soupirs de tourterelle !

Sans vouloir ici justifier mon crime, je vous ferai observer, Natalie, qu'un homme a moins de ressources pour résister à une femme que vous n'en avez pour échapper à nos poursuites. Nos mœurs interdisent à notre sexe les brutalités de la répression qui, chez vous, sont des amorces pour un amant, et que d'ailleurs les convenances vous imposent ; à nous au contraire, je ne sais quelle jurisprudence de fatuité masculine ridiculise notre réserve ; nous vous laissons le monopole de la modestie pour que vous ayez le privilége des faveurs ; mais intervertissez les rôles, l'homme succombe sous la moquerie. Quoique gardé par ma passion, je n'étais pas à l'âge où l'on reste insensible aux triples séductions de l'orgueil, du dévouement et de la beauté. Quand lady Arabelle mettait à mes pieds, au milieu d'un bal dont elle était la reine, les hommages qu'elle y recueillait, et qu'elle épiait mon regard pour savoir si sa toilette était de mon goût, et qu'elle frissonnait de volupté lorsqu'elle me plaisait, j'étais ému de son émotion. Elle se tenait d'ailleurs sur un terrain où je ne pouvais pas la fuir; il m'était difficile de refuser certaines invitations parties du cercle diplomatique; sa qualité lui ouvrait tous les salons, et avec cette adresse que les femmes déploient pour obtenir ce qui leur plaît, elle se faisait placer à table par la maîtresse de la maison auprès de moi; puis elle me parlait à l'oreille. — Si j'étais aimée comme l'est madame de Mortsauf, me disait-elle, je vous sacrifierais tout. — Elle me soumettait en riant les conditions les plus humbles, elle me promettait une discrétion à toute épreuve, ou me demandait de souffrir seulement qu'elle m'aimât. Elle me dit un jour ces mots qui satisfaisaient toutes les capitulations d'une conscience timorée et les effrénés désirs du jeune homme : « — Votre amie toujours, et votre maîtresse quand vous le voudrez! » Enfin elle médita de faire servir à ma perte la loyauté même de mon caractère, elle gagna mon valet de chambre, et après une soirée où elle s'était montrée si belle qu'elle était sûre d'avoir excité mes désirs, je la trouvai chez moi. Cet éclat retentit dans l'Angleterre, et son aristocratie se consterna comme le ciel à la chute de son plus bel ange; elle quitta son nuage dans l'empyrée britannique, se réduisit à sa fortune, et voulut éclipser par ses sacrifices CELLE dont la vertu causa ce célèbre désastre. Lady Arabelle prit plaisir, comme le démon sur le faîte du temple, à me montrer les plus riches pays de son ardent royaume.

Lisez-moi, je vous en conjure, avec indulgence? Il s'agit ici d'un des problèmes les plus intéressants de la vie humaine, d'une crise à laquelle ont été soumis la plus grande partie des hommes, et que je voudrais expliquer, ne fût-ce que pour allumer un phare sur cet écueil. Cette belle lady, si svelte, si frêle, cette femme de lait, si brisée, si brisable, si douce, d'un front si caressant, couronnée de cheveux de couleur fauve et si fins, cette créature dont l'éclat semble phosphorescent et passager, est une organisation de fer. Quelque fougueux qu'il soit, aucun cheval ne résiste à son poignet nerveux, à cette main molle en apparence et que rien ne lasse. Elle a le pied de la biche, un petit pied sec et musculeux, sous une grâce d'enveloppe indescriptible. Elle est d'une force à ne rien craindre dans une lutte; nul homme ne peut la suivre à cheval, elle gagnerait le prix d'un *steeple chasse* sur des centaures; elle tire les daims et les cerfs sans arrêter son cheval. Son corps ignore la sueur, il aspire le feu dans l'atmosphère et vit dans l'eau sous peine de ne pas vivre. Aussi sa passion est-elle tout africaine; son désir va comme le tourbillon du désert, le désert dont ses yeux expriment l'ardente immensité, le désert plein d'azur et d'amour, avec son ciel inaltérable, avec ses fraîches nuits étoilées, où l'excès arrive à la grandeur, où la volupté nue charme l'œil par le calme de sa force. Quelles oppositions avec Clochegourde! L'orient et l'occident, l'une attirant à elle les moindres parcelles humides pour s'en nourrir, l'autre exsudant son âme, enveloppant ses fidèles d'une lumineuse atmosphère; celle-ci, vive et svelte; celle-là, lente et grasse. Enfin, avez-vous jamais réfléchi au sens général des mœurs anglaises? N'est-ce pas la divinisation de la matière, un épicuréisme défini, médité, savamment appliqué. Quoi qu'elle fasse ou dise, l'Angleterre est matérialiste, à son insu peut-être. Elle a des prétentions religieuses et morales d'où la spiritualité divine, d'où l'âme catholique est absente, et dont la grâce fécondante ne sera remplacée par aucune hypocrisie, quelque bien jouée qu'elle soit. Elle possède au plus haut degré cette science de l'existence qui bonifie les moindres parcelles de la matérialité, qui fait que votre pantoufle est la plus exquise pantoufle du monde, qui donne à votre linge une saveur indicible, qui double en cèdre et parfume les commodes; qui verse à l'heure dite un thé suave, savamment déplié, qui bannit la poussière, cloue des tapis depuis la première marche jusque dans les derniers replis de la maison, brosse les murs des caves, polit le marteau de la porte, assouplit les ressorts du carrosse, qui fait de la matière une pulpe nourrissante et cotonneuse, brillante et propre, au sein de laquelle l'âme expire sous la jouissance, et produit l'affreuse monotonie du bien-être, donne une vie sans opposition dénuée de spontanéité et qui pour tout dire vous machinise.

Ainsi, je connus tout à coup au sein de ce luxe anglais une femme peut-être unique en son sexe, qui m'enveloppa dans les rets de cet amour renaissant de son agonie et aux prodigalités duquel j'apportais une continence sévère, de cet amour qui a des beautés accablantes, une électricité à lui, qui vous introduit souvent dans les cieux par les portes d'ivoire de son demi-sommeil, ou qui vous y enlève en croupe sur ses reins ailés. Amour horriblement ingrat qui rit sur les cadavres de ceux qu'il tue; amour sans mémoire, un cruel amour qui ressemble à la politique anglaise, et dans lequel tombent presque tous les hommes. Vous comprenez déjà le problème. L'homme est composé de matière et d'esprit; l'animalité vient aboutir en lui et l'ange commence à lui. De là cette lutte que nous éprouvons tous entre une destinée future que nous pressentons et les souvenirs de nos instincts antérieurs dont nous ne sommes pas entièrement détachés; un amour charnel, et un amour divin. Tel homme les résout en un seul, tel autre s'abstient; celui-ci fouille le sexe entier pour y chercher la satisfaction de ses appétits antérieurs; celui-là l'idéalise en une seule femme dans laquelle se résume l'univers; les uns flottent indécis entre les voluptés de la matière et celles de l'esprit, les autres spiritualisent la chair en lui demandant ce qu'elle ne saurait donner. Si, pensant à ces traits généraux de l'amour, vous tenez compte des répulsions et des affinités qui résultent de la diversité des organisations et qui brisent les pactes conclus entre ceux qui ne se sont pas éprouvés, si vous y joignez les erreurs produites par les espérances des gens qui vivent plus spécialement par l'esprit, par le cœur ou par l'action, qui pensent, qui sentent ou qui agissent, et dont les vocations sont trompées, méconnues dans une association où il se trouve deux êtres, également doubles; vous aurez une grande indulgence pour les malheurs envers lesquels la société se montre sans pitié. Eh bien, lady Arabelle satisfaisait les instincts, les organes, les appétits, les vices et les vertus de la matière subtile dont nous sommes faits, elle était la maîtresse du corps. Madame de Mortsauf était l'épouse de l'âme. L'amour que satisfaisait la maîtresse a des bornes, la matière est finie, ses propriétés ont des forces calculées, elle est soumise à d'inévitables saturations, je sentais souvent je ne sais quel vide à Paris, près de lady Dudley. L'infini est le domaine du cœur, l'amour était sans borne à Clochegourde. J'aimais passionnément lady Arabelle, et certes, si la bête était sublime en elle, elle avait aussi de la supériorité dans l'intelligence; sa conversation moqueuse embrassait tout. Mais j'adorais Henriette. La nuit je pleurais de bonheur, le matin je pleurais de remords.

Il est certaines femmes assez savantes pour cacher leur jalousie sous la bonté la plus angélique; ce sont celles qui, semblables à lady Dudley, ont dépassé trente ans; elles savent alors sentir et calculer, presser tout le suc du présent et penser à l'avenir; elles peuvent étouffer des gémissements souvent légitimes avec l'énergie du chasseur qui ne s'aperçoit pas d'une blessure en poursuivant son bouillant halali. Sans parler de madame de Mortsauf, Arabelle essayait de la tuer dans mon âme où elle la retrouvait toujours, et sa passion se ravivait au souffle de cet amour invincible. Afin de triompher par des comparaisons qui fussent à son avantage, elle ne se montra ni soupçonneuse, ni tracassière, ni curieuse, comme le sont la plupart des jeunes femmes; mais, semblable à la lionne qui a saisi dans sa gueule et rapporté dans son antre une proie à ronger, elle veillait à ce que rien ne troublât son bonheur et me gardait comme une conquête insoumise. J'écrivais à Henriette sous ses yeux, jamais elle ne lut une seule ligne, jamais elle ne chercha par aucun moyen à savoir l'adresse écrite sur mes lettres. J'avais ma liberté. Elle semblait s'être dit : — Si je le perds, je n'en accuserai que moi. Et elle s'appuyait fièrement sur un amour si dévoué qu'elle m'aurait donné sa vie sans hésiter, si je la lui avais demandée. Enfin elle m'avait fait croire que, si je la quittais, elle se tuerait aussitôt. Il fallait l'entendre à ce sujet célébrer la coutume des veuves indiennes qui se brûlent sur le bûcher de leurs maris.

— Quoique dans l'Inde cet usage soit une distinction réservée à la classe noble, et que sous ce rapport il soit peu compris des Européens incapables de deviner la dédaigneuse grandeur de ce privilége, avouez, me disait-elle, que dans nos plates mœurs modernes, l'aristocratie ne peut plus se relever que par l'extraordinaire des sentiments? Comment puis-je apprendre aux bourgeois que le sang de mes veines ne ressemble pas au leur, si ce n'est en mourant autrement qu'ils ne meurent? Des femmes sans naissance peuvent avoir les diamants, les étoffes, les chevaux, les écussons même qui devraient nous être réservés, car on achète un nom! Mais, aimer, tête levée, à contre-sens de la loi, mourir pour l'idole que l'on s'est choisie en se taillant un linceul dans les draps de son lit, soumettre le monde et le ciel à un homme en dérobant ainsi au Tout-Puissant le droit de faire un Dieu, ne le trahir pour rien, pas même pour la vertu, car se refuser à lui au nom du devoir, n'est-ce pas se donner à quelque chose qui n'est pas *lui*!... que ce soit un homme ou une idée, il y a toujours trahison! Voilà des grandeurs où n'atteignent pas les femmes vulgaires, elles ne connaissent que deux routes communes, ou le grand chemin de la vertu, ou le bourbeux sentier de la courtisane!

Elle procédait, vous le voyez, par l'orgueil, elle flattait toutes les vanités en les déifiant, elle me mettait si haut qu'elle ne pouvait vivre qu'à mes genoux; aussi toutes les séductions de son esprit étaient-elles exprimées par sa pose d'esclave et par son entière soumission. Elle savait rester tout un jour, étendue à mes pieds, silencieuse, occupée à me regarder, épiant l'heure du plaisir comme une cadine du sérail et l'avançant par d'habiles coquetteries, tout en paraissant l'attendre. Par quels mots peindre les six premiers mois pendant lesquels je fus en proie aux énervantes jouissances d'un amour fertile en plaisirs et qui les variait avec le savoir que donne l'expérience, mais en cachant son instruction sous les emportements de la passion. Ces plaisirs, subite révélation de la poésie des sens, constituent le lien vigoureux par lequel les jeunes gens s'attachent aux femmes plus âgées qu'eux, mais ce lien est l'anneau du forçat : il laisse dans l'âme une ineffaçable empreinte, il y met un dégoût anticipé pour les amours frais, candides, riches de fleurs seulement, et qui ne savent pas servir d'alcool dans des coupes d'or curieusement ciselées, enrichies de pierres où brillent d'inépuisables feux. En savourant les voluptés que je rêvais sans les connaître, que j'avais exprimées dans mes *selam*, et que l'union des âmes rend mille fois plus ardentes, je ne manquai pas de paradoxes pour me justifier à moi-même la complaisance avec laquelle je m'abreuvais à cette belle coupe. Souvent lorsque, perdue dans l'infini de la lassitude, mon âme dégagée du corps voltigeait loin de la terre, je pensais que ces plaisirs étaient un moyen d'annuler la matière et de rendre l'esprit à son vol sublime. Souvent lady Dudley, comme beaucoup de femmes, profitait de l'exaltation à laquelle conduit l'excès du bonheur, pour me lier par des serments; et sous le coup d'un désir, elle m'arrachait des blasphèmes contre l'ange de Clochegourde. Une fois traître, je devins fourbe. Je continuai d'écrire à madame de Mortsauf comme si j'étais toujours le même enfant au méchant petit habit bleu qu'elle aimait tant; mais, je l'avoue, son don de seconde vue m'épouvantait quand je pensais aux désastres qu'une indiscrétion pouvait causer dans le joli château de mes espérances. Souvent, au milieu de mes joies, une soudaine douleur me glaçait, j'entendais le nom d'Henriette prononcé par une voix d'en haut comme le : — *Caïn, où est Abel?* de l'Écriture. Mes lettres restèrent sans réponse. Je fus saisi d'une horrible inquiétude, je voulus partir pour Clochegourde. Arabelle ne s'y opposa point, mais elle parla naturellement de m'accompagner en Touraine. Son caprice aiguisé par la difficulté, ses pressentiments justifiés par un bonheur inespéré, tout avait engendré chez elle un amour réel qu'elle désirait rendre unique. Son génie de femme lui fit apercevoir dans ce voyage un moyen de me détacher entièrement de madame de Mortsauf; tandis qu'aveuglé par la peur, emporté par la naïveté de la passion vraie, je ne vis pas le piége où j'allais être pris. Lady Dudley proposa les concessions les plus humbles et prévint toutes les objections; elle consentit à demeurer près de Tours, à la campagne, inconnue, déguisée, sans sortir le jour, et à choisir pour nos rendez-vous les heures de la nuit où personne ne pouvait nous rencontrer.

Je partis de Tours à cheval pour Clochegourde. J'avais mes raisons en y venant ainsi, car il me fallait pour mes excursions nocturnes un cheval, et le mien était un cheval arabe que lady Eserter Stanhop avait envoyé à la marquise, et qu'elle m'avait échangé contre ce fameux tableau de Rembrandt, qu'elle a dans son salon à Londres et que j'ai si singulièrement obtenu. Je pris le chemin que j'avais parcouru pédestrement six ans auparavant, et m'arrêtai sous le noyer. De là, je vis madame de Mortsauf en robe blanche au bord de la terrasse. Aussitôt je m'élançai vers elle avec la rapidité de l'éclair, et fus en quelques minutes au bas du mur, après avoir franchi la distance en droite ligne, comme s'il s'agissait d'une course au clocher. Elle entendit les bonds prodigieux de l'hirondelle du désert, et quand je l'arrêtai net au coin de la terrasse, elle me dit : — Ah! vous voilà!

Ces trois mots me foudroyèrent. Elle savait mon aventure. Qui la lui avait apprise? sa mère dont plus tard elle me montra la lettre odieuse! La faiblesse indifférente de cette voix, jadis si pleine de vie, la pâleur mate du son révélaient une douleur mûrie, exhalaient je ne sais quelle odeur de fleurs coupées sans retour. L'ouragan de l'infidélité, semblable à ces crues de la Loire qui ensablent à jamais une terre, avait passé sur son âme en faisant un désert là où verdoyaient d'opulentes prairies. Je fis entrer mon cheval par la petite porte; il se coucha sur le gazon à mon commandement, et la comtesse, qui s'était avancée à pas lents, s'écria : — Le bel animal! Elle se tenait les bras croisés pour que je ne prisse pas sa main, je devinai son intention. — Je vais prévenir M. de Mortsauf, dit-elle en me quittant.

Je demeurai debout, confondu, la laissant aller, la contemplant, toujours noble, lente, fière, plus blanche que je ne l'avais vue; mais gardant au front la jaune empreinte du sceau de la plus amère mélancolie, et penchant la tête comme un lys trop chargé de pluie.

— Henriette! criai-je avec la rage de l'homme qui se sent mourir.

Elle ne se retourna point, elle ne s'arrêta pas, elle

dédaigna de me dire qu'elle m'avait retiré son nom, qu'elle n'y répondait plus, elle marchait toujours. Je pourrai dans cette épouvantable vallée où doivent tenir des millions de peuples devenus poussière et dont l'âme anime maintenant la surface du globe, je pourrai me trouver petit au sein de cette foule pressée sous les immensités lumineuses qui l'éclaireront de leur gloire ; mais alors je serai moins aplati que je ne le fus devant cette forme blanche, montant comme monte dans les rues d'une ville quelque inflexible inondation, montant d'un pas égal à son château de Clochegourde, sa gloire et son supplice, son bûcher, son auréole ; Didon chrétienne ! Je maudis Arabelle par une seule imprécation qui l'eût tuée si elle l'eût entendue, elle qui avait tout laissé pour moi, comme on laisse tout pour Dieu ! Je restai perdu dans un monde de pensées, en apercevant de tous côtés l'infini de la douleur. Je les vis descendre tous. Jacques courait avec l'impétuosité naïve de son âge. Gazelle aux yeux mourants, Madeleine accompagnait sa mère. Je serrai Jacques contre mon cœur en versant sur lui les effusions de l'âme et les larmes que rejetait sa mère. M. de Mortsauf vint à moi, me tendit les bras, me pressa sur lui, m'embrassa sur les joues, en me disant : — Félix, j'ai su que je vous devais la vie !

Madame de Mortsauf nous tourna le dos pendant cette scène, en prenant le prétexte de montrer le cheval à Madeleine stupéfaite.

—Ha, diantre ! voilà bien les femmes, cria le comte en colère, elles examinent votre cheval.

Madeleine se retourna, vint à moi, je lui baisai

la main en regardant la comtesse qui rougit.

— Elle est bien mieux, Madeleine, dis-je.

— Pauvre fillette! répondit la comtesse en la baisant au front.

— Oui, pour le moment, ils sont tous bien, répondit le comte. Moi seul, mon cher Félix, suis délabré comme une vieille tour qui va tomber.

— Il paraît que le général a toujours ses dragons noirs, repris-je en regardant madame de Mortsauf.

— Nous avons tous nos *blues devils*, répondit-elle. N'est-ce pas le mot anglais?

Nous remontâmes vers les clos en nous promenant ensemble, et sentant tous qu'il était survenu quelque grave événement. Elle n'avait aucun désir d'être seule avec moi; enfin j'étais son hôte.

— Pour le coup, et votre cheval, dit le comte quand nous fûmes sortis.

— Vous verrez, reprit la comtesse, que j'aurai tort en y pensant et tort en n'y pensant plus.

— Mais oui, dit-il, il faut tout faire en temps utile.

— J'y vais, dis-je en trouvant ce froid accueil insupportable. Moi seul, puis le faire sortir, et le caser comme il faut. Mon *groom* vient par la voiture de Chinon, il le pansera.

— Le *groom* arrive-t-il aussi d'Angleterre? dit-elle.

— Il ne s'en fait que là, répondit le comte, qui devint gai en voyant sa femme triste.

La froideur de sa femme fut une occasion de la contredire, et il m'accabla de son amitié. Je connus la pesanteur de l'attachement d'un mari. Ne croyez pas que le moment où leurs attentions assassinent les âmes nobles soit le temps où leurs femmes prodiguent une affection qui semble leur être volée, non! ils sont odieux et insupportables le jour où cet amour s'envole. La bonne intelligence, condition essentielle aux attachements de ce genre, apparaît alors comme un moyen; elle pèse alors, elle est horrible comme tout moyen que sa fin ne justifie plus.

— Mon cher Félix, me dit le comte en me prenant les mains et me les serrant affectueusement, pardonnez à madame de Mortsauf, les femmes ont le droit d'être quinteuses, leur faiblesse les excuse, elles ne sauraient avoir l'égalité d'humeur que nous donne la force du caractère. Elle vous aime beaucoup, je le sais; mais....

Pendant que le comte parlait, madame de Mortsauf s'éloigna de nous insensiblement de manière à nous laisser seuls.

— Félix, me dit-il alors à voix basse en contemplant sa femme qui remontait au château accompagnée de ses deux enfants, j'ignore ce qui se passe dans l'âme de madame de Mortsauf, mais son caractère a complétement changé depuis six semaines. Elle si douce, si dévouée jusqu'ici, devient d'une maussaderie incroyable!

Manette m'apprit plus tard que la comtesse était tombée dans un abattement qui la rendait insensible aux tracasseries du comte. En ne rencontrant plus de terre molle où planter ses flèches, cet homme était devenu inquiet comme l'enfant qui ne voit plus remuer le pauvre insecte qu'il tourmente. En ce moment il avait besoin d'un confident comme l'exécuteur a besoin d'un aide.

— Essayez, dit-il après une pause, de questionner madame de Mortsauf : une femme a toujours des secrets pour son mari, mais elle vous confiera peut-être le sujet de ses peines. Dût-il m'en coûter la moitié des jours qui me restent et la moitié de ma fortune, je sacrifierais tout pour la rendre heureuse. Elle est si nécessaire à ma vie ! Si dans ma vieillesse je ne sentais pas toujours cet ange à mes côtés, je serais le plus malheureux des hommes ! je voudrais mourir tranquille. Dites-lui donc qu'elle n'a pas longtemps à me supporter. Moi, Félix, mon pauvre ami, je m'en vais, je le sais. Je cache à tout le monde la fatale vérité, pourquoi les affliger par avance ? Toujours le pylore, mon ami ! J'ai fini par saisir les causes de la maladie, la sensibilité m'a tué. En effet, toutes nos affections frappent sur le centre gastrique....

— En sorte, lui dis-je en souriant, que les gens de cœur périssent par l'estomac ?

— Ne riez pas, Félix, rien n'est plus vrai. Les peines trop vives exagèrent le jeu du grand sympathique. Cette exaltation de la sensibilité entretient dans une constante irritation la muqueuse de l'estomac. Si cet état persiste, il amène des perturbations d'abord insensibles dans les fonctions digestives : les sécrétions s'altèrent, l'appétit se dépraye et la digestion se fait capricieuse : bientôt des douleurs poignantes apparaissent, s'aggravent et deviennent de jour en jour plus fréquentes ; puis la désorganisation arrive à son comble comme si quelque poison lent se mêlait au bol alimentaire ; la muqueuse s'épaissit, l'induration de la valvule du pylore s'opère et il s'y forme un squirre dont il faut mourir. Eh bien j'en suis là, mon cher ! L'induration marche sans que rien puisse l'arrêter. Voyez mon teint jaune paille, mes yeux secs et brillants, ma maigreur excessive ? Je me dessèche. Que voulez-vous, j'ai rapporté de l'émigration le germe de cette maladie, j'ai tant souffert alors ! Mon mariage, qui pouvait réparer les maux de l'émigration, loin de calmer mon âme ulcérée, a ravivé la plaie. Qu'ai-je trouvé ici ? d'éternelles alarmes causées par mes enfants, des chagrins domestiques, une fortune à refaire, des économies qui engendraient mille privations que j'imposais à ma femme et dont je pâtissais le premier. Enfin, je ne puis confier ce secret qu'à vous, mais voici ma plus dure peine. Quoique Blanche soit un ange, elle ne me comprend pas ; elle ne sait rien de mes douleurs, elle les contrarie, je lui pardonne ! Tenez, ceci est affreux à dire, mon ami ; mais une femme moins vertueuse qu'elle m'aurait rendu plus heureux en se prêtant à des adoucissements que Blanche n'imagine pas, car elle est niaise comme un enfant ! Ajoutez que mes gens me tourmentent, ce sont des buses qui entendent grec lorsque je parle français. Quand notre fortune a été reconstruite, coussi coussi, quand j'ai eu moins d'ennui, le mal était fait, j'atteignais la période des appétits dépravés ; puis est venue ma grande maladie, si mal prise par Origet. Bref, aujourd'hui je n'ai pas six mois à vivre....

J'écoutais le comte avec terreur. En revoyant la comtesse, le brillant de ses yeux secs et la teinte jaune paille de son front m'avaient frappé, j'entraînai le comte vers la maison en paraissant écouter ses plaintes mêlées de dissertations médicales ; mais je ne songeais qu'à Henriette et voulais l'observer. Je la trouvai dans le salon, où elle assistait à une leçon de mathématiques donnée à Jacques par l'abbé de Dominis, en montrant à Madeleine un point de tapisserie. Autrefois elle aurait bien su, le jour de mon arrivée, remettre ses occupations pour être toute à moi ; mais mon amour était si profondément vrai que je refoulai dans mon cœur le chagrin que me causa ce contraste entre le présent et le passé ; car je voyais la fatale teinte jaune paille qui, sur ce céleste visage, ressemblait au reflet des lueurs divines dont les peintres illuminent la figure des saintes. Je sentis alors en moi le vent glacé de la mort. Puis quand le feu de ses yeux dénués de l'eau limpide où jadis nageait son regard tomba sur moi, je frissonnai ; car j'aperçus alors quelques changements dus au chagrin et que je n'avais point remarqués en plein air : les lignes si menues qui, à ma dernière visite, n'étaient que légèrement imprimées sur son front, l'avaient creusé ; ses tempes bleuâtres semblaient ardentes et concaves ; ses yeux s'étaient enfoncés sous leurs arcades attendries, et le tour avait bruni ; elle était mortifiée comme le fruit sur lequel les meurtrissures commencent à paraître, et qu'un ver intérieur fait prématurément blondir. Moi, dont toute l'ambition était de verser le bonheur à flots dans son âme, n'avais-je pas jeté l'amertume dans la source où se rafraîchissait sa vie, où se retrempait son courage? Je vins m'asseoir à ses côtés, et lui dis d'une voix où pleurait le repentir : — Êtes-vous contente de votre santé?

— Oui, répondit-elle en plongeant ses yeux dans les miens. Ma santé, la voici, reprit-elle en me montrant Jacques et Madeleine.

Sortie victorieuse de sa lutte avec la nature, à quinze ans, Madeleine était femme; elle avait grandi, ses couleurs de rose du Bengale renaissaient sur ses joues bistrées; elle avait perdu l'insouciance de l'enfant qui regarde tout en face, et commençait à baisser les yeux; ses mouvements devenaient rares et graves comme ceux de sa mère; sa taille était svelte, et les grâces de son corsage fleurissaient déjà; déjà la coquetterie lissait ses magnifiques cheveux noirs, séparés en deux bandeaux sur son front d'Espagnole. Elle ressemblait aux jolies statuettes du moyen âge, si fines de contour, si minces de forme que l'œil en les caressant craint de les voir se briser; mais la santé, ce fruit éclos après tant d'efforts, avait mis sur ses joues le velouté de la pêche, et le long de son col le soyeux duvet où, comme chez sa mère, se jouait la lumière. Elle devait vivre! Dieu l'avait écrit, cher bouton de la plus belle des fleurs humaines! sur les longs cils de tes paupières, sur la courbe de tes épaules qui promettaient de se développer richement comme celles de ta mère! Cette brune jeune fille, à la taille de peuplier, contrastait avec Jacques, frêle jeune homme de dix-sept ans, de qui la tête avait grossi, dont le front inquiétait par sa rapide extension, dont les yeux fiévreux, fatigués, étaient en harmonie avec une voix profondément sonore. L'organe livrait un trop fort volume de son, de même que le regard laissait échapper trop de pensées. C'était l'intelligence, l'âme, le cœur d'Henriette dévorant de leur flamme rapide un corps sans consistance ; car Jacques avait ce teint de lait animé des couleurs ardentes qui distinguent les jeunes Anglaises marquées par le fléau pour être abattues dans un temps déterminé ; santé trompeuse ! En obéissant au signe par lequel Henriette, après m'avoir montré Madeleine, indiquait Jacques qui traçait des figures de géométrie et des calculs algébriques sur un tableau devant l'abbé de Dominis, je tressaillis à l'aspect de cette mort cachée sous les fleurs, et respectai l'erreur de la pauvre mère.

— Quand je les vois ainsi, la joie fait taire mes douleurs, de même qu'elles se taisent et disparaissent quand je les vois malades. Mon ami, dit-elle l'œil brillant de plaisir maternel, si d'autres affections nous trahissent, les sentiments récompensés ici, les devoirs accomplis et couronnés de succès compensent la défaite essuyée ailleurs. Jacques sera comme vous un homme d'une haute instruction, plein de vertueux savoir, il fera comme vous l'honneur de son pays, qu'il gouvernera peut-être, aidé par vous qui serez si haut placé ; mais je tâcherai qu'il soit fidèle à ses premières affections. Madeleine, la chère créature, a déjà le cœur sublime, elle est pure comme la neige du plus haut sommet des Alpes, elle aura le dévouement de la femme et sa gracieuse intelligence, elle est fière, elle sera digne des Lenoncourt! La mère jadis si tourmentée est maintenant bien heureuse, heureuse d'un bonheur infini, sans mélange; oui, ma vie est pleine, ma vie est riche. Vous le voyez, Dieu fait éclore mes joies au sein des affections permises et mêle de l'amertume à celles vers lesquelles m'entraînait un penchant dangereux....

— Bien, s'écria joyeusement l'abbé. Monsieur le vicomte en sait autant que moi....

En achevant sa démonstration Jacques toussa légèrement.

— Assez pour aujourd'hui, mon cher abbé, dit la comtesse émue, et surtout pas de leçon de chimie. Montez à cheval, Jacques, reprit-elle en se laissant embrasser par son fils avec la caressante mais digne volupté d'une mère, et les yeux tournés vers moi comme pour insulter mes souvenirs. Allez, cher, et soyez prudent.

— Mais, lui dis-je pendant qu'elle suivait Jacques par un long regard, vous ne m'avez pas répondu? ressentez-vous quelques douleurs.

— Oui, parfois à l'estomac. Si j'étais à Paris, j'aurais les honneurs d'une gastrite, la maladie à la mode.

— Ma mère souffre souvent et beaucoup, me dit Madeleine.

— Ah! dit-elle, ma santé vous intéresse!

Madeleine étonnée de la profonde ironie empreinte dans ces mots, nous regarda tour à tour; mes yeux comptaient des fleurs roses sur le coussin de son meuble gris et vert qui ornait le salon.

— Cette situation est intolérable, lui dis-je à l'oreille.

— Est-ce moi qui l'ai créée? me demanda-t-elle. Cher enfant, ajouta-t-elle à haute voix en affectant ce cruel enjouement par lequel les femmes enjolivent leurs vengeances, ignorez-vous l'histoire moderne? la France et l'Angleterre ne sont-elles pas toujours ennemies? Madeleine sait cela, elle sait qu'une mer immense les sépare, mer froide, mer orageuse.

Les vases de la cheminée étaient remplacés par des candélabres, afin sans doute de m'ôter le plaisir de les remplir de fleurs; je les retrouvai plus tard dans sa chambre. Quand mon domestique arriva, je sortis pour lui donner des ordres; il m'avait apporté quelques affaires que je voulus placer dans ma chambre.

— Félix, me dit la comtesse, ne vous trompez pas! L'ancienne chambre de ma tante est maintenant celle de Madeleine, vous êtes au-dessus du comte.

Quoique coupable, j'avais un cœur, et tous ces mots étaient des coups de poignard froidement donnés aux endroits les plus sensibles qu'elle semblait choisir pour frapper. Les souffrances morales ne sont pas absolues, elles sont en raison de la délicatesse des âmes, et la comtesse avait durement parcouru cette échelle des douleurs; mais, par cette raison même, la meilleure femme sera toujours d'autant plus cruelle qu'elle a été plus bienfaisante. Je la regardai, mais elle baissa la tête. J'allai dans ma nouvelle chambre qui était jolie, blanche et verte. Là, je fondis en larmes. Henriette m'entendit, elle y vint en apportant un bouquet de fleurs.

— Henriette, lui dis-je, en êtes-vous à ne point pardonner la plus excusable des fautes?

— Ne m'appelez jamais Henriette, reprit-elle, elle n'existe plus, la pauvre femme; mais vous trouverez toujours madame de Mortsauf, une amie dévouée qui vous écoutera, qui vous aimera. Félix, nous causerons plus tard. Si vous avez encore de la tendresse pour moi, laissez-moi m'habituer à vous voir; et au moment où les mots me déchireront moins le cœur, à l'heure où j'aurai reconquis un peu de courage, eh bien! alors, alors seulement. Voyez-vous cette vallée, dit-elle en me montrant l'Indre, elle me fait mal, je l'aime toujours.

— Ah! périsse l'Angleterre et toutes ses femmes! Je donne ma démission au roi, je meurs ici, pardonné.

— Non, aimez-la cette femme! Henriette n'est plus, ceci n'est pas un jeu, vous le saurez.

Elle se retira, dévoilant par l'accent de ce dernier mot l'étendue de ses plaies. Je sortis vivement, la retins et lui dis : — Vous ne m'aimez donc plus!

— Vous m'avez fait plus de mal que tous les autres ensemble! Aujourd'hui je souffre moins, je vous aime donc moins; mais il n'y a qu'en Angleterre où l'on dise *ni jamais*, *ni toujours;* ici nous disons *toujours*. Soyez sage, n'augmentez pas ma douleur, et si vous souffrez, songez que je vis, moi!

Elle me retira sa main que je tenais froide, sans

mouvement, mais humide, et se sauva comme une flèche en traversant le corridor où cette scène véritablement tragique avait eu lieu. Pendant le dîner, le marquis me réservait un supplice auquel je n'avais pas songé.

— La marquise Dudley n'est donc pas à Paris? me dit-il.

Je rougis excessivement en lui répondant : — Non.

— Elle n'est pas à Tours, dit le comte en continuant.

— Elle n'est pas divorcée, elle peut aller en Angleterre. Son mari serait bien heureux, si elle voulait revenir à lui, dis-je avec vivacité.

— A-t-elle des enfants? demanda madame de Mortsauf d'une voix altérée.

— Oui, lui-dis-je, deux fils.

— Où sont-ils?

— En Angleterre avec le père.

— Voyons, Félix, soyez franc. Est-elle aussi belle qu'on le dit?

— Pouvez-vous lui faire une semblable question? s'écria la comtesse, la femme qu'on aime n'est-elle pas toujours la plus belle des femmes.

— Oui, toujours, dis-je avec orgueil en lui lançant un regard qu'elle ne soutint pas.

— Vous êtes heureux, reprit le comte, oui vous êtes un heureux coquin. Ah! dans ma jeunesse, j'aurais été fou d'une semblable conquête...

— Assez, dit madame de Mortsauf, en montrant par un regard Madeleine à son père.

— Je ne suis pas un enfant, dit le comte qui se plaisait à redevenir jeune.

En sortant de table, la comtesse m'amena sur la terrasse, et quand nous y fûmes, elle s'écria : — Comment, il se rencontre des femmes qui sacrifient leurs enfants à un homme? La fortune, le monde, je le conçois, l'éternité, oui, peut-être! Mais les enfants! se priver de ses enfants!

— Oui, et ces femmes voudraient avoir encore à sacrifier plus, elles donnent tout...

Pour la comtesse, le monde se renversa, ses idées se confondirent. Saisie par ce grandiose, soupçonnant que le bonheur devait justifier cette immolation, entendant en elle-même les cris de la chair révoltée, elle demeura stupide en face de sa vie manquée. Oui, elle eut un moment de doute horrible; mais elle se releva grande et sainte, portant haut la tête.

— Aimez-la donc bien, Félix, cette femme, dit elle avec des larmes aux yeux, ce sera ma sœur heureuse. Je lui pardonne les maux qu'elle m'a faits, si elle vous donne ce que vous ne deviez jamais trouver ici, ce que vous ne pouvez plus tenir de moi. Vous avez eu raison, je ne vous ai jamais dit que je vous aimasse, et je ne vous ai jamais aimé comme on aime dans ce monde. Mais si elle n'est pas mère, comment peut-elle aimer?

— Chère sainte, repris-je, il faudrait que je fusse moins ému que je ne le suis pour t'expliquer que tu planes victorieusement au-dessus d'elle, qu'elle est une femme de la terre, une fille des races déchues, et que tu es la fille des cieux, l'ange

24.

adoré, que tu as tout mon cœur et qu'elle n'a que ma chair; elle le sait, elle en est au désespoir, et elle changerait avec toi, quand même le plus cruel martyre lui serait imposé pour prix de ce changement. Mais tout est irrémédiable. A toi l'âme, à toi les pensées, l'amour pur, à toi la jeunesse et la vieillesse; à elle les désirs et les plaisirs de la passion fugitive; à toi mon souvenir dans toute son étendue, à elle l'oubli le plus profond.

— Dites, dites, dites-moi donc cela, ô mon ami! Elle alla s'asseoir sur un banc et fondit en larmes. La vertu, Félix, la sainteté de la vie, l'amour maternel, ne sont donc pas des erreurs. Oh! jetez ce baume sur mes plaies! Répétez une parole qui me rend aux cieux où je voulais tendre d'un vol égal avec vous! Bénissez-moi par un regard, par un mot sacré, je vous pardonnerai les maux que j'ai soufferts depuis deux mois.

— Henriette, il est des mystères de notre vie que vous ignorez. Je vous ai rencontrée dans un âge auquel le sentiment peut étouffer les désirs inspirés par notre nature; mais plusieurs scènes dont le souvenir me réchaufferait à l'heure où viendra la mort ont dû vous attester que cet âge finissait, et votre constant triomphe a été d'en prolonger les muettes délices. Un amour sans possession se soutient par l'exaspération même des désirs; puis il vient un moment où tout est souffrance en nous, qui ne ressemblons en rien à vous. Nous possédons une puissance qui ne saurait être abdiquée, sous peine de ne plus être hommes. Privé de la nourriture qui le doit alimenter, le cœur se dévore lui-même, et sent un épuisement qui n'est pas la mort, mais qui la précède. La nature ne peut donc pas être longtemps trompée; au moindre accident, elle se réveille avec une énergie qui ressemble à la folie. Non, je n'ai pas aimé, mais j'ai eu soif au milieu du désert.

— Du désert! dit-elle avec amertume en montrant la vallée. Et, ajouta-t-elle, comme il raisonne, et combien de distinctions subtiles? les fidèles n'ont pas tant d'esprit.

— Henriette, lui dis-je, ne nous querellons pas pour quelques expressions hasardées. Non, mon âme n'a pas vacillé, mais je n'ai pas été maître de mes sens. Cette femme n'ignore pas que tu es la seule aimée. Elle joue un rôle secondaire dans ma vie, elle le sait, et s'y résigne; j'ai le droit de la quitter, comme on quitte une courtisane...

— Et alors...

— Elle m'a dit qu'elle se tuerait, répondis-je en croyant que cette résolution surprendrait Henriette. Mais en m'entendant elle laissa échapper un de ces dédaigneux sourires plus expressifs encore que les pensées qu'ils traduisaient. — Ma chère conscience, repris-je, si tu me tenais compte de mes résistances et des séductions qui conspiraient ma perte, tu concevrais cette fatale...

— Oh! oui fatale! dit-elle. J'ai cru trop en vous! J'ai cru que vous ne manqueriez pas de la vertu que pratique le prêtre et... que possède monsieur de Mortsauf, ajouta-t-elle en donnant à sa voix le mordant de l'épigramme. — Tout est fini, reprit-elle après une pause, je vous dois beaucoup, mon ami; vous avez éteint en moi les flammes de la vie corporelle. Le plus difficile du chemin est fait, l'âge approche, me voilà souffrante, bientôt maladive; je ne pourrais être pour vous la brillante fée qui vous verse une pluie de faveurs. Soyez fidèle à lady Arabelle. Madeleine, que j'élevais si bien pour vous, à qui sera-t-elle? Pauvre Madeleine, pauvre Madeleine! répéta-t-elle comme un douloureux refrain. Si vous l'aviez entendue me disant : Ma mère, vous n'êtes pas gentille pour Félix? La chère créature!

Elle me regarda sous les tièdes rayons du soleil couchant qui glissaient à travers le feuillage; et prise de je ne sais quelle compassion pour nos débris, elle se replongea dans notre passé si pur, en se laissant aller à des contemplations qui furent mutuelles. Nous reprenions nos souvenirs, nos yeux allaient de la vallée aux clos, des fenêtres de Clochegourde à Frapesle, en peuplant cette rêverie de nos bouquets embaumés, des romans de nos désirs. Ce fut sa dernière volupté, savourée avec la candeur de l'âme chrétienne. Cette scène, si grande pour nous, nous avait jetés dans une même mélancolie. Elle crut à mes paroles, et se vit où je la mettais, dans les cieux.

— Mon ami, me dit-elle, j'obéis à Dieu, car son doigt est dans tout ceci.

Mot dont je ne connus que plus tard la profondeur. Nous remontâmes lentement par les terrasses. Elle prit mon bras, s'y appuya résignée, saignant, mais ayant mis un appareil sur ses blessures.

— La vie humaine est ainsi, me dit-elle. Qu'a fait monsieur de Mortsauf pour mériter son sort? Ceci nous démontre l'existence d'un monde meilleur. Malheur à ceux qui se plaindraient d'avoir marché dans la bonne voie!

Elle se mit alors à si bien évaluer la vie, à la si profondément considérer sous ses diverses faces, que ces froids calculs me révélèrent le dégoût qui l'avait saisie pour toutes les choses d'ici-bas. En arrivant sur le perron, elle quitta mon bras, et dit cette dernière phrase : — Si Dieu nous a donné le sentiment et le goût du bonheur, ne doit-il pas se charger des âmes innocentes qui n'ont trouvé que des afflictions ici-bas. Cela est, ou Dieu n'est pas, ou notre vie serait une amère plaisanterie.

A ces derniers mots, elle rentra brusquement, et je la trouvai sur son canapé, couchée comme si elle avait été foudroyée par la voix qui terrassa saint Paul.

— Qu'avez-vous ? lui dis-je.

— Je ne sais plus ce qu'est la vertu, dit-elle, et n'ai pas conscience de la mienne !

Nous restâmes pétrifiés tous deux, écoutant le son de cette parole comme celui d'une pierre jetée dans un gouffre.

— Si je me suis trompée dans ma vie, *elle* a raison, *elle !* reprit madame de Mortsauf.

Ainsi son dernier combat suivit sa dernière volupté. Quand le comte vint, elle se plaignit, elle qui ne se plaignait jamais ; je la conjurai de me préciser ses souffrances, mais elle refusa de s'expliquer, et s'alla coucher en me laissant en proie à des remords qui naissaient les uns des autres. Madeleine accompagna sa mère ; et le lendemain, je sus par elle que la comtesse avait été prise de vomissements causés, dit-elle, par les violentes émotions de cette journée. Ainsi, moi qui souhaitais donner ma vie pour elle, je la tuais.

— Cher comte, dis-je à monsieur de Mortsauf qui me força de jouer au trictrac, je crois la comtesse très-sérieusement malade, il est encore temps de la sauver, appelez Origet, et suppliez-la de suivre ses avis....

— Origet qui m'a tué? dit-il en m'interrompant. Non, non, je consulterai Carbonneau.

Pendant cette semaine, et surtout les premiers jours, tout me fut souffrance, commencement de paralysie au cœur, blessure à la vanité, blessure à l'âme. Il faut avoir été le centre de tout, des regards et des soupirs, avoir été le principe de la vie, le foyer d'où chacun tirait sa lumière, pour connaître l'horreur du vide. Les mêmes choses étaient là, mais l'esprit qui les vivifiait s'était éteint comme une flamme soufflée. J'ai compris l'affreuse nécessité où sont les amants de ne plus se revoir, quand l'amour est envolé. N'être plus rien, là où l'on a régné! Trouver la silencieuse froideur de la mort là où scintillaient les joyeux rayons de la vie! les comparaisons accablent. Bientôt, j'en vins à regretter la douloureuse ignorance de tout bonheur, qui avait assombri ma jeunesse. Aussi mon désespoir devint-il si profond que la comtesse en fut, je crois, attendrie. Un jour, après le dîner, pendant que nous nous promenions tous sur le bord de l'eau, je fis un dernier effort pour obtenir mon pardon. Je priai Jacques d'emmener sa sœur en avant, je laissai le comte aller seul, et conduisant madame de Mortsauf vers la toue : — Henriette, lui dis-je, un mot, de grâce, ou je me jette dans l'Indre ! J'ai failli, oui, c'est vrai ; mais n'imité-je pas le chien dans son sublime attachement, je reviens comme lui, comme lui plein de honte ; s'il fait mal, il est châtié, mais il adore la main qui le frappe ; brisez-moi, mais rendez-moi votre cœur...

— Pauvre enfant ! dit-elle, n'êtes-vous pas toujours mon fils ?

Elle prit mon bras et regagna silencieusement Jacques et Madeleine avec lesquels elle revint à Clochegourde par les clos en me laissant au comte qui se mit à parler politique, à propos de ses voisins.

— Rentrons, lui dis-je, vous avez la tête nue, et la rosée du soir pourrait causer quelque accident.

— Vous me plaigniez, vous ! mon cher Félix, me répondit-il, en se méprenant sur mes intentions. Ma femme ne m'a jamais voulu consoler, par système peut-être.

Jamais elle ne m'aurait laissé seul avec son mari, maintenant j'avais besoin de prétextes pour l'aller rejoindre. Elle était avec ses enfants occupée à expliquer les règles du trictrac à Jacques.

— Voilà, dit le comte, toujours jaloux de l'affection qu'elle portait à ses deux enfants, voilà ceux pour lesquels je suis toujours abandonné. Les maris, mon cher Félix, ont toujours le dessous ; la femme la plus vertueuse trouve encore le moyen de satisfaire son besoin de voler l'affection conjugale.

Elle continua ses caresses sans répondre.

— Jacques, dit-il, venez ici!

Jacques fit quelques difficultés.

— Votre père vous veut, allez, mon fils, dit la mère en le poussant.

— Ils m'aiment par ordre, reprit ce vieillard qui parfois voyait sa situation.

— Monsieur, répondit-elle en passant à plusieurs reprises sa main sur les cheveux de Madeleine, qui était coiffée en belle Ferronnière, ne soyez pas injuste pour les pauvres femmes; la vie ne leur est pas toujours facile à porter, et peut-être les enfants sont-ils les vertus d'une mère!

— Ma chère, répondit le comte qui s'avisa d'être logique, ce que vous dites signifie que, sans leurs enfants, les femmes manqueraient de vertu et planteraient là leurs maris.

La comtesse se leva brusquement et emmena Madeleine sur le perron.

— Voilà le mariage, mon cher, dit le comte. — Prétendez-vous dire en sortant ainsi, que je déraisonne, cria-t-il en prenant son fils par la main et venant au perron auprès de sa femme sur laquelle il lança des regards furieux.

— Au contraire, monsieur, vous m'avez effrayée. Votre réflexion me fait un mal affreux, dit-elle d'une voix creuse en me jetant un regard de criminelle. Si la vertu ne consiste pas à se sacrifier pour ses enfants et pour son mari, qu'est-ce donc que la vertu?

— Se sa-cri-fi-er! reprit le comte, en faisant de chaque syllabe un coup de barre sur le cœur de sa victime. Que sacrifiez-vous donc à vos enfants? que me sacrifiez-vous donc? qui? quoi! répondez? répondrez-vous? Que se passe-t-il donc ici? que voulez-vous dire?

— Monsieur, répondit-elle, seriez-vous donc satisfait d'être aimé pour l'amour de Dieu, ou de savoir votre femme vertueuse pour la vertu en elle-même?

— Madame a raison, dis-je en prenant la parole d'une voix émue qui vibra dans ces deux cœurs où je jetai mes espérances à jamais perdues, et que je calmai par l'expression de la plus haute de toutes les douleurs dont le cri sourd éteignit cette querelle comme quand le lion rugit, tout se tait. Oui, le plus beau privilége que nous ait conféré la raison, est de pouvoir rapporter nos vertus aux êtres de qui le bonheur est notre ouvrage, et que nous ne rendons heureux ni par calcul, ni par devoir, mais par une inépuisable et volontaire affection.

En entendant ces mots, une larme brilla dans les yeux d'Henriette.

— Et, cher comte, si par hasard une femme était involontairement soumise à quelque sentiment étranger à ceux que la société lui impose, avouez que plus ce sentiment serait irrésistible, plus elle serait vertueuse en l'étouffant, en se *sacrifiant* à ses enfants, à son mari. Cette théorie n'est d'ailleurs applicable ni à moi, qui malheureusement offre un exemple du contraire, ni à vous qu'elle ne concernera jamais.....

Une main à la fois moite et brûlante se posa sur ma main et s'y appuya silencieusement.

— Vous êtes une belle âme, Félix, dit le comte

qui passa non sans grâce sa main sur la taille de sa femme et l'amena doucement à lui, pour lui dire : pardonnez, ma chère, à un pauvre malade qui voudrait sans doute être aimé plus qu'il ne le mérite.

— Il est des cœurs qui sont tout générosité, répondit-elle en appuyant sa tête sur l'épaule du comte qui prit cette phrase pour lui. Cette erreur causa je ne sais quel frémissement à la comtesse, son peigne tomba, ses cheveux se dénouèrent, elle pâlit ; son mari qui la soutenait poussa une sorte de rugissement en la sentant défaillir ; il la saisit comme il eût fait de sa fille, et la porta sur le canapé du salon où nous l'entourâmes. Henriette garda ma main dans la sienne, comme pour me dire que nous seuls savions le secret de cette scène si simple en apparence, si épouvantable par les déchirements de son âme.

— J'ai tort, me dit-elle à voix basse, en un moment où le comte nous laissa seuls pour aller demander un verre d'eau de fleurs d'oranger, j'ai mille fois tort envers vous que j'ai voulu désespérer, quand j'aurais dû vous recevoir à merci. Cher, vous êtes d'une adorable bonté que moi seule puis apprécier. Oui, je le sais, il est des bontés qui sont inspirées par la passion. Les hommes ont plusieurs manières d'être bons ; ils sont bons par dédain, par entraînement, par calcul, par indolence de caractère ; mais vous, mon ami, vous venez d'être d'une bonté absolue.

— Si cela est, lui dis-je, apprenez que tout ce que je puis avoir de grand en moi vient de vous. Ne savez-vous donc plus que je suis votre ouvrage ?

— Cette parole suffit au bonheur d'une femme, répondit-elle au moment où le comte revint. — Je suis mieux, dit-elle en se levant, il me faut de l'air.

Nous descendîmes tous sur la terrasse embaumée par les acacias encore en fleurs. Elle avait pris mon bras droit et le serrait contre son cœur en exprimant ainsi de douloureuses pensées; mais c'était, suivant son expression, de ces douleurs qu'elle aimait. Elle voulait sans doute être seule avec moi; mais son imagination inhabile aux ruses de femme ne lui suggérait aucun moyen de renvoyer ses enfants et son mari; nous causions donc de choses indifférentes, pendant qu'elle se creusait la tête en cherchant à se ménager un moment où elle pourrait enfin décharger son cœur dans le mien.

— Il y a bien longtemps que je ne me suis promenée en voiture, dit-elle enfin en voyant la beauté de la soirée. Monsieur, donnez des ordres, je vous prie, pour que je puisse aller faire un tour.

Elle savait qu'avant la prière toute explication serait impossible, et craignait que le comte ne voulût faire un trictrac. Elle pouvait bien se trouver avec moi sur cette tiède terrasse embaumée, quand son mari serait couché; mais elle redoutait peut-être de rester sous ces ombrages à travers lesquels passaient des lueurs voluptueuses, de se promener le long de la balustrade d'où nos yeux embrassaient le cours de l'Indre dans la prairie. De même qu'une cathédrale aux voûtes sombres et silencieuses conseille la prière; de même, les feuillages éclairés par la lune, parfumés de senteurs pénétrantes, et animés par les bruits sourds du printemps remuent les fibres et affaiblissent la volonté. La campagne, qui calme les passions des vieillards, excite celle des jeunes cœurs; nous le savions! Deux coups de cloche annoncèrent l'heure de la prière, la comtesse tressaillit.

— Ma chère Henriette, qu'avez-vous?

— Henriette n'existe plus, répondit-elle. Ne la faites pas renaître, elle était exigeante, capricieuse; maintenant vous avez une paisible amie dont la vertu vient d'être raffermie par des paroles que le Ciel vous a dictées. Nous parlerons de tout ceci plus tard. Soyons exacts à la prière. Aujourd'hui, mon tour de la dire est arrivé.

Quand la comtesse prononça les paroles par lesquelles elle demandait à Dieu son secours contre les adversités de la vie, elle y mit un accent dont je ne fus pas frappé seul; elle semblait avoir usé de son don de seconde vue pour entrevoir la terrible émotion à laquelle devait la soumettre une maladresse causée par mon oubli de mes conventions avec Arabelle.

— Nous avons le temps de faire trois rois avant que les chevaux ne soient attelés, dit le comte en m'entraînant au salon. Vous irez vous promener avec ma femme, moi je me coucherai.

Comme toutes nos parties, celle-ci fut orageuse. De sa chambre ou de celle de Madeleine, la comtesse put entendre la voix de son mari.

— Vous abusez étrangement de l'hospitalité, dit-elle au comte quand elle revint au salon.

Je la regardai d'un air hébété, je ne m'habituais point à ses duretés; elle se serait certes bien gardée jadis de me soustraire à la tyrannie du comte, autrefois elle aimait à me voir partageant ses souffrances et les endurant avec patience pour l'amour d'elle.

— Je donnerais ma vie, lui dis-je à l'oreille, pour vous entendre encore murmurant : — *Pauvre cher! Pauvre cher!*

Elle baissa les yeux en se souvenant de l'heure à laquelle je faisais allusion ; son regard se coula vers moi, mais en dessous, et il exprima la joie de la femme qui voit les plus fugitifs accents de son cœur, préférés aux profondes délices d'un autre amour. Alors, comme toutes les fois que je subissais pareille injure, je la lui pardonnais en me sentant compris. Le comte perdait, il se dit fatigué pour pouvoir quitter la partie, et nous allâmes nous promener autour du boulingrin en attendant la voiture ; aussitôt qu'il nous eut laissés, le plaisir rayonna si vivement sur mon visage, que la comtesse m'interrogea par un regard curieux et surpris.

— Henriette existe, lui dis-je, je suis toujours aimé ; vous me blessez avec intention évidente de me briser le cœur ; je puis encore être heureux !

— Il ne restait plus qu'un lambeau de la femme, dit-elle avec épouvante, et vous l'emportez en ce moment. Dieu soit béni ! lui qui me donne le courage d'endurer mon martyre mérité. Oui, je vous aime encore trop, j'allais faillir, l'Anglaise m'éclaire un abîme.

En ce moment, nous montâmes en voiture, le cocher demanda l'ordre.

—Allez sur la route de Chinon par l'avenue,

25.

vous nous ramènerez par les landes de Charlemagne et le chemin de Saché.

— Quel jour sommes-nous? dis-je avec trop de vivacité.

— Samedi.

— N'allez point par-là, madame, le samedi soir la route est pleine de cocquassiers qui vont à Tours, et nous rencontrerions leurs charrettes.

— Faites ce que je vous dis, reprit-elle en regardant le cocher.

Nous connaissions trop l'un et l'autre les modes de notre voix, quelque infinis qu'ils fussent, pour nous déguiser la moindre de nos émotions. Henriette avait tout compris.

— Vous n'avez pas pensé aux cocquassiers, en choisissant cette nuit, dit-elle avec une légère teinte d'ironie. Lady Dudley est à Tours. Ne mentez pas, elle vous attend près d'ici. *Quel jour sommes-nous, les cocquassiers! les charrettes?* reprit-elle. Avez-vous jamais fait de semblables observations quand nous sortions autrefois.

— Elles prouvent que j'oublie tout à Clochegourde, répondis-je simplement.

— Elle vous attend? reprit-elle.

— Oui.

— A quelle heure?

— Entre onze heures et minuit.

— Où?

— Dans les landes.

— Ne me trompez point, n'est-ce pas sous le noyer?

— Dans les landes.

— Nous irons, dit-elle, je la verrai.

En entendant cette parole, je regardai ma vie comme définitivement arrêtée. Je résolus en un moment de terminer par un complet mariage avec lady Dudley la lutte douloureuse qui menaçait d'épuiser ma sensibilité, d'enlever par tant de chocs répétés ces voluptueuses délicatesses qui ressemblent à la fleur des fruits. Mon silence farouche blessa la comtesse dont toute la grandeur ne m'était pas connue.

— Ne vous irritez point contre moi, dit-elle de sa voix d'or, ceci, cher, est ma punition. Vous ne serez jamais aimé comme vous l'êtes ici, reprit-elle en posant sa main sur son cœur. Ne vous l'ai-je pas avoué? La marquise Dudley m'a sauvée. A elle les souillures, je ne les lui envie point. A moi le glorieux amour des anges! J'ai parcouru des champs immenses depuis votre arrivée. J'ai jugé la vie. Élevez l'âme, vous la déchirez; plus vous allez haut, moins de sympathie vous rencontrez; au lieu de souffrir dans la vallée, vous souffrez dans les airs comme l'aigle qui plane en emportant au cœur une flèche décochée par quelque pâtre grossier. Je comprends aujourd'hui que le ciel et la terre sont incompatibles. Oui, pour qui veut vivre dans la zone céleste, Dieu seul est possible. Notre âme doit être alors détachée de toutes les choses terrestres; il faut aimer ses amis comme on aime ses enfants, pour eux et non pour soi; le moi cause les malheurs et les chagrins. Mon cœur ira plus haut que ne va l'aigle; là, est un amour qui ne me trompera point. Quant à vivre de la vie terrestre, elle nous ravale trop en faisant dominer l'égoïsme des sens sur la spiritualité de l'ange qui est en nous. Les jouissances que donne la passion sont horriblement orageuses, payées par d'énervantes inquiétudes qui brisent les ressorts de l'âme. Je suis venue au bord de la mer où s'agitent ces tempêtes, je les ai vues de trop près ; elles m'ont souvent enveloppée de leurs nuages, la lame ne s'est pas toujours brisée à mes pieds, j'ai senti sa rude étreinte qui froidit le cœur ; je dois me retirer sur les hauts lieux, je périrais au bord de cette mer immense. Je vois en vous, comme en tous ceux qui m'ont affligée, les gardiens de ma vertu. Ma vie a été mêlée d'angoisses heureusement proportionnées à mes forces, et s'est entretenue ainsi pure des passions mauvaises, sans repos séducteur et toujours prête à Dieu. Notre attachement *fut* la tentative insensée, l'effort de deux enfants candides essayant de satisfaire leur cœur, les hommes et Dieu. Folie, Félix !.... — Ha ! dit-elle après une pause, comment vous nomme-t-elle ?

— Amédée, répondis-je. Félix est un être à part, qui n'appartiendra jamais qu'à vous.

— Henriette a peine à mourir, dit-elle en laissant échapper un pieux sourire. Mais, reprit-elle, elle périra dans le premier effort de la chrétienne humble, de la mère orgueilleuse, de la femme aux vertus chancelantes hier, raffermies aujourd'hui. Que vous dirai-je? Hé bien, oui : ma vie est conforme à elle-même dans ses plus grandes circonstances comme dans ses plus petites. Le cœur où je devais attacher les premières racines de la tendresse, le cœur de ma mère s'est fermé pour moi,

malgré ma persistance à y chercher un pli où je
pusse me glisser. J'étais fille, je venais après trois
garçons morts, et je tâchai vainement d'occuper
leur place dans l'affection de mes parents; je ne
guérissais point la plaie faite à l'orgueil de la famille. Quand, après cette sombre enfance, je
connus mon adorable tante, la mort me l'enleva
promptement. Monsieur de Mortsauf, à qui je me
suis vouée, m'a constamment frappée sans relâche,
sans le savoir, pauvre homme! son amour a le naïf
égoïsme de celui que nous portent nos enfants; il
n'est pas dans le secret des maux qu'il me cause, il
est toujours pardonné! Mes enfants, ces chers enfants qui tiennent à ma chair par toutes leurs douleurs, à mon âme par toutes leurs qualités, à ma
nature par leurs joies innocentes; ces enfants ne
m'ont-ils pas été donnés pour montrer combien il se
trouve de force, de patience, dans le sein des mères.
Oh! oui, ce sont mes vertus! Vous savez si je suis
flagellée par eux, en eux, malgré eux. Devenir
mère, pour moi ce fut acheter le droit de toujours
souffrir. Quand Agar a crié dans le désert, un ange
a fait jaillir pour cette esclave trop aimée une source
pure; mais à moi, quand la source limpide vers laquelle (vous en souvenez-vous?) vous vouliez me
guider, est venue couler autour de Clochegourde,
elle ne m'a versé que des eaux amères. Oui, vous
m'avez infligé des souffrances inouïes. Dieu pardonnera sans doute à qui n'a connu l'affection que
par la douleur. Mais si les plus vives peines que j'aie
éprouvées m'ont été imposées par vous, peut-être
les ai-je méritées. Dieu n'est pas injuste. Ah! oui,

Félix, un baiser furtivement déposé sur un front comporte des crimes peut-être! Peut-être doit-on rudement expier les pas que l'on a faits en avant de ses enfants et de son mari, lorsqu'on se promenait le soir, afin d'être seule avec des souvenirs et des pensées qui ne leur appartenaient pas, et qu'en marchant ainsi, l'âme était mariée à un autre! Quand l'être intérieur se ramasse et se rapetisse pour occuper la place que l'on offre aux embrassements, peut-être est-ce le pire des crimes. Lorsqu'une femme se baisse afin de recevoir dans ses cheveux le baiser de son mari pour se garder un front neutre, il y a crime! Il y a crime à se forger un avenir en s'appuyant sur la mort! Crime à se figurer dans l'avenir une maternité sans alarmes, de beaux enfants jouant le soir avec un père adoré de toute sa famille, et sous les yeux attendris d'une mère heureuse. Oui, j'ai péché, j'ai grandement péché! J'ai trouvé goût aux pénitences infligées par l'Église, et qui ne rachetaient point assez ces fautes pour lesquelles le prêtre fut sans doute trop indulgent. Dieu, sans doute, a placé la punition au cœur de toutes ces erreurs en chargeant de sa vengeance celui pour qui elles furent commises. Donner mes cheveux, n'était-ce pas me promettre? Pourquoi donc aimai-je à mettre une robe blanche? Ainsi, je me croyais mieux votre lys; ne m'aviez-vous pas aperçue, pour la première fois, ici, en robe blanche? Hélas! j'ai moins aimé mes enfants, car toute affection vive est prise sur les affections dues. Vous voyez bien, Félix? Toute souffrance a sa signification. Frappez, frappez plus fort que n'ont frappé monsieur de Mortsauf et mes enfants. Cette femme est un instrument de la colère de Dieu, je vais l'aborder sans haine, je lui sourirai. Sous peine de ne pas être chrétienne, épouse et mère, je dois l'aimer. Si, comme vous le dites, j'ai pu contribuer à préserver votre cœur du contact qui l'eût défleuri, cette Anglaise ne saurait me haïr. Une femme doit aimer la mère de celui qu'elle aime, et je suis votre mère ! Qu'ai-je voulu dans votre cœur ? la place laissée vide par madame de Vandenesse. Oh! oui, vous vous êtes toujours plaint de ma froideur; je ne suis que votre mère ! Pardonnez-moi donc les duretés involontaires que je vous ai dites à votre arrivée, car une mère doit se réjouir en sachant son fils si bien aimé.

Elle appuya sa tête sur mon sein, en répétant :
— Pardon ! pardon ! J'entendis alors des accents inconnus. Ce n'était ni sa voix de jeune fille et ses notes joyeuses, ni sa voix de femme et ses terminaisons despotiques, ni les soupirs de la mère endolorie; c'était une déchirante, une nouvelle voix pour des douleurs nouvelles.

— Quant à vous, Félix, reprit-elle en s'animant, vous êtes l'ami qui ne saurait mal faire. Ah! vous n'avez rien perdu dans mon cœur, ne vous reprochez rien, n'ayez pas le plus léger remords. N'était-ce pas le comble de l'égoïsme que de vous demander de sacrifier à un avenir impossible, les plaisirs les plus immenses, puisque pour les goûter une femme abandonne ses enfants, abdique son rang, et renonce à l'éternité. Combien de fois ne vous ai-je pas trouvé supérieur à moi, vous étiez grand et noble, moi j'étais petite et criminelle! Allons, voilà qui est dit, je ne puis être qu'une étoile pour vous, une lueur élevée, scintillante et froide, mais inaltérable. Seulement, Félix, faites que je ne sois pas seule à aimer le frère que je me suis choisi. Chérissez-moi! L'amour d'une sœur n'a ni mauvais lendemain, ni moments difficiles; vous n'aurez pas besoin de mentir à cette âme indulgente qui vivra de votre belle vie, qui ne manquera jamais à s'affliger de vos douleurs, qui s'égaiera de vos joies, aimera les femmes qui vous rendront heureux et s'indignera des trahisons. Moi je n'ai pas eu de frère à aimer ainsi. Soyez assez grand pour vous dépouiller de tout amour-propre, pour résoudre notre attachement jusqu'ici douteux et plein d'orages par cette douce et sainte affection. Je puis encore vivre ainsi. Je commencerai la première en serrant la main de lady Dudley.

Elle ne pleurait pas elle! en prononçant ces paroles pleines d'une science amère, et par lesquelles, en arrachant le dernier voile qui me cachait son âme et ses douleurs, elle me montrait par combien de liens elle s'était attachée à moi, combien de fortes chaînes j'avais hachées. Nous étions dans un tel délire, que nous ne nous apercevions point de la pluie qui tombait à torrents.

— Madame la comtesse ne veut-elle pas entrer un moment ici? dit le cocher en désignant la principale auberge de Ballan.

Elle fit un signe de consentement, et nous restâmes une demi-heure environ sous la voûte d'entrée au grand étonnement des gens de l'hôtellerie qui se demandèrent pourquoi madame de Mortsauf était à onze heures par les chemins. Allait-elle à Tours? En revenait-elle? Quand l'orage eut cessé, que la pluie fut convertie en ce qu'on nomme à Tours une *brouée*, qui n'empêchait pas la lune d'éclairer les brouillards supérieurs rapidement emportés par le vent du haut, le cocher sortit et retourna sur ses pas, à ma grande joie.

— Suivez mon ordre, lui cria doucement la comtesse.

Nous prîmes donc le chemin des landes de Charlemagne où la pluie recommença. A moitié des landes, j'entendis les aboiements du chien favori d'Arabelle; un cheval s'élança tout à coup de dessous une truisse de chêne, franchit d'un bond le chemin, sauta le fossé creusé par les propriétaires pour distinguer leurs terrains respectifs dans ces friches que l'on croyait susceptibles de culture, et lady Dudley s'alla placer dans la lande pour voir passer la calèche.

— Quel plaisir d'attendre ainsi son amant, quand on le peut sans crime, dit Henriette.

Les aboiements du chien avaient appris à lady Dudley que j'étais dans la voiture; elle crut sans doute que je venais ainsi la chercher à cause du mauvais temps. Quand nous arrivâmes à l'endroit où se tenait la marquise, elle vola sur le bord du chemin avec cette dextérité de cavalier qui lui était particulière, et dont Henriette s'émerveilla comme d'un prodige. Par mignonnerie, Arabelle ne disait que la dernière syllabe de mon nom, prononcée à l'anglaise, espèce d'appel qui sur ses lèvres avait un charme digne d'une fée. Elle savait ne devoir être entendue que de moi en criant : — *My Dee.*

— C'est lui, madame, répondit la comtesse en contemplant sous un clair rayon de la lune la fantastique créature dont le visage impatient était bizarrement accompagné de ses longues boucles défrisées.

Vous savez avec quelle rapidité deux femmes s'examinent. L'Anglaise reconnut sa rivale, et fut glorieusement Anglaise ; elle nous enveloppa d'un regard plein de son mépris anglais, et disparut dans la bruyère avec la rapidité d'une flèche.

— Vite à Clochegourde ! cria la comtesse pour qui cet âpre coup d'œil fut comme un coup de hache au cœur.

Le cocher retourna pour prendre le chemin de Chinon qui était meilleur que celui de Saché. Quand la calèche longea de nouveau les landes, nous entendîmes le galop furieux du cheval d'Arabelle et les pas de son chien ; tous trois rasaient les bois de l'autre côté de la bruyère.

— Elle s'en va, vous la perdez à jamais, me dit Henriette.

— Eh bien, lui répondis-je, qu'elle s'en aille ! Elle n'aura pas un regret.

— Oh ! les pauvres femmes, s'écria la comtesse en exprimant une compatissante horreur. Mais où va-t-elle ?

— A la Grenadière, une petite maison près de Saint-Cyr, dis-je.

— Elle s'en va seule, reprit Henriette d'un ton

qui me prouva que les femmes se croient solidaires en amour et ne s'abandonnent jamais.

Au moment où nous entrions dans l'avenue de Clochegourde, le chien d'Arabelle jappa d'une façon joyeuse en accourant au devant de la calèche.

— Elle nous a devancés, s'écria la comtesse. Puis elle reprit, après une pause : Je n'ai jamais vu de plus belle femme. Quelle main ! quelle taille et quel pied ! son teint efface le lys, et ses yeux ont l'éclat du diamant ! Mais elle monte trop bien à cheval, elle doit aimer à déployer sa force ; je la crois active et violente. Puis elle me semble se mettre un peu trop hardiment au-dessus des conventions ; la femme qui ne reconnaît pas de lois est bien près de n'écouter que ses caprices. Ceux qui aiment tant à briller, à se mouvoir, n'ont pas reçu le don de constance. Selon mes idées, l'amour veut plus de tranquillité. Je me le suis figuré comme un lac immense où la sonde ne trouve point de fond, où les tempêtes peuvent être violentes, mais rares et contenues en des bornes infranchissables, où deux êtres vivent dans une île fleurie, loin du monde dont ils abhorrent le luxe et l'éclat. Mais l'amour doit prendre l'empreinte des caractères, j'ai tort peut-être. Si les principes de la nature se plient aux formes voulues par les climats, pourquoi n'en serait-il pas ainsi des sentiments ? Sans doute ils tiennent à la loi générale par la masse, et contrastent dans l'expression seulement. Chaque âme a sa manière. La marquise est la femme forte qui franchit les distances, invente et agit avec la puissance de l'homme ; qui délivrerait son amant de captivité, tuerait geôlier, gardes et bourreaux ; tandis que certaines créatures ne savent qu'aimer de toute leur âme ; dans le danger, elles s'agenouillent, prient et meurent. Quelle est de ces deux femmes celle qui vous plait le plus, voilà toute la question !... Mais oui, la marquise vous aime, elle vous a fait tant de sacrifices ! Peut-être est-ce elle qui vous aimera toujours quand vous ne l'aimerez plus !

— Permettez-moi, cher ange, de répéter ce que vous m'avez dit un jour : comment savez-vous ces choses ?

— Chaque douleur a son enseignement, et j'ai souffert sur tant de points, que mon savoir est vaste.

Mon domestique avait entendu donner l'ordre, il crut que nous reviendrions par les terrasses, et tenait mon cheval tout prêt dans l'avenue, le chien d'Arabelle avait senti le cheval ; et sa maîtresse, conduite par une curiosité bien légitime, l'avait suivi à travers les bois où sans doute elle était cachée.

— Allez faire votre paix, me dit Henriette en souriant et sans trahir de mélancolie. Dites-lui combien elle s'est trompée sur mes intentions : je voulais lui révéler tout le prix du trésor qui lui est échu ; mon cœur n'enferme que de bons sentiments pour elle et n'a surtout ni colère ni mépris ; expliquez-lui que je suis sa sœur et non sa rivale.

— Je n'irai point ! m'écriai-je.

— N'avez-vous jamais éprouvé, dit-elle avec l'étincelante fierté des martyrs, que certains ménagements arrivent jusqu'à l'insulte ? Allez, allez !

Je courus vers lady Dudley pour savoir en quelles dispositions elle était. — Si elle pouvait se fâcher et me quitter! pensai-je, je reviendrais à Clochegourde. Le chien me conduisit sous un chêne, d'où la marquise s'élança en me criant : — *Away! away!* Tout ce que je pus faire fut de la suivre jusqu'à Saint-Cyr où nous arrivâmes à minuit.

— Cette dame est en parfaite santé, me dit Arabelle quand elle descendit de cheval.

Ceux qui l'ont connue peuvent seuls imaginer tous les sarcasmes que contenait cette observation sèchement jetée d'un air qui voulait dire : — Moi je serais morte!

— Je te défends de hasarder une seule de tes plaisanteries à triple dard sur madame de Mortsauf, lui répondis-je.

— Serait-ce déplaire à Votre Grâce que de remarquer la parfaite santé dont jouit un être cher à votre précieux cœur. Les femmes françaises haïssent, dit-on, jusqu'au chien de leurs amants; en Angleterre, nous aimons tout ce que nos souverains seigneurs aiment, nous haïssons tout ce qu'ils haïssent, parce que nous vivons dans la peau de nos lords. Permettez-moi donc d'aimer cette dame autant que vous l'aimez vous-même. — Seulement, cher enfant, dit-elle en m'enlaçant de ses bras humides de pluie, si tu me trahissais, je ne serais ni debout ni couchée, ni dans une calèche flanquée de laquais, ni à me promener dans les landes de Charlemagne, ni dans aucune des landes d'aucun pays du monde, ni dans mon lit, ni sous le toit de mes pères! Je ne serais plus, moi. Je suis née dans le Lancashire, pays où les femmes meurent d'amour. Te connaître et te céder ! Je ne te céderais pas à la mort ; car je m'en irais avec toi.

Elle m'emmena dans sa chambre où déjà le confort avait étalé ses jouissances.

— Aime-la, ma chère, lui dis-je avec chaleur, elle t'aime, elle, non pas d'une façon railleuse, mais sincèrement.

— Sincèrement, petit? dit-elle en délaçant son amazone.

Par vanité d'amant, je voulus révéler la sublimité du caractère d'Henriette à cette orgueilleuse lady. Pendant que sa femme de chambre, qui ne savait pas un mot de français, lui arrangeait les cheveux, j'essayai de peindre madame de Mortsauf en esquissant sa vie, et je répétai les grandes pensées que lui avait suggérées la crise où toutes les femmes deviennent petites et mauvaises. Quoique Arabelle parût ne pas me prêter la moindre attention, elle ne perdit aucune de mes paroles.

— Je suis enchantée, dit-elle quand nous fûmes seuls, de connaître ton goût pour ces sortes de conversations chrétiennes, il existe dans une de mes terres un vicaire qui s'entend comme personne à composer des sermons, nos paysans les comprennent, tant ils sont bien tournés. J'écrirai demain à mon père de me l'envoyer par le paquebot, et tu le trouveras à Paris. Quand tu l'auras une fois écouté, tu ne voudras plus écouter que lui, d'autant plus qu'il jouit aussi d'une parfaite santé. Sa morale ne te causera point de ces secousses qui font pleurer, elle coule sans tempêtes, comme une source claire, et procure un délicieux sommeil. Tous les soirs, si cela te plaît, tu satisferas ta passion pour les sermons en digérant ton dîner. La morale anglaise, cher enfant, est aussi supérieure à celle de Touraine, que notre coutellerie, notre argenterie et nos chevaux, le sont à vos couteaux et à vos bêtes. Fais-moi la grâce d'entendre mon vicaire, promets-le-moi? Je ne suis que femme, mon amour, je sais aimer, je puis mourir pour toi si tu le veux; mais je n'ai point étudié à Eton, ni à Oxford, ni à Edimbourg; je ne suis ni docteur, ni révérend, je ne saurais donc te préparer de la morale, j'y suis tout à fait impropre, je serais de la dernière maladresse si j'essayais. Je ne te reproche pas tes goûts, tu en aurais de plus dépravés que celui-ci, je tâcherais de m'y conformer; car je veux te faire trouver près de moi tout ce que tu aimes, plaisirs d'amour, plaisirs de table, plaisirs d'église, bon claret et vertus chrétiennes. Veux-tu que je mette un cilice ce soir? Elle est bien heureuse cette femme de te servir de la morale! Dans quelle université les femmes françaises prennent-elles leurs grades? Pauvre, moi! je ne puis que me donner, je ne suis que ton esclave....

— Alors pourquoi t'es-tu donc enfuie, quand je voulais vous voir ensemble.

— Es-tu fou, *my dee?* J'irais de Paris à Rome déguisée en laquais, je ferais pour toi les choses les plus déraisonnables; mais comment puis-je parler sur les chemins à une femme qui ne m'a pas été présentée, et qui allait commencer un sermon en trois points. Je parlerai à des paysans, je demanderai à un ouvrier de partager son pain avec moi, si j'ai faim; je lui donnerai quelques guinées, et tout sera convenable; mais arrêter une calèche, comme font les *gentleman of the road* (gentilshommes de grande route) en Angleterre, ceci n'est pas dans mon code à moi. Tu ne sais donc qu'aimer, pauvre enfant, tu ne sais donc pas vivre? D'ailleurs, je ne te ressemble pas encore complétement, petit! Je n'aime pas la morale. Mais pour te plaire, je suis capable des plus grands efforts. Allons, tais-toi, je m'y mettrai! Je tâcherai de devenir prêcheuse. Auprès de moi, Jérémie ne sera bientôt qu'un bouffon. Je ne me permettrai pas de caresses, sans les larder de versets de la Bible.

Elle usa de son pouvoir, elle en abusa dès qu'elle vit dans mon regard cette ardente expression qui s'y peignait, aussitôt que commençaient ses sorcelleries. Elle triompha de tout, et je mis complaisamment au-dessus des finasseries catholiques, la grandeur de la femme qui se perd, qui renonce à l'avenir et fait toute sa vertu de l'amour.

— Elle s'aime donc mieux qu'elle ne t'aime? me dit-elle. Elle te préfère donc quelque chose qui n'est pas toi? Comment attacher à ce qui est de nous d'autre importance que celle dont vous l'honorez? Aucune femme, quelque grande moraliste qu'elle soit, ne peut être l'égale d'un homme. Marchez sur nous, tuez-nous, n'embarrassez jamais votre existence de nous. A nous de mourir, à vous de vivre grands et fiers. De vous à nous le poignard, de nous à vous l'amour et le pardon. Le soleil s'inquiète-t-il des moucherons qui sont dans ses rayons et qui vivent de lui ? ils restent tant qu'ils peuvent, et quand il disparaît, ils meurent....

— Ou ils s'envolent, dis-je en l'interrompant.

— Ou ils s'envolent, reprit-elle avec une indifférence qui aurait piqué l'homme le plus déterminé à user du singulier pouvoir dont elle l'investissait. Crois-tu qu'il soit digne d'une femme de faire avaler à un homme des tartines beurrées de vertu pour lui persuader que la religion est incompatible avec de l'amour ? Suis-je donc une impie ? On se donne, où l'on se refuse; mais se refuser et moraliser, il y a double peine, ce qui est contraire au droit de tous les pays. Ici tu n'auras que d'excellents *sandwiches* apprêtés par la main de ta servante Arabelle de qui toute la morale sera d'imaginer des caresses qu'aucun homme n'a encore ressenties et que les anges m'inspirent.

Je ne sais rien de plus dissolvant que la plaisanterie maniée par une Anglaise, elle y met le sérieux éloquent, l'air de pompeuse conviction sous lequel les Anglais couvrent les hautes niaiseries de leur vie à préjugés. La plaisanterie française est une dentelle dont les femmes savent embellir la joie qu'elles donnent et les querelles qu'elles inventent; c'est une parure morale, gracieuse comme leur toilette. Mais la plaisanterie anglaise est un acide qui corrode si bien les êtres sur lesquels il tombe, qu'il en fait des squelettes lavés et brossés. La langue d'une Anglaise spirituelle ressemble à celle d'un tigre qui emporte la chair jusqu'à l'os en voulant jouer. Arme toute-puissante du démon qui vient dire en ricanant : *ce n'est que cela !* la moquerie laisse un venin mortel dans les blessures qu'elle ouvre à plaisir. Pendant cette nuit, Arabelle voulut montrer son pouvoir comme un sultan qui, pour prouver son adresse, s'amuse à décoller des innocents.

— Mon ange, me dit-elle quand elle m'eut plongé dans ce demi-sommeil où l'on oublie tout excepté le bonheur, je viens de me faire de la morale aussi moi ! Je me suis demandé si je commettais un crime en t'aimant, si je violais les lois divines, et j'ai trouvé que rien n'était plus religieux, ni plus naturel. Pourquoi Dieu créerait-il des êtres plus beaux que les autres si ce n'est pour nous indiquer que nous devons les adorer. Le crime serait de ne pas t'aimer, n'es-tu pas un ange ? cette dame t'insulte en te confondant avec les autres hommes, les règles de la morale ne te sont pas applicables, Dieu t'a mis au-dessus de tout. N'est-ce pas se rapprocher de lui que de t'aimer, pourra-t-il en vouloir à une pauvre femme d'avoir appétit des choses divines ? Ton vaste et lumineux cœur ressemble tant au ciel, que je m'y trompe comme les moucherons qui viennent se brûler aux bougies d'une fête ! les punira-t-on ceux-ci de leur erreur ? d'ailleurs, est-ce une erreur, n'est pas une haute adoration de la lumière ? Ils périssent par trop de religion, si l'on appelle périr, se jeter au cou de ce qu'on aime ? J'ai la faiblesse de t'aimer, tandis que cette femme a la force de rester dans sa chapelle catholique. Ne fronce pas le sourcil ! tu crois que je lui en veux ? Non, petit ! J'adore sa morale qui lui a conseillé de te laisser libre, et m'a permis ainsi de te conquérir, de te garder à jamais, car tu es à moi pour toujours, n'est-ce pas?

— Oui.

— A jamais.

— Oui.

— Me fais-tu donc une grâce, sultan ? Moi seule ai deviné tout ce que tu valais! Elle sait cultiver les terres, dis-tu? Moi je laisse cette science aux fermiers, j'aime mieux cultiver ton cœur.

Je tâche de me rappeler ces enivrants bavardages afin de vous bien peindre cette femme, de vous justifier ce que je vous en ai dit, et vous mettre ainsi dans tout le secret du dénouement. Mais comment vous décrire les accompagnements de ces jolies paroles que vous savez! C'était des folies comparables aux fantaisies les plus exorbitantes de nos rêves; tantôt des créations semblables à celles de mes bouquets : la grâce unie à la force, la tendresse et ses molles lenteurs, opposées aux irruptions volcaniques de la fougue; tantôt les gradations les plus savantes de la musique appliquées au concert de nos voluptés; puis des jeux pareils à ceux des serpents entrelacés; enfin les plus caressants discours ornés des plus riantes idées, tout ce que l'esprit peut ajouter de poésie aux plaisirs des sens. Elle voulait anéantir sous les foudroiements de son amour impétueux les impressions laissées dans mon cœur par l'âme chaste et recueillie d'Henriette. La marquise avait aussi bien vu la comtesse, que madame de Mortsauf l'avait vue; elles s'étaient bien jugées toutes deux. La grandeur de l'attaque faite par Arabelle me révélait l'étendue de sa peur et sa secrète admiration pour sa rivale. Au matin, je la trouvai les yeux en pleurs et n'ayant pas dormi.

— Qu'as-tu? lui dis-je.

— J'ai peur que mon extrême amour ne me nuise, répondit-elle. J'ai tout donné. Plus adroite que je ne le suis, cette femme possède quelque chose en elle que tu peux désirer. Si tu la préfères, ne pense plus à moi, je ne t'ennuierai point de mes douleurs, de mes remords, de mes souffrances; non, j'irai mourir loin de toi, comme une plante sans son vivifiant soleil.

Elle sut m'arracher des protestations d'amour qui la comblèrent de joie. Que dire en effet à une femme qui pleure au matin? Une dureté me semble infâme. Si nous ne lui avons pas résisté la veille, le lendemain, ne sommes-nous pas obligés à mentir, car le Code-Homme nous fait en galanterie un devoir du mensonge.

— Hé bien, je suis généreuse, dit-elle en essuyant ses larmes, retourne auprès d'elle, je ne veux pas te devoir à la force de mon amour, mais à ta propre volonté. Si tu reviens ici, je croirai que tu m'aimes autant que je t'aime, ce qui m'a toujours paru impossible.

Elle sut me persuader de retourner à Clochegourde. La fausseté de la situation dans laquelle j'allais entrer ne pouvait être devinée par un homme gorgé de bonheur. En refusant d'aller à Clochegourde, je donnais gain de cause à lady Dudley sur Henriette. Arabelle m'emmenait alors à Paris. Mais y aller, n'était-ce pas insulter madame de Mortsauf; dans ce cas, je devais revenir encore plus sûrement à Arabelle. Une femme a-t-elle jamais pardonné de semblables crimes de lèse-amour? A moins d'être un ange descendu des cieux, et non l'esprit purifié qui s'y rend, une femme aimante préférerait voir son amant souffrir une agonie à le voir heureux par une autre : plus elle aime, plus elle sera blessée. Ainsi vue sous ses deux faces, ma situation, une fois sorti de Clochegourde pour aller à la Grenadière, était aussi mortelle à mes amours d'élection que profitable à mes amours de hasard. La marquise avait calculé tout avec une profondeur étudiée. Elle m'avoua plus tard que si madame de Mortsauf ne l'avait pas rencontrée dans les landes, elle avait médité de me compromettre en rôdant autour de Clochegourde.

Au moment où j'abordai la comtesse que je vis pâle, abattue comme une personne qui a souffert quelque dure insomnie, j'exerçai soudain non pas ce tact, mais le *flairer* qui fait ressentir aux cœurs encore jeunes et généreux la portée de ces actions indifférentes aux yeux de la masse, criminelles selon la jurisprudence des grandes âmes. Aussitôt, comme un enfant qui descendu dans un abîme en jouant, en cueillant des fleurs, voit avec angoisse qu'il lui sera impossible de remonter, n'aperçoit plus le sol humain qu'à une distance infranchissable, se sent tout seul, à la nuit, et entend les hurlements sauvages, je compris que nous étions séparés par tout un monde. Il se fit dans nos deux âmes une grande clameur, et comme un retentissement du lugubre *consummatum est!* qui se crie dans les églises, le vendredi-saint, à l'heure où le Sauveur expira, horrible scène qui glace les jeunes âmes pour qui la religion est un premier amour. Toutes les illusions d'Henriette étaient mortes d'un seul coup ; son cœur avait souffert une passion. Elle si respectée par le plaisir qui ne l'avait jamais enlacée de ses engourdissants replis, devinait-elle aujourd'hui les voluptés de l'amour heureux, pour me refuser ses regards ; car elle me retira la lumière qui depuis six ans brillait sur ma vie. Elle savait donc que la source des rayons épanchés de nos yeux était dans nos âmes auxquelles ils servaient de route pour pénétrer l'une chez l'autre ou pour se confondre en une seule, se séparer, jouer comme deux femmes sans défiances qui se disent tout ? Je sentis amèrement la faute d'apporter sous ce toit inconnu aux caresses, un visage où les ailes du plaisir avaient semé leur poussière diaprée. Si, la veille, j'avais laissé lady Dudley s'en aller seule ; si j'étais revenu à Clochegourde où peut-être Henriette m'avait attendu ; peut-être.... enfin peut-être madame Mortsauf ne se serait-elle pas aussi cruellement proposé d'être ma sœur. Elle mit à toutes ses complaisances le faste d'une force exagérée, elle entrait violemment dans son rôle pour n'en point sortir. Pendant le déjeuner, elle eut pour moi mille attentions, des attentions humiliantes, elle me soignait comme un malade dont elle avait pitié.

— Vous vous êtes promené de bonne heure, me dit le comte ; vous devez alors avoir un excellent appétit, vous dont l'estomac n'est pas détruit !

Cette phrase, qui n'attira pas sur les lèvres de la comtesse le sourire d'une sœur rusée acheva de me prouver le ridicule de ma position. Il était impossible d'être à Clochegourde le jour, à Saint-Cyr la nuit. Arabelle avait compté sur ma délicatesse et sur la grandeur de madame de Mortsauf. Pendant cette longue journée, je sentis combien il est difficile de devenir l'ami d'une femme longtemps désirée. Cette transition si simple quand les ans la préparent, est une maladie au jeune âge. J'avais honte, je maudissais le plaisir, j'aurais voulu que madame de Mortsauf me demandât mon sang. Je ne pouvais lui déchirer à belles dents sa rivale, elle évitait d'en parler, et médire d'Arabelle était une infamie qui m'aurait fait mépriser Henriette magnifique et noble jusque dans les derniers replis de son cœur. Après cinq ans de délicieuse intimité, nous ne savions de quoi parler ; nos paroles ne répondaient point à nos pensées ; nous nous cachions mutuellement de dévorantes douleurs, nous pour qui la douleur avait toujours été un fidèle truchement. Henriette affectait un air heureux et pour elle et pour moi ; mais elle était triste. Quoiqu'elle se dit à tout propos ma sœur, et qu'elle fût femme, elle ne trouvait aucune idée pour entretenir la conversation, et nous demeurions la plupart du temps dans un silence contraint. Elle accrut mon supplice intérieur, en feignant de se croire la seule victime de cette lady.

— Je souffre plus que vous, lui dis-je en un moment où la sœur laissa échapper une ironie toute féminine.

— Comment ? répondit-elle avec ce ton de hauteur que prennent les femmes quand on veut primer leurs sensations

— Mais j'ai tous les torts.

Il y eut un moment où la comtesse prit avec moi un air froid et indifférent qui me brisa ; je résolus de partir. Le soir, sur la terrasse, je fis mes adieux à la famille réunie. Tous me suivirent au boulingrin où piaffait mon cheval dont ils s'écartèrent. Elle vint à moi quand j'en pris la bride.

— Allons seuls, à pied, dans l'avenue, me dit-elle.

Je lui donnai le bras, et nous sortîmes par les cours en marchant à pas lents, comme si nous savourions nos mouvements confondus ; nous atteignîmes ainsi un bouquet d'arbres qui enveloppait un coin de l'enceinte extérieure.

— Adieu, mon ami, dit-elle en s'arrêtant, en jetant sa tête sur mon cœur et ses bras à mon cou. Adieu, nous ne nous reverrons plus. Dieu m'a donné le triste pouvoir de regarder dans l'avenir. Ne vous rappelez-vous pas la terreur qui m'a saisie, un jour, quand vous êtes revenu si beau ! si jeune ! et que je vous ai vu me tournant le dos comme aujourd'hui que vous quittez Clochegourde pour aller à la Grenadière. Hé bien, encore une fois, pendant cette nuit j'ai pu jeter un coup d'œil sur nos destinées. Mon ami, nous nous parlons en ce moment pour la dernière fois. A peine pourrai-je vous dire encore quelques mots, car ce ne sera plus moi tout entière qui vous parlerai. La mort a déjà frappé quelque chose en moi. Vous aurez alors enlevé leur mère à mes enfants, remplacez-la près d'eux ? vous le pourrez ! Jacques et Madeleine vous aiment comme si vous les aviez toujours fait souffrir.

— Mourir! dis-je effrayé en la regardant et revoyant le feu sec de ses yeux luisants dont on ne peut donner une idée à ceux qui n'ont pas connu des êtres chers atteints de cette horrible maladie, qu'en comparant ses yeux à des globes d'argent bruni. Mourir! Henriette, je t'ordonne de vivre, tu m'as autrefois demandé des serments, eh bien, aujourd'hui j'en exige un de toi : jure-moi de consulter Origet et de lui obéir en tout...

— Voulez-vous donc vous opposer à la clémence de Dieu? dit-elle en m'interrompant par le cri du désespoir indigné d'être méconnu.

— Vous ne m'aimez donc pas assez pour m'obéir aveuglément en toute chose comme cette misérable lady....

— Oui, tout ce que tu voudras, dit-elle poussée par une jalousie qui lui fit en un moment franchir les distances qu'elle avait respectées jusqu'alors.

— Je reste ici, lui dis-je en la baisant sur les yeux.

Effrayée de ce consentement, elle s'échappa de mes bras, alla s'appuyer contre un arbre ; puis elle rentra chez elle en marchant avec précipitation, sans tourner la tête ; mais je la suivis, elle pleurait et priait. Arrivé au boulingrin, je lui pris la main et la baisai respectueusement. Cette soumission inespérée la toucha.

— A toi, quand même! lui dis-je, car je t'aime comme t'aimait ta tante.

Elle tressaillit en me serrant alors violemment la main.

— Un regard, lui dis-je, encore un de nos anciens regards! La femme qui se donne tout entière, m'écriai-je en sentant mon âme illuminée par le coup d'œil qu'elle me jeta donne moins de vie et d'âme que je ne viens d'en recevoir. Henriette, tu es la plus aimée, la seule aimée.

— Je vivrai! me dit-elle, mais guérissez-vous aussi.

Ce regard avait effacé l'impression des sarcasmes d'Arabelle. J'étais donc le jouet des deux passions inconciliables que je vous ai décrites et dont j'éprouvais alternativement l'influence. J'aimais un ange et un démon; deux femmes également belles, parées l'une de toutes les vertus que nous meurtrissons en haine de nos imperfections, l'autre de tous les vices que nous déifions par égoïsme. En parcourant cette avenue, où je retournais de moments en moments pour revoir madame de Mortsauf appuyée sur un arbre, et entourée de ses enfants qui agitaient leurs mouchoirs, je surpris dans mon âme un mouvement d'orgueil de me savoir l'arbitre de deux destinées si belles, d'être la gloire à des titres si différents de deux femmes aussi supérieures, et d'avoir inspiré de si grandes passions que de chaque côté la mort arriverait si je leur manquais. Cette fatuité passagère a été doublement punie, croyez-le bien! Je ne sais quel démon me disait d'attendre près d'Arabelle, le moment où quelque désespoir, où la mort du comte me livrerait Henriette, car Henriette m'aimait toujours : ses duretés, ses larmes, ses remords, sa chrétienne résignation étaient d'éloquentes traces d'un sentiment qui ne pouvait pas plus s'effacer de son cœur que du mien. En allant au pas dans cette jolie avenue, et faisant ces réflexions, je n'avais plus vingt-cinq ans, j'en avais cinquante. N'est-ce pas encore plus le jeune homme que la femme, qui passe en un moment de trente à soixante ans? Quoique j'aie chassé d'un souffle ces mauvaises pensées, elles m'obsédèrent, je dois l'avouer ! Peut-être, leur principe se trouvait-il aux Tuileries, sous les lambris du cabinet royal. Qui pouvait résister à l'esprit déflorateur de Louis XVIII, lui qui disait qu'on n'a de véritables passions que dans l'âge mûr, parce que la passion n'est belle et furieuse que quand il s'y mêle de l'impuissance et qu'on se trouve alors à chaque plaisir comme un joueur à son dernier enjeu. Quand je fus au bout de l'avenue, je me retournai, et la franchis en un clin d'œil en voyant qu'Henriette y était encore, elle seule ! Je vins lui dire un dernier adieu, mouillé de larmes expiatrices dont elle ignorait la cause. Larmes sincères, accordées sans le savoir à ces belles amours à jamais perdues, à ces vierges émotions, à ces fleurs de la vie qui ne renaissent plus; car, plus tard, l'homme ne donne plus, il reçoit; il s'aime lui-même dans sa maîtresse; tandis qu'au jeune âge, il aime sa maîtresse en lui; plus tard nous inoculons nos goûts, nos vices peut-être à la femme qui nous aime ; tandis qu'au début de la vie, celle que nous aimons nous impose ses vertus, ses délicatesses ; elle nous convie au beau par un sourire, et nous apprend le dévouement par son exemple. Malheur à qui n'a pas eu son Henriette ! Malheur à qui n'a pas connu quelque lady Dudley ! S'il se marie, celui-ci ne gardera pas sa femme, celui-là sera peut-être abandonné par sa maîtresse; mais heureux qui peut trouver les deux en une seule; heureux, Natalie, l'homme que vous aimez!

De retour à Paris, Arabelle et moi nous devînmes plus intimes que par le passé. Bientôt nous abolîmes insensiblement l'un et l'autre les lois de convenance que je m'étais imposées, et dont la stricte observation fait souvent pardonner par le monde la fausseté de la position où s'était mise lady Dudley. Le monde, qui aime tant à pénétrer au delà des apparences, les légitime dès qu'il connaît le secret qu'elles enveloppent. Les amants forcés de vivre au milieu du grand monde auront toujours tort de renverser ces barrières exigées par la jurisprudence des salons, tort de ne pas obéir scrupuleusement à toutes les conventions imposées par les mœurs; il s'agit alors moins des autres que d'eux-mêmes. Les distances à franchir, le respect extérieur à conserver, les comédies à jouer, le mystère à obscurcir, toute cette stratégie de l'amour heureux occupe la vie, renouvelle le désir et protége notre cœur contre les relâchements de l'habitude. Mais essentiellement dissipatrices, les premières passions, de même que les jeunes gens, coupent leurs forêts à blanc au lieu de les aménager. Arabelle n'adoptait pas ces idées bourgeoises, elle s'y était pliée pour me plaire; semblable au bourreau marquant d'avance sa proie afin de se l'approprier, elle voulait me compromettre à la face de tout Paris pour faire de moi son *sposo*. Aussi employa-t-elle ses coquetteries à me garder chez elle, car elle n'était pas contente de son élégant esclandre qui, faute de preuves, n'encourageait que les chuchotteries sous l'éventail. En la voyant si heureuse de commettre une imprudence qui dessinerait franchement sa position, comment n'aurais-je pas cru à son amour? Une fois plongé dans les douceurs d'un mariage morganique, le désespoir me saisit; je regardais ma vie arrêtée au rebours des idées reçues et des recommandations d'Henriette; je vécus alors avec l'espèce de rage qui saisit un poitrinaire quand, pressentant sa fin, il ne veut pas qu'on interroge le bruit de sa respiration. Il y avait un coin de mon cœur où je ne pouvais me retirer sans souffrance; un esprit vengeur me jetait incessamment des idées sur lesquelles je n'osais m'appesantir. Mes lettres à Henriette peignaient cette maladie morale, et lui causaient un mal infini. « Au prix de tant de trésors perdus, elle me voulait au moins heureux ! » me dit-elle dans la seule réponse que je reçus. Et je n'étais pas heureux! Chère Natalie, le bonheur est absolu, il ne souffre pas de comparaisons. Ma première ardeur passée, je comparai nécessairement ces deux femmes l'une à l'autre, contraste que je n'avais pas encore pu étudier. En effet, toute grande passion pèse si fortement sur notre caractère qu'elle en refoule d'abord les aspérités et comble la trace des habitudes qui constituent nos défauts ou nos qualités; mais plus tard, chez deux amants bien accoutumés l'un à l'autre, les traits de la physionomie morale reparaissent; tous deux se jugent alors mutuellement, et souvent il se déclare, durant cette réaction du caractère sur la passion, des antipathies qui préparent ces désunions dont les gens superficiels s'arment pour accuser le cœur humain d'instabilité. Cette période commença donc. Moins aveuglé par les séductions, et détaillant pour ainsi dire mon plaisir, j'entrepris, sans le vouloir peut-être, un examen qui nuisit à lady Dudley.

Je lui trouvai d'abord en moins l'esprit qui distingue la Française entre toutes les femmes, et la rend la plus délicieuse à aimer, selon l'aveu des gens que les hasards de leur vie ont mis à même d'éprouver les manières d'aimer de chaque pays. Quand une Française aime, elle se métamorphose; sa coquetterie si vantée, elle l'emploie à parer son amour; sa vanité si dangereuse, elle l'immole et met toutes ses prétentions à bien aimer. Elle épouse les intérêts, les haines, les amitiés de son amant; elle acquiert en un jour les subtilités expérimentées de l'homme d'affaires, elle étudie le code, elle comprend le mécanisme du crédit, et séduit la caisse d'un banquier; étourdie et prodigue, elle ne fera pas une seule faute et ne gaspillera pas un seul louis; elle devient à la fois mère, gouvernante, médecin, et donne à toutes ses transformations une grâce de bonheur qui révèle dans les plus légers détails un amour infini; elle réunit les qualités spéciales qui recommandent les femmes de chaque pays en donnant à ce mélange de l'unité par l'esprit, cette semence française qui anime, permet, justifie, varie tout et détruit la monotonie d'un sentiment appuyé sur le premier temps d'un seul verbe. La femme française aime toujours, sans relâche ni fatigue, à tout moment, en public et seule; en public, elle trouve un accent qui ne résonne que dans une oreille, elle parle par son silence même, et sait vous regarder les yeux baissés; si l'occasion lui interdit la parole et le regard, elle emploiera le sable sur lequel s'imprime son pied pour y écrire une pensée; seule, elle exprime sa passion même pendant le sommeil; enfin elle plie le monde à son amour. Au contraire, l'Anglaise plie son amour au monde : habituée par son éducation à conserver cette habitude glaciale, ce maintien britannique si égoïste dont je vous ai parlé, elle ouvre et ferme son cœur avec la facilité d'une mécanique anglaise. Elle possède un masque impénétrable qu'elle met et qu'elle ôte flegmatiquement; passionnée comme une Italienne quand aucun œil ne la voit, elle devient froidement digne aussitôt que le monde intervient. L'homme le plus aimé doute alors de son empire en voyant la profonde immobilité du visage, le calme de la voix, la parfaite liberté de contenance qui distingue une Anglaise sortie de son boudoir; son hypocrisie va jusqu'à l'indifférence, elle a tout oublié. Certes la femme qui sait jeter son amour comme un vêtement fait croire qu'elle peut en changer. Quelles tempêtes soulèvent alors les vagues du cœur quand elles sont remuées par l'amour-propre blessé de voir une femme constamment prendre, interrompre, reprendre l'amour comme une tapisserie à main. Ces femmes sont trop maîtresses d'elles-mêmes pour vous bien appartenir; elles accordent trop d'influence au monde pour que notre règne soit entier. Là où la Française console le patient par un regard, trahit sa colère contre les visiteurs par quelques jolies moqueries, le silence des Anglaises est absolu, agace l'âme et taquine l'esprit; elles trônent si constamment en toute occasion que, pour la plupart d'entre elles, l'omnipotence de la *fashion* doit s'étendre jusque sur leurs plaisirs. Qui exagère la pudeur doit exagérer l'amour, les Anglaises sont ainsi; elles mettent tout dans la forme, sans que chez elles l'amour de la forme produise le sentiment de l'art : quoi qu'elles puissent dire, le protestantisme et le catholicisme expliquent les différences qui donnent à l'âme des Françaises tant de supériorité sur l'amour raisonné, calculateur des Anglaises. Le protestantisme doute, examine et tue les croyances, il est donc la mort de l'art et de l'amour. Là où le monde commande, les gens du monde doivent obéir; mais les gens passionnés le fuient aussitôt, il leur est insupportable. Vous comprendrez alors combien fut choqué mon amour-propre en découvrant que lady Dudley ne pouvait point se passer du monde, et que la transition britannique lui était familière; ce n'était pas un sacrifice que le monde lui imposait; non, elle se manifestait naturellement sous deux formes ennemies l'une de l'autre; quand elle aimait, elle aimait avec ivresse; aucune femme d'aucun pays ne lui était comparable, elle valait tout un sérail; mais le rideau tombé sur cette scène de féerie en bannissait jusqu'au souvenir. Elle ne répondait ni à un regard, ni à un sourire; elle n'était ni maîtresse ni esclave, elle était comme une ambassadrice obligée d'arrondir ses phrases et ses coudes, elle impatientait par son calme, elle outrageait le cœur par son décorum : elle ravalait ainsi l'amour jusqu'au besoin, au lieu de l'élever jusqu'au ciel par l'enthousiasme. Elle n'exprimait ni crainte, ni regrets, ni désir; mais à l'heure dite sa tendresse se dressait comme des feux subitement allumés, et semblait insulter à sa réserve. A laquelle de ces deux femmes devais-je croire? Je sentis alors par mille piqûres d'épingles les différences infinies qui séparaient Henriette d'Arabelle. Quand madame de Mortsauf me quittait pour un moment, elle semblait laisser à l'air le soin de me parler d'elle; les plis de sa robe, quand elle s'en allait, s'adressaient à mes yeux comme leur bruit onduleux arrivait joyeusement à mon oreille quand elle revenait; il y avait des tendresses infinies dans la manière dont elle dépliait ses paupières en abaissant ses yeux vers la terre; sa voix, cette voix musicale, était une caresse continuelle; ses discours témoignaient d'une pensée constante, elle se ressemblait toujours à elle-même, elle ne scindait pas son âme en deux atmosphères, l'une ardente et l'autre glacée; enfin, madame de Mortsauf réservait son esprit et la fleur de sa pensée pour exprimer ses sentiments, elle se faisait coquette par les idées avec ses enfants et avec moi. Mais l'esprit d'Arabelle ne lui servait pas à rendre la vie aimable, elle ne l'exerçait point à mon profit, il n'existait que par le monde et pour le monde, elle était purement moqueuse, elle aimait à déchirer, à mordre, non pour m'amuser, mais pour satisfaire un goût. Madame de Mortsauf aurait dérobé son bonheur à tous les regards, lady Arabelle voulait montrer le sien à tout Paris, et, par une horrible gri-

28

mace, elle restait dans les convenances tout en paradant au Bois avec moi. Ce mélange d'ostentation et de dignité, d'amour et de froideur, blessait constamment mon âme, à la fois vierge et passionnée ; et, comme je ne savais point passer ainsi d'une température à l'autre, mon humeur s'en ressentait ; j'étais palpitant d'amour quand elle reprenait sa pudeur de convention. Quand je m'avisai de me plaindre, non sans de grands ménagements, elle tourna sa langue à triple dard contre moi, mêlant les gasconnades de sa passion à ces plaisanteries anglaises que j'ai tâché de vous peindre. Aussitôt qu'elle se trouvait en contradiction avec moi, elle se faisait un jeu de froisser mon cœur et d'humilier mon esprit, elle me maniait comme une pâte. A des observations sur le milieu que l'on doit garder en tout, elle répondait par la caricature de mes idées, qu'elle portait à l'extrême. Quand je lui reprochais son attitude, elle me demandait si je voulais qu'elle m'embrassât devant tout Paris, aux Italiens ; elle s'y engageait si sérieusement, que, connaissant son envie de faire parler d'elle, je tremblais de lui voir exécuter sa promesse. Malgré sa passion réelle, je ne sentais jamais rien de recueilli, de saint, de profond comme chez Henriette ; elle était toujours insatiable comme une terre sablonneuse. Madame de Mortsauf était toujours rassurée et sentait mon âme dans une accentuation ou dans un coup d'œil, tandis que la marquise n'était jamais accablée par un regard, ni par un serrement de main, ni par une douce parole. Il y a plus ! le bonheur de la veille n'était rien le lendemain ; aucune preuve d'amour ne l'étonnait ; elle éprouvait un si grand désir d'agitation, de bruit, d'éclat, que rien n'atteignait sans doute à son beau idéal en ce genre, et de là ses furieux efforts d'amour ; dans sa fantaisie exagérée, il s'agissait d'elle et non de moi. Cette lettre de madame de Mortsauf, lumière qui brillait encore sur ma vie, et qui prouvait la manière dont la femme la plus vertueuse sait obéir au génie de la Française, en accusant une perpétuelle vigilance, une entente continuelle de toutes mes fortunes ; cette lettre a dû vous faire comprendre avec quel soin Henriette s'occupait de mes intérêts matériels, de mes relations politiques, de mes conquêtes morales, avec quelle ardeur elle embrassait ma vie par les endroits permis. Sur tous ces points, lady Dudley affectait la réserve d'une personne de simple connaissance ; jamais elle ne s'informa ni de mes affaires, ni de ma fortune, ni de mes travaux, ni des difficultés de ma vie, ni de mes haines, ni de mes amitiés d'homme. Prodigue pour elle-même sans être généreuse, elle séparait vraiment un peu trop les intérêts et l'amour ; tandis que, sans l'avoir éprouvé, je savais qu'afin de m'éviter un chagrin, Henriette aurait trouvé pour moi ce qu'elle n'aurait pas cherché pour elle. Dans un de ces malheurs qui peuvent attaquer les hommes les plus élevés et les plus riches, l'histoire en atteste assez ! j'aurais consulté Henriette, mais je me serais laissé traîner en prison sans dire un mot à lady Dudley.

Jusqu'ici le contraste repose sur les sentiments, mais il en était de même pour les choses. Le luxe est en France l'oppression de l'homme, la reproduction de ses idées, de sa poésie spéciale; il peint le caractère, et donne entre amants du prix aux moindres soins en faisant rayonner autour de nous la pensée dominante de l'être aimé ; mais ce luxe anglais dont les recherches m'avaient séduit par leur finesse était mécanique aussi! lady Dudley n'y mettait rien d'elle, il venait des gens, il était acheté. Les mille attentions caressantes de Clochegourde étaient, aux yeux d'Arabelle, l'affaire des domestiques ; à chacun d'eux, son devoir et sa spécialité. Choisir les meilleurs laquais était l'affaire de son majordome, comme s'il se fût agi de chevaux ; elle ne s'attachait point à ses gens ; la mort du plus précieux d'entre eux ne l'aurait point affectée ; on l'eût à prix d'argent remplacé par quelque autre également habile. Quant au prochain, jamais je ne surpris dans ses yeux une larme pour les malheurs d'autrui, elle avait même une naïveté d'égoïsme dont il fallait absolument rire. Les draperies rouges de la grande dame couvraient cette nature de bronze. La délicieuse Almée qui se roulait le soir sur ses tapis, qui faisait sonner tous les grelots de son amoureuse folie, réconciliait promptement un homme jeune avec l'Anglaise insensible et dure ; aussi ne découvris-je que pas à pas le tuf sur lequel je perdais mes semailles, et qui ne devait point donner de moissons. Madame de Mortsauf avait pénétré tout d'un coup cette nature dans sa rapide rencontre ; je me souvins de ses paroles prophétiques ; Henriette avait eu raison en tout, car l'amour d'Arabelle me devenait insupportable. J'ai remarqué depuis que la plupart des femmes qui montent bien à cheval ont peu de tendresse ; comme aux amazones, il leur manque une mamelle, et leurs cœurs sont endurcis en un certain endroit, je ne sais lequel.

Au moment où je commençais à sentir la pesanteur de ce joug, où la fatigue me gagnait le corps et l'âme, où je comprenais bien tout ce que le sentiment vrai donne de sainteté à l'amour, où j'étais accablé par les souvenirs de Clochegourde en respirant, malgré la distance, le parfum de toutes ses roses, la chaleur de sa terrasse, en entendant le chant de ses rossignols, en ce moment affreux où j'apercevais le lit pierreux du torrent sous ses eaux diminuées, je reçus un coup qui retentit encore dans ma vie, car à chaque heure il trouve un écho. Je travaillais dans le cabinet du roi qui devait sortir à quatre heures ; le duc de Lenoncourt était de service ; en le voyant entrer, le roi lui demanda des nouvelles de la comtesse ; je levai brusquement la tête d'une façon trop significative ; le roi, choqué de ce mouvement, me jeta le regard qui précédait ces mots durs qu'il savait si bien dire.

— Sire, ma pauvre fille se meurt, répondit le duc.

— Le roi daignera-t-il m'accorder un congé ? dis-je les larmes aux yeux, en bravant une colère près d'éclater.

— Courez, mylord, me répondit-il en souriant de mettre une épigramme dans chaque mot, et me faisant grâce de sa réprimande en faveur de son esprit.

Plus courtisan que père, le duc ne demanda point de congé et monta dans la voiture du roi pour l'accompagner. Je partis sans dire adieu à lady Dudley, qui par bonheur était sortie et à laquelle j'écrivis que j'allais en mission pour le service du roi. A la Croix de Berny, je rencontrai sa majesté qui revenait de Verrières ; en acceptant un bouquet de fleurs qu'Elle laissa tomber à ses pieds, Elle me jeta un regard plein de ces royales ironies accablantes de profondeur, et qui semblait me dire : — « Si tu veux être quelque chose en politique, reviens ! Ne t'amuse pas à parlementer avec les morts ! » Le duc me fit avec la main un signe de mélancolie. Les deux pompeuses calèches à huit chevaux, les colonels dorés, l'escorte et ses tourbillons de poussière passèrent rapidement aux cris de : Vive le roi ! Il me sembla que la cour avait foulé le corps de madame de Mortsauf avec l'insensibilité que la nature témoigne pour nos catastrophes. Quoique ce fût un excellent homme, le duc allait sans doute faire le whist de Monsieur, après le coucher du Roi. Quant à la duchesse, elle avait porté le premier coup à sa fille en lui parlant de lady Dudley.

Mon rapide voyage fut comme un rêve, mais un rêve de joueur ruiné ; j'étais au désespoir de ne point avoir reçu de nouvelles. Le confesseur avait-il poussé la rigidité jusqu'à m'interdire l'accès de Clochegourde? J'accusais Madeleine, Jacques, l'abbé de Dominis, tout, jusqu'à monsieur de Mortsauf. Au delà de Tours, en débouchant par les ponts Saint-Sauveur, pour descendre dans le chemin bordé de peupliers qui mène à Poncher, et que j'avais tant admiré quand je courais à la recherche de mon inconnue, je rencontrai monsieur Origet;

il devina que je me rendais à Clochegourde, je devinai qu'il en revenait; nous arrêtâmes chacun notre voiture et nous en descendîmes, moi pour demander des nouvelles et lui pour m'en donner.

— Hé bien, comme va madame de Mortsauf? lui dis-je.

— Je doute que vous la trouviez vivante, me répondit-il. Elle meurt d'une affreuse mort, elle meurt d'inanition. Quand elle me fit appeler au mois de juin dernier, aucune puissance médicale ne pouvait plus combattre la maladie; elle avait les affreux symptômes que monsieur de Mortsauf vous aura sans doute décrits, puisqu'il croyait les avoir éprouvés. Madame la comtesse n'était pas alors sous l'influence passagère d'une perturbation due à une lutte intérieure que la médecine dirige et qui devient la cause d'un état meilleur, ou sous le coup d'une crise commencée et dont le désordre se répare; non, la maladie était arrivée au point où l'art est inutile : c'est l'incurable résultat d'un chagrin, comme une blessure mortelle est la conséquence d'un coup de poignard. Cette affection est produite par l'inertie d'un organe dont le jeu est aussi nécessaire à la vie que celui du cœur. Le chagrin a fait l'office du poignard. Ne vous y trompez pas! madame de Mortsauf meurt de quelque peine inconnue.

— Inconnue! dis-je. Ses enfants n'ont point été malades?

— Non, me dit-il en me regardant d'un air significatif, et depuis qu'elle est sérieusement atteinte, monsieur de Mortsauf ne l'a plus tourmentée. Je ne suis plus utile, monsieur Deslandes d'Azay suffit, il n'existe aucun remède, et les souffrances sont horribles. Riche, jeune, belle, et mourir maigrie, vieillie par la faim, car elle mourra de faim! Depuis quarante jours, l'estomac étant comme fermé, rejette tout aliment, sous quelque forme qu'on le présente.

Monsieur Origet me pressa la main que je lui tendis; il me l'avait presque demandé par un geste de respect.

— Du courage, monsieur, dit-il en levant les yeux au ciel.

Sa phrase exprimait de la compassion pour des peines qu'il croyait également partagées; il ne soupçonnait pas le dard envenimé de ses paroles qui m'atteignirent comme une flèche au cœur. Je montai brusquement en voiture en promettant une bonne récompense au postillon si j'arrivais à temps.

Malgré mon impatience, je crus avoir fait le chemin en quelques minutes tant j'étais absorbé par les réflexions amères qui se pressaient dans mon âme. Elle meurt de chagrin, et ses enfants vont bien! elle mourait donc par moi! Ma conscience menaçante prononça un de ces réquisitoires qui retentissent dans toute la vie et quelquefois au delà. Quelle faiblesse et quelle impuissance dans la justice humaine! elle ne venge que les actes patents. Pourquoi la mort et la honte au meurtrier qui tue d'un coup, qui vous surprend généreusement dans le sommeil et vous endort pour toujours, ou qui frappe à l'improviste, en vous évitant l'agonie? Pourquoi la vie heureuse, pourquoi l'estime au meurtrier qui verse goutte à goutte le fiel dans l'âme et mine le corps pour le détruire? Combien de meurtriers impunis! Quelle complaisance pour le vice élégant! quel acquittement pour l'homicide causé par les persécutions morales! Je ne sais quelle main vengeresse leva tout à coup le rideau peint qui couvre la société, je vis plusieurs de ces victimes qui vous sont aussi connues qu'à moi : madame de Beauséant partie mourante en Normandie quelques jours avant mon départ! La duchesse de Langeais compromise! Lady Brandon arrivée en Touraine pour y mourir dans cette humble maison où lady Dudley était restée deux semaines, et tuée, par quel horrible dénoûment? vous le savez! Notre époque est fertile en événements de ce genre. Qui n'a connu cette pauvre jeune femme qui s'est empoisonnée vaincue par la jalousie qui tuait peut-être madame de Mortsauf? Qui n'a frémi du destin de cette délicieuse jeune fille qui, semblable à une fleur piquée par un taon, a dépéri en deux ans de mariage, victime de sa pudique ignorance, victime des débauches d'un Maxime de Trailles auquel Ronquerolles, Montriveau, de Marsay donnent la main parce qu'il sert leurs projets politiques? Qui n'a palpité au récit des derniers moments de cette femme qu'aucune prière n'a pu fléchir et qui n'a jamais voulu revoir son mari dont elle avait si noblement payé les dettes? Madame d'Aiglemont n'a-t-elle pas vu la tombe de bien près, et sans les soins de mon frère vivrait-elle? Le monde et la science sont complices de ces crimes pour lesquels il n'est point d'assises. Il semble que personne ne meure de chagrin, ni de désespoir, ni d'amour, ni de misères cachées, ni d'espérances cultivées sans fruit, incessamment replantées et déracinées; la nomenclature nouvelle a des mots ingénieux pour tout expliquer : la gastrite, la péricardite, les mille maladies de femme dont les noms se disent à l'oreille, servent de passe-port aux cercueils escortés de larmes hypocrites que la main du notaire a bientôt essuyées. Y a-t-il au fond de ce malheur quelque loi que nous ne connaissons pas? Le centenaire doit-il impitoyablement joncher le terrain de morts, et le dessécher autour de lui pour s'élever, de même que le millionnaire s'assimile les efforts d'une multitude de petites industries? Y a-t-il une vie venimeuse qui se repaît des créatures douces et tendres? Mon Dieu! appartenais-je donc à la race des tigres? Le remords me serrait le cœur de ses doigts brûlants, et j'avais les joues sillonnées de larmes quand j'entrai dans l'avenue de Clochegourde par une humide matinée d'octobre qui détachait les feuilles mortes des peupliers dont Henriette avait dirigé la plantation, dans cette avenue où naguère elle agitait son mouchoir comme pour me rappeler! Vivait-elle? Pourrais-je sentir ses deux blanches mains sur ma tête prosternée? En un moment je payai tous les plaisirs donnés par Arabelle et les trouvai chèrement vendus! je me jurai de ne jamais la revoir; et je pris en haine l'Angleterre. Quoique lady Dudley soit une variété de l'espèce, j'enveloppai toutes les Anglaises dans les crêpes de mon arrêt.

En entrant à Clochegourde, je reçus un nouveau coup. Je trouvai Jacques, Madeleine et l'abbé de Dominis agenouillés tous trois au pied d'une croix de bois, plantée au coin d'une pièce de terre qui avait été comprise dans l'enceinte, lors de la construction de la grille, et que ni le comte, ni la comtesse n'avaient voulu abattre. Je sautai hors de ma voiture et j'allai vers eux le visage plein de larmes, et le cœur brisé par le spectacle de ces deux enfants et de ce grave personnage implorant Dieu. Le vieux piqueur y était aussi, à quelques pas, la tête nue.

— Eh bien, monsieur? dis-je à l'abbé de Dominis en baisant au front Jacques et Madeleine qui me jetèrent un regard froid, sans cesser leur prière.

L'abbé se leva, je lui pris le bras pour m'y appuyer en lui disant : — Vit-elle encore?

Il inclina la tête par un mouvement triste et doux.

— Parlez, je vous en supplie au nom de la Passion de Notre Seigneur ! Pourquoi priez-vous au pied de cette croix ? pourquoi êtes-vous ici et non près d'elle ? pourquoi ses enfants sont-ils dehors par une aussi froide matinée, dites-moi tout afin que je ne cause pas quelque malheur par ignorance.

— Depuis plusieurs jours, madame la comtesse ne veut voir ses enfants qu'à des heures déterminées. — Monsieur, reprit-il après une pause, peut-être devriez-vous attendre quelques heures avant de revoir madame de Mortsauf ; elle est bien changée ! Mais il est utile de la préparer à cette entrevue, vous pourriez lui causer quelque surcroît de souffrance... Quant à la mort, ce serait un bienfait.

Je serrai la main de cet homme divin, de qui le regard et la voix caressaient les blessures sans les aviver.

— Nous prions tous ici pour elle, reprit-il; car elle, si sainte, si résignée, si faite à mourir, depuis quelques jours elle a pour la mort une horreur secrète, elle jette sur ceux qui sont pleins de vie des regards où, pour la première fois, se peignent des sentiments sombres et envieux. Ses vertiges sont excités, je crois, moins par l'effroi de la mort, que par une ivresse intérieure, par les fleurs fanées de sa jeunesse qui fermentent en se flétrissant. Oui, le mauvais ange dispute cette belle âme au ciel; madame subit sa lutte au mont des Oliviers; elle accompagne de ses larmes la chute des roses blanches qui couronnaient sa tête de Jephté mariée, et qui sont tombées une à une. Attendez, ne vous montrez pas encore, vous lui apporteriez les clartés de la cour, elle retrouverait sur votre visage un reflet des fêtes mondaines et vous rendriez de la force à ses plaintes. Ayez pitié d'une faiblesse que Dieu lui-même a pardonnée à son fils devenu homme? Quels mérites aurions-nous d'ailleurs à vaincre sans adversaire? Permettez que son confesseur ou moi, deux vieillards dont les ruines n'offensent point sa vue, nous la préparions à une entrevue inespérée, à des émotions auxquelles l'abbé Birotteau avait exigé qu'elle renonçât. Mais il est dans les choses de ce monde une invisible trame de causes célestes qu'un œil religieux aperçoit, et si vous êtes venu ici, peut-être y êtes-vous amené par une de ces célestes étoiles qui brillent dans le monde moral, et qui conduisent vers le tombeau comme vers la crèche....

Il me dit alors, en employant cette onctueuse éloquence qui tombe sur le cœur comme une rosée, que depuis six mois la comtesse avait chaque jour souffert davantage, malgré les soins de monsieur Origet. Le docteur était venu pendant deux mois, tous les soirs à Clochegourde, voulant arracher cette proie à la mort, car la comtesse avait dit : — « Sauvez-moi ! » — « Mais pour guérir le corps, il aurait fallu que le cœur fût guéri ! » s'était un jour écrié le vieux médecin.

— Selon les progrès du mal, les paroles de cette femme si douce sont devenues amères, me dit l'abbé de Dominis. Elle crie à la terre de la garder, au lieu de crier à Dieu de la prendre ; puis, elle se repent de murmurer contre les décrets d'en haut. Ces alternatives lui déchirent le cœur, et rendent horrible la lutte du corps et de l'âme. Souvent le corps triomphe ! — « Vous me coûtez bien cher ! » a-t-elle dit un jour à Madeleine et à Jacques en les repoussant de son lit. Mais rappelée en ce moment à Dieu par ma vue, elle a dit à mademoiselle Madeleine ces angéliques paroles : « Le bonheur des autres devient la joie de ceux qui ne peuvent plus être heureux. » Et son accent fut si déchirant que j'ai senti mes paupières se mouiller. Elle tombe, il est vrai, mais, à chaque faux pas, elle se relève plus haut vers le ciel.

Frappé des messages successifs que le hasard m'envoyait, et qui, dans ce grand concert d'infortunes, préparaient par de douloureuses modulations le thème funèbre, le grand cri de l'amour expirant, je m'écriai : — Vous le croyez, ce beau lys coupé refleurira dans le ciel.

— Vous l'avez laissée fleur encore, me répondit-il, mais vous la retrouverez consumée, purifiée dans le feu des douleurs, et pure comme un diamant encore enfoui dans les cendres. Oui, ce brillant esprit, étoile angélique, sortira splendide de ses nuages pour aller dans le royaume de lumière.

Au moment où je serrais la main de cet homme évangélique, le cœur oppressé de reconnaissance, le comte montra hors de la maison sa tête entièrement blanchie et s'élança vers moi par un mouvement où se peignait la surprise.

— Elle a dit vrai! le voici. « Félix, Félix, voici Félix qui vient ! » s'est écriée madame de Mortsauf. Mon ami, reprit-il en me jetant des regards insensés de terreur, la mort est ici. Pourquoi n'a-t-elle pas pris un vieux fou comme moi, qu'elle avait entamé...

Je marchai vers le château, rappelant mon courage ; mais sur le seuil de la longue antichambre qui menait du boulingrin au perron, en traversant la maison, l'abbé Birotteau m'arrêta.

— Madame la comtesse vous prie de ne pas entrer encore, me dit-il.

En jetant un coup d'œil, je vis les gens aller et venir, tous affairés, ivres de douleur et surpris sans doute des ordres que Manette leur communiquait.

— Qu'arrive-t-il? dit le comte, effarouché de ce mouvement autant par crainte de l'horrible événement, que par l'inquiétude naturelle à son caractère.

— Une fantaisie de malade, répondit l'abbé; madame la comtesse ne veut pas recevoir monsieur le vicomte dans l'état où elle est; elle parle de toilette, pourquoi la contrarier?

Manette alla chercher Madeleine, et nous vîmes Madeleine sortir quelques moments après être entrée chez sa mère. Puis en nous promenant tous les cinq, Jacques et son père, les deux abbés et moi, tous silencieux le long de la façade sur le boulingrin, nous dépassâmes la maison; je contemplai tour à tour Monbazon et Azay, regardant la vallée jaunie dont le deuil répondait alors comme en toute occasion aux sentiments qui m'agitaient. Tout à coup, j'aperçus la chère mignonne courant après les fleurs d'automne et les cueillant sans doute pour composer des bouquets. En pensant à tout ce que signifiait cette réplique de mes soins amoureux, il se fit en moi je ne sais quel mouvement d'entrailles, je chancelai, ma vue s'obscurcit, et les deux abbés entre lesquels je me trouvais me portèrent sur la margelle d'une terrasse où je demeurai pendant un moment comme brisé; mais sans perdre entièrement connoissance.

— Pauvre Félix, me dit le comte, elle avait bien défendu de vous écrire, elle sait combien vous l'aimez!

Quoique préparé à souffrir, je m'étais trouvé sans force contre une attention qui résumait tous mes souvenirs de bonheur. « La voilà, pensai-je, cette lande desséchée comme un squelette, éclairée par un jour gris, au milieu de laquelle s'élevait un seul buisson de fleurs, que jadis dans mes courses je n'ai pas admirée sans un sinistre frémissement et qui était l'image de cette heure lugubre! » Tout était morne dans ce petit castel, autrefois si vivant, si animé! tout pleurait, tout disait le désespoir et l'abandon. C'était des allées ratissées à moitié, des travaux commencés et abandonnés, des ouvriers debout regardant le château. Quoique l'on vendangeât les clos, l'on n'entendait ni bruit ni babil. Les vignes semblaient inhabitées, tant le silence était profond. Nous allions comme des gens dont la douleur repousse des paroles banales, et nous écoutions le comte, le seul de nous qui parlât. Après les phrases dictées par l'amour machinal qu'il ressentait pour sa femme, le comte fut conduit par la pente de son esprit à se plaindre de la comtesse. Sa femme n'avait jamais voulu se soigner ni l'écouter quand il lui donnait de bons avis; il s'était aperçu le premier des symptômes de la maladie; car il les avait étudiés sur lui-même, les avait combattus et s'en était guéri tout seul, sans autre secours que celui d'un régime, et en évitant toute émotion forte. Il aurait bien pu guérir aussi la comtesse; mais un mari ne saurait accepter de semblables responsabilités, surtout lorsqu'il a le malheur de voir en toute affaire son expérience dédaignée. Malgré ses représentations, la comtesse avait pris Origet pour médecin. Origet, qui l'avait jadis si mal soigné, lui tuait sa femme. Si cette maladie a pour cause d'excessifs chagrins, il avait été dans toutes les conditions pour l'avoir; mais quels pouvaient être les chagrins de sa femme?

La comtesse était heureuse, elle n'avait ni peines ni contrariétés! leur fortune était, grâces à ses soins et à ses bonnes idées, dans un état satisfaisant; il laissait madame de Mortsauf régner à Clochegourde; ses enfants, bien élevés, bien portants, ne donnaient plus aucune inquiétude; d'où pouvait donc procéder le mal? Et il discutait et il mêlait l'expression de son désespoir à des accusations insensées. Puis, ramené bientôt par quelque souvenir à l'admiration que méritait cette noble créature, quelques larmes s'échappaient de ses yeux, secs depuis si longtemps.

Madeleine vint m'avertir que sa mère m'attendait. L'abbé Birotteau me suivit. La grave jeune fille resta près de son père, en disant que la comtesse désirait être seule avec moi, et prétextait la fatigue que lui causerait la présence de plusieurs personnes. La solennité de ce moment produisit en moi cette impression de chaleur intérieure et de froid au dehors qui nous brise dans les grandes circonstances de la vie. L'abbé Birotteau, l'un de ces hommes que Dieu a marqués comme siens en les revêtant de douceur, de simplicité, en leur accordant la patience et la miséricorde, me prit à part.

— Monsieur, me dit-il, sachez que j'ai fait tout ce qui était humainement possible pour empêcher cette réunion. Le salut de cette sainte le voulait ainsi. Je n'ai vu qu'elle et non vous. Maintenant que vous allez revoir celle dont l'accès aurait dû vous être interdit par les anges, apprenez que je resterai entre vous pour la défendre contre vous-même et contre elle peut-être! Respectez sa faiblesse. Je ne vous demande pas grâce pour elle comme prêtre, mais comme un humble ami que vous ne saviez pas avoir, et qui veut vous éviter des remords. Notre chère malade meurt exactement de faim et de soif. Depuis ce matin, elle est en proie à l'irritation fiévreuse qui précède cette horrible mort, et je ne puis vous cacher combien elle regrette la vie. Les cris de sa chair révoltée s'éteignent dans mon cœur où ils blessent des échos encore trop tendres; mais monsieur de Dominis et moi nous avons accepté cette tâche religieuse, afin de dérober le spectacle de cette agonie morale à cette noble famille qui ne reconnaît plus son étoile du soir et du matin. Car l'époux, les enfants, les serviteurs, tous demandent : Où est-elle? tant elle est changée. A votre aspect, les plaintes vont renaître. Quittez les pensées de l'homme du monde, oubliez les vanités du cœur, soyez près d'elle l'auxiliaire du ciel et non celui de la terre. Que cette sainte ne meure pas dans une heure de doute, en laissant échapper des paroles de désespoir....

Je ne répondis rien et mon silence consterna le pauvre confesseur. Je voyais, j'entendais, je marchais et je n'étais cependant plus sur la terre. Cette réflexion : « Qu'est-il donc arrivé? dans quel état dois-je la trouver, pour que chacun use de telles précautions? » engendrait des appréhensions d'autant plus cruelles, qu'elles étaient indéfinies : elle comprenait toutes les douleurs ensemble. Nous arrivâmes à la porte de la chambre que m'ouvrit le confesseur inquiet. J'aperçus alors Henriette en robe blanche, assise sur son petit canapé, placé devant la cheminée ornée de nos deux vases pleins de fleurs ; puis des fleurs encore sur le guéridon placé devant la croisée. Le visage de l'abbé Birotteau, stupéfait à l'aspect de cette fête improvisée et du changement de cette chambre subitement rétablie en son ancien état, me fit deviner que la mourante avait banni le repoussant appareil qui environne le lit des malades. Elle avait dépensé les dernières forces d'une fièvre expirante à parer sa chambre en désordre pour y recevoir dignement celui qu'elle aimait en ce moment plus que tout. Sous les flots de dentelles dont elle était enveloppée, sa figure amaigrie, qui avait la pâleur verdâtre des fleurs du magnolia quand elles s'entr'ouvrent, apparaissait comme sur la toile jaune d'un portrait les premiers contours d'une tête chérie dessinée à la craie ; mais pour sentir combien la griffe du vautour s'enfonça profondément dans mon cœur, il faut que vous supposiez achevés et plein de vie les yeux de cette esquisse, des yeux caves qui brillaient d'un éclat inusité dans une figure éteinte. Elle n'avait plus la majesté calme que lui communiquait la constante victoire remportée sur ses douleurs. Son front, seule partie du visage qui eût gardé ses belles proportions, exprimait l'audace agressive du désir et des menaces réprimées. Malgré les tons de cire de sa face allongée, des feux intérieurs s'en échappaient par un ardent rayonnement semblable au fluide qui flambe au-dessus des champs par une chaude journée. Ses tempes creusées, ses joues rentrées montraient les formes intérieures du visage ; le sourire que formaient ses lèvres blanches ressemblait vaguement au ricanement de la mort. Sa robe croisée sur son sein attestait la maigreur de son beau corsage. L'expression de sa tête disait assez qu'elle se savait changée et qu'elle en était au désespoir. Ce n'était plus ma délicieuse Henriette, ni la sublime et sainte madame de Mortsauf ; c'était le quelque chose sans nom de Bossuet qui se débattait contre le néant, et que la faim, les désirs trompés poussaient au combat égoïste de la vie contre la mort. Je vins m'asseoir près d'elle en lui prenant pour la baiser sa main que je sentis brûlante et desséchée. Elle devina ma douloureuse surprise dans l'effort même que je fis pour la déguiser. Ses lèvres décolorées se tendirent alors sur ses dents affamées pour essayer un de ces sourires forcés sous lesquels nous cachons également l'ironie de la vengeance, l'attente du plaisir, l'ivresse de l'âme et la rage d'une déception.

— Ah! c'est la mort, mon pauvre Félix, me dit-elle, et vous n'aimez pas la mort! la mort odieuse, la mort dont toute créature, même l'amant le plus intrépide, a horreur. Ici finit l'amour! Je le savais bien! Lady Dudley ne vous verra jamais étonné de son changement! Ah! pourquoi vous ai-je tant souhaité, Félix? vous êtes venu, et je vous récompense de ce dévouement par l'horrible spectacle qui fit jadis du comte de Comminges un trappiste, moi qui désirais demeurer belle et grande dans votre souvenir, y vivre comme un lys éternel, je vous enlève vos illusions. Le véritable amour ne calcule rien! Mais ne vous enfuyez pas, restez. Monsieur Origet m'a trouvée beaucoup mieux ce matin, je vais revenir à la vie, je renaîtrai sous vos regards. Puis, quand j'aurai recouvré quelques forces, quand je commencerai à pouvoir prendre quelque nourriture, je redeviendrai belle. A peine ai-je trente-cinq ans, je puis encore avoir de belles années. Le bonheur rajeunit, et je veux connaître le bonheur. J'ai fait des projets délicieux, nous les laisserons à Clochegourde et nous irons ensemble en Italie.

Des pleurs humectèrent mes yeux, je me tournai vers la fenêtre comme pour regarder les fleurs; l'abbé Birotteau vint à moi précipitamment, et se pencha vers le bouquet : — Pas de larmes! me dit-il à l'oreille.

— Henriette, vous n'aimez donc plus notre chère vallée? lui répondis-je afin de justifier mon brusque mouvement.

— Si, dit-elle en apportant son front sous mes lèvres par un mouvement de câlinerie; mais, sans vous, elle m'est funeste... *sans toi*, reprit-elle en effleurant mon oreille de ses lèvres chaudes pour y jeter ces deux syllabes comme deux soupirs.

Je fus épouvanté par cette folle caresse qui agrandissait encore les terribles discours des deux abbés. En ce moment ma première surprise se dissipa; mais si je pus faire usage de ma raison, ma volonté ne fut pas assez forte pour réprimer le mouvement nerveux qui m'agita pendant cette scène. J'écoutais sans répondre ou plutôt je répondais par un sourire fixe et par des signes de consentement, pour ne pas la contrarier, agissant comme une mère avec son enfant. Après avoir été frappé de la métamorphose de la personne, je m'aperçus que la femme, autrefois si imposante par ses sublimités, avait dans l'attitude, dans la voix, dans les manières, dans les regards et les idées, la naïve ignorance d'un enfant, les grâces ingénues, l'avidité de mouvement, l'insouciance profonde de ce qui n'est pas ou son désir ou lui, enfin toutes les faiblesses qui recommandent l'enfance à la protection. En est-il ainsi de tous les mourants? dépouillent-ils tous les déguisements sociaux, de même que l'enfant ne les a pas encore revêtus? Ou se trouvant au bord de l'éternité, la comtesse en n'acceptant plus de tous les sentiments humains que l'amour, en exprimait-elle la suave innocence à la manière de Chloé?

— Comme autrefois vous allez me rendre à la santé, Félix, dit-elle, et ma vallée me sera bienfaisante. Comment ne mangerais-je pas ce que vous me présenterez? Vous êtes un si bon garde-malade! Puis, vous êtes si riche de force et de santé, qu'auprès de vous la vie est contagieuse! Mon ami, prouvez-moi donc que je ne puis mourir! mourir trompée! Ils croient que ma plus vive douleur est la soif. Oh oui, j'ai bien soif, mon ami. L'eau de l'Indre me fait bien mal à voir, mais mon cœur éprouve une plus ardente soif! J'avais soif de toi, me dit-elle d'une voix plus étouffée, en me prenant les mains dans ses mains brûlantes, et m'attirant à elle pour me jeter ces paroles à l'oreille : mon agonie a été de ne pas te voir! Ne m'as-tu pas dit de vivre? je veux vivre. Je veux monter à cheval aussi, moi! je veux tout connaître, Paris, les fêtes, les plaisirs.

Ah! Natalie, cette clameur horrible que le matérialisme des sens trompés rend froide à distance, nous faisait tinter les oreilles au vieux prêtre et à moi : les accents de cette voix magnifique payaient les combats de toute une vie, les angoisses de l'amour déçu. La comtesse se leva par un mouvement d'impatience, comme un enfant qui veut un jouet. Quand le confesseur vit sa pénitente ainsi, le pauvre homme tomba soudain à genoux, joignit les mains, et récita des prières.

— Oui, vivre ! dit-elle en me faisant lever, et s'appuyant sur moi, vivre de réalités, et non de mensonges. Tout a été mensonge dans ma vie, je les ai comptées depuis quelques jours, ces impostures. Est-il possible que je meure, moi qui n'ai pas vécu ? moi qui n'ai jamais été chercher quelqu'un dans une lande ?

Elle s'arrêta, parut écouter, et sentit à travers les murs je ne sais quelle odeur.

— Félix ! les vendangeuses vont dîner, et moi, moi, dit-elle d'une voix d'enfant, qui suis la maîtresse, j'ai faim. Il en est ainsi de l'amour, elles sont heureuses, elles !

— *Kyrie eleison !* disait le pauvre abbé, qui, les mains jointes, l'œil au ciel, récitait les litanies.

Elle jeta ses bras autour de mon cou, m'embrassa violemment, et me serra en disant : — Vous ne m'échapperez plus ! Je veux être aimée, je ferai des folies comme lady Dudley, j'apprendrai l'anglais pour bien dire : *my dee*. Elle me fit un signe de tête comme elle en faisait autrefois en me quittant, pour me dire qu'elle allait revenir à l'instant : — Nous dînerons ensemble, me dit-elle, je vais prévenir Manette... Elle fut arrêtée par une faiblesse qui

survint, et je la couchai tout habillée sur son lit :
— Une fois déjà, vous m'avez portée ainsi, me dit-elle en ouvrant les yeux.

Elle était bien légère, mais surtout bien ardente; en la prenant, je sentis son corps entièrement brûlant. Monsieur Deslandes entra, fut étonné de trouver la chambre ainsi parée; en me voyant tout lui parut expliqué.

— On souffre bien pour mourir, monsieur, dit-elle d'une voix altérée.

Il s'assit, lui tâta le pouls, se leva brusquement, vint parler à voix basse au prêtre, et sortit. Je le suivis.

— Qu'allez-vous faire? lui demandai-je.

— Lui éviter une épouvantable agonie, me dit-il. Qui pouvait croire à tant de vigueur? Nous ne comprenons comment elle vit encore qu'en pensant à la manière dont elle a vécu. Voici le quarante-deuxième jour que madame la comtesse n'a ni bu, ni mangé, ni dormi.

Monsieur Deslandes demanda Manette. L'abbé Birotteau m'emmena dans les jardins.

— Laissons faire le docteur, me dit-il. Aidé par Manette, il va l'envelopper d'opium. Eh bien, vous l'avez entendue, me dit-il, si toutefois elle est complice de ces mouvements de folie!...

— Non, dis-je, car ce n'est plus elle.

J'étais hébété de douleur, et plus j'allais, plus chaque détail de cette scène prenait d'étendue. Je sortis brusquement par la petite porte au bas de la terrasse, et vins m'asseoir dans la toue, où je me cachai pour demeurer seul à dévorer mes pensées.

Je tâchai de me détacher moi-même de cette force par laquelle je vivais ; supplice comparable à celui dont les Tartares punissaient l'adultère en prenant une main du coupable dans une pièce de bois, et lui laissant un couteau pour se la couper, s'il ne voulait pas mourir de faim : leçon terrible que subissait mon âme, dont il fallait me retrancher la plus belle moitié. Ma vie était manquée aussi ! Le désespoir me suggérait les plus étranges idées. Tantôt je voulais mourir avec elle, tantôt aller m'enfermer à la Meilleraye où venaient de s'établir les trappistes. Mes yeux ternis ne voyaient plus les objets extérieurs ; je contemplais les fenêtres de la chambre où souffrait Henriette, croyant y apercevoir la lumière qui l'éclairait pendant la nuit où je m'étais fiancé à elle. N'aurais-je pas dû obéir à la vie simple qu'elle m'avait créée, en me conservant à elle dans le travail des affaires ? ne m'avait-elle pas ordonné d'être un grand homme, afin de me préserver des passions basses et honteuses que j'avais subies, comme tous les hommes ! La chasteté n'était-elle pas une sublime distinction que je n'avais pas su garder ? L'amour, comme le concevait Arabelle, me dégoûta soudain. Au moment où je relevais ma tête abattue en me demandant d'où me viendraient désormais la lumière et l'espérance, quel intérêt j'aurais à vivre, l'air fut agité d'un léger bruit ; je me tournai vers la terrasse, où j'aperçus Madeleine se promenant seule, à pas lents. Pendant que je remontais vers la terrasse pour demander compte à cette chère enfant du froid regard qu'elle m'avait jeté au pied de la croix, elle s'était assise sur le banc ; quand elle m'aperçut à moitié chemin, elle se leva, et feignit de ne pas m'avoir vu, pour ne pas se trouver seule avec moi; sa démarche était hâtée, significative. Elle me haïssait, elle fuyait l'assassin de sa mère. En revenant par les perrons à Clochegourde, je la vis comme une statue, immobile et debout, écoutant le bruit de mes pas. Jacques était assis sur une marche, et son attitude exprimait la même insensibilité qui m'avait frappé quand nous nous étions promenés tous ensemble, et m'avait inspiré de ces idées que nous laissons dans un coin de notre âme, pour les reprendre et les creuser plus tard, à loisir. J'ai remarqué que les jeunes gens qui portent en eux la mort sont tous insensibles aux funérailles. Je voulus interroger cette âme sombre. Madeleine avait-elle gardé ses pensées pour elle seule, avait-elle inspiré sa haine à Jacques?

— Tu sais, lui dis-je pour entamer la conversation, que tu as en moi le plus dévoué des frères.

— Votre amitié m'est inutile, je suivrai ma mère! répondit-il en me jetant un regard farouche de douleur.

— Jacques! m'écriai-je, toi aussi.

Il toussa, s'écarta loin de moi, puis, quand il revint, il me montra rapidement son mouchoir ensanglanté.

— Comprenez-vous? dit-il.

Ainsi chacun d'eux avait un fatal secret; et, comme je le vis depuis, la sœur et le frère se fuyaient. Henriette tombée, tout était en ruine à Clochegourde.

— Madame dort! vint nous dire Manette, heureuse de savoir la comtesse sans souffrance.

Dans ces affreux moments, quoique chacun en sache l'inévitable fin, les affections vraies deviennent folles et s'attachent à de petits bonheurs; les minutes sont des siècles que l'on voudrait rendre bienfaisants; on voudrait que les malades reposassent sur des roses; on voudrait prendre leurs souffrances; on voudrait que le dernier soupir fût pour eux inattendu.

— Monsieur Deslandes a fait enlever les fleurs qui agissaient trop fortement sur les nerfs de madame, me dit Manette.

Ainsi donc les fleurs avaient causé son délire, elle n'en était pas complice. Les amours de la terre, les fêtes de la fécondation, les caresses des plantes l'avaient enivrée de leurs parfums et sans doute avaient réveillé chez elle les pensées d'amour heureux qui sommeillaient depuis sa jeunesse.

— Venez donc, monsieur Félix, me dit-elle, venez voir madame, elle est belle comme un ange.

Je revins chez la mourante au moment où le soleil se couchait et dorait la dentelle des toits du château d'Azay. Tout était calme et pur. Une douce lumière éclairait le lit où reposait Henriette baignée d'opium. En ce moment le corps était pour ainsi dire annulé, l'âme seule régnait sur ce visage, serein comme un beau ciel après la tempête. Blanche et Henriette, ces deux sublimes faces de la même femme, reparaissaient d'autant plus belles que mon souvenir, ma pensée, mon imagination, aidant la nature, réparaient les altérations de chaque trait où l'âme triomphante envoyait ses lueurs par des vagues confondues avec celles de la respiration. Les deux abbés étaient assis auprès du lit. Le comte resta foudroyé, debout, en reconnaissant les étendards de la mort qui flottaient sur cette créature adorée. Je pris sur le canapé la place qu'elle avait occupée. Puis nous échangeâmes tous quatre des regards où l'admiration de cette beauté céleste se mêlait à des larmes de regret. Les lumières de la pensée annonçaient le retour de Dieu dans un de ses plus beaux tabernacles. L'abbé de Dominis et moi, nous nous parlions par signes, en nous communiquant des idées mutuelles. Oui, les anges la veillaient! Oui, leurs glaives brillaient au-dessus de ce noble front où revenaient les augustes expressions de la vertu qui en faisaient jadis comme une âme visible avec laquelle s'entretenaient les esprits de sa sphère. Les lignes se purifiaient; tout s'agrandissait et devenait majestueux sous les invisibles encensoirs des Séraphins qui la gardaient! Les teintes vertes de la souffrance corporelle faisaient place aux tons entièrement blancs, à la pâleur mate et froide de la mort prochaine. Quelle heure mystérieuse!

Jacques et Madeleine entrèrent, Madeleine nous fit tous frissonner par le mouvement d'adoration qui la précipita devant le lit, lui joignit les mains et lui inspira cette sublime exclamation : — Enfin! voilà ma mère!

Jacques souriait, il était sûr de suivre sa mère là où elle allait.

— Elle est au port, dit l'abbé Birotteau.

L'abbé de Dominis me regarda comme pour me

répéter : — N'ai-je pas dit que l'étoile se lèverait brillante ?

Madeleine resta les yeux attachés sur sa mère, respirant quand elle respirait, imitant son souffle léger, dernier fil par lequel elle tenait à la vie, et que nous suivions avec terreur, craignant à chaque effort de le voir se rompre. Comme un ange aux portes du sanctuaire, la jeune fille était avide et calme, forte et prosternée. En ce moment, l'angélus fut sonné au clocher du bourg; les flots de l'air adouci jetèrent par ondées les tintements qui nous annonçaient qu'à cette heure, la chrétienté tout entière répétait les paroles dites par l'ange à la femme qui racheta les fautes de son sexe. Ce soir, l'*Ave Maria* nous parut une salutation du ciel; la prophétie était si claire et l'événement si proche que nous fondîmes en larmes. Les murmures du soir, brise mélodieuse dans les feuillages, derniers gazouillements d'oiseau, refrains et bourdonnements d'insectes, voix des eaux, cri plaintif de la rainette, toute la campagne disait adieu au plus beau lys de la vallée, à sa vie simple et champêtre. Cette poésie religieuse, unie à toutes ces poésies naturelles, exprimait si bien le chant du départ que nos sanglots furent aussitôt répétés. Quoique la porte de la chambre fût ouverte, nous étions si bien plongés dans cette terrible contemplation, comme pour en empreindre à jamais dans notre âme le souvenir, que nous n'avions pas aperçu les gens de la maison agenouillés en un groupe où se disaient de ferventes prières. Tous ces pauvres gens, habitués à l'espérance, croyaient encore conserver leur maîtresse, et ce présage si clair les accabla. Sur un geste de l'abbé Birotteau, le vieux piqueur sortit pour aller chercher le curé de Saché; car le médecin, debout près du lit, calme comme la science, et qui tenait la main endormie de la malade, avait fait un signe au confesseur pour lui dire que ce sommeil était la dernière heure sans souffrance qui restait à l'ange rappelé. Le moment était venu de lui administrer les derniers sacrements de l'Église. A neuf heures elle s'éveilla doucement, nous regarda d'un œil surpris, mais doux, et nous revîmes tous notre idole dans la beauté de ses beaux jours.

— Ma mère, tu es trop belle pour mourir, c'est la vie et la santé! cria Madeleine.

— Chère fille, dit-elle en souriant, je vivrai, mais en toi.

Ce furent des embrassements déchirants de la mère aux enfants et des enfants à la mère. Monsieur de Mortsauf baisa sa femme pieusement au front. La comtesse rougit en me voyant.

— Cher Félix, dit-elle, voici, je crois le seul chagrin que je vous aurai donné, moi! Mais oubliez ce que j'aurai pu vous dire, pauvre insensée que je suis.

Elle me tendit la main, et, quand je la pris pour la baiser, elle me dit, avec son gracieux sourire de vertu : — Comme autrefois, Félix!

Nous sortîmes tous, et nous allâmes dans le salon pendant tout le temps que devait durer la dernière confession de la malade. Je me plaçai près de Madeleine, qui ne pouvait, en présence de tous, me fuir sans impolitesse; mais, comme sa mère, elle ne regardait personne, et garda le silence sans jeter une seule fois les yeux sur moi.

— Chère Madeleine, lui dis-je à voix basse, qu'avez-vous contre moi? Pourquoi des sentiments froids quand en présence de la mort chacun doit se réconcilier?

— Je crois entendre ce que dit en ce moment ma mère, me répondit-elle en prenant l'air de tête qu'Ingres a trouvé pour sa *Mère de Dieu*, cette vierge déjà douloureuse, et qui s'apprête à protéger le monde où son fils va périr.

— Et vous me condamnez au moment où votre mère m'absout, si toutefois je suis coupable.

— *Vous*, et toujours *vous!*

Son accent trahissait une haine réfléchie comme celle d'un Corse, implacable comme sont les jugements de ceux qui, n'ayant pas étudié la vie, n'admettent aucune atténuation aux fautes commises contre les lois du cœur. Une heure s'écoula dans un silence profond. L'abbé Birotteau revint après avoir reçu la confession générale de la comtesse de Mortsauf, et nous rentrâmes tous au moment où, suivant une de ces idées qui saisissent ces nobles âmes, toutes sœurs d'intention, Henriette s'était fait revêtir d'un long vêtement qui devait lui servir de linceul. Nous la trouvâmes sur son séant, belle de ses expiations, car je vis dans la cheminée les cendres noires de mes lettres, qui venaient d'être brûlées, sacrifice qu'elle n'avait voulu faire, me dit son confesseur, qu'au moment de la mort. Elle nous sourit à tous de son sourire d'autrefois; ses yeux, humides de larmes, annonçaient le dessillement suprême; elle apercevait déjà les joies célestes de la terre promise.

— Cher Félix, me dit-elle en me tendant la main et en serrant la mienne, restez; vous devez assister à l'une des dernières scènes de ma vie, et qui ne sera pas la moins pénible de toutes, mais où vous êtes pour beaucoup.

Elle fit un geste, la porte se ferma. Sur son invitation le comte s'assit, l'abbé Birotteau et moi nous restâmes debout. Aidée de Manette, la comtesse se leva, se mit à genoux devant le comte surpris, et voulut rester ainsi. Puis, quand Manette se fut retirée, elle releva sa tête, qu'elle avait appuyée sur les genoux du comte étonné.

— Quoique je me sois conduite envers vous comme une fidèle épouse, lui dit-elle d'une voix altérée, il peut m'être arrivé, monsieur, de manquer parfois à mes devoirs; mais je viens de prier Dieu de m'accorder la force de vous demander pardon de mes fautes. Oui, j'ai pu porter dans les soins d'une amitié placée hors de la famille des attentions plus affectueuses que celles que je vous devais. Peut-être vous ai-je irrité contre moi par la comparaison que vous pouviez faire de ces soins, de ces pensées et de celles que je vous donnais. J'ai eu, dit-elle à voix basse, une amitié vive que personne, pas même celui qui en fut l'objet, n'a connue en entier. Quoique je sois demeurée vertueuse selon les lois humaines, que j'aie été pour vous une épouse irréprochable, souvent des pensées, involontaires ou volontaires, ont traversé mon cœur, et j'ai peur en ce moment de les avoir accueillies. Mais comme je vous ai tendrement aimé, que je suis restée votre femme soumise, et que les nuages, en passant sous le ciel, n'en ont point altéré la pureté, vous me voyez sollicitant votre bénédiction d'un front pur; je mourrai sans aucune pensée amère si j'entends de votre bouche une douce parole pour votre Blanche, pour la mère de vos enfants, et si vous lui pardonnez toutes ces choses qu'elle ne s'est pardonnées à elle-même qu'après les assurances les plus saintes du tribunal duquel nous relevons tous.

— Blanche! Blanche! s'écria le vieillard en versant soudain des larmes sur la tête de sa femme, veux-tu me faire mourir? Il l'éleva jusqu'à lui avec une force inusitée, la baisa saintement au front, et, la gardant ainsi : — N'ai-je pas des pardons à te demander? reprit-il; n'ai-je pas été souvent dur, moi? Ne te grossis-tu pas des scrupules d'enfant?

—Peut-être, reprit-elle; mais, mon ami, soyez indulgent aux faiblesses des mourants, et tranquilisez-moi. Quand vous arriverez à cette heure, vous penserez que je vous ai quitté vous bénissant. Me permettez-vous de laisser à notre ami que voici ce gage d'un sentiment profond, dit-elle en montrant une lettre qui était sur la cheminée? il est maintenant mon fils d'adoption, voilà tout. Le cœur, cher comte, a ses testaments; mes derniers vœux imposent à notre cher Félix des œuvres sacrées à accomplir; je ne crois pas avoir trop présumé de lui; faites que je n'aie pas trop présumé de vous en me permettant de lui léguer quelques pensées. Je suis toujours femme, dit-elle en penchant la tête avec une suave mélancolie, après mon pardon je vous demande une grâce.

— Lisez après ma mort, dit-elle en me tendant le mystérieux écrit.

Le comte vit pâlir sa femme; il la prit et la porta lui-même sur le lit, où nous l'entourâmes.

— Félix, me dit-elle, je puis avoir des torts envers vous; souvent j'ai pu vous causer quelques douleurs en vous laissant espérer des joies devant lesquelles j'ai reculé; mais n'est-ce pas à l'égoïsme de l'épouse et de la mère que je dois de mourir réconciliée avec tous? Vous me pardonnerez donc aussi, vous qui m'avez accusée si souvent, et dont l'injustice me faisait plaisir!

L'abbé Birotteau mit un doigt sur ses lèvres. A ce geste la mourante pencha la tête, une faiblesse survint, elle agita les mains pour dire de faire entrer le clergé, ses enfants et ses domestiques; puis elle me montra par un geste impérieux le comte anéanti et ses enfants qui survinrent. La vue de ce père dont nous seuls connaissions la secrète démence, devenu le tuteur de ces êtres si délicats, lui inspira de muettes supplications qui tombèrent dans mon âme comme un feu. Avant de recevoir le sacrement de l'extrême-onction, elle demanda pardon à ses gens de les avoir quelquefois brusqués; elle implora leurs prières, et les recommanda tous individuellement au comte. Puis elle avoua noblement avoir proféré, durant ce dernier mois, des plaintes peu chrétiennes qui avaient pu scandaliser ses gens; elle avait repoussé ses enfants, elle avait conçu des sentiments peu convenables; mais elle rejeta ce défaut de soumission aux volontés de Dieu sur ses intolérables douleurs. Enfin elle remercia publiquement avec une touchante effusion de cœur l'abbé Birotteau de lui avoir montré le néant des choses humaines. Quand elle eut cessé de parler, les prières commencèrent; puis le curé de Saché lui donna le viatique. Quelques moments après, sa respiration s'embarrassa, un nuage se répandit sur ses yeux qui bientôt se r'ouvrirent, elle me lança un dernier regard, et mourut aux yeux de tous, en entendant peut-être le concert de nos sanglots. Par un hasard assez naturel à la campagne, nous entendîmes alors le chant alternatif de deux rossignols qui répétèrent plusieurs fois leur note unique, purement filée comme un tendre appel. Au moment où son dernier soupir s'exhala, dernière souffrance d'une vie qui fut une longue souffrance, je sentis en moi-même un coup dont toutes mes facultés furent atteintes. Le comte et moi, nous restâmes auprès du lit funèbre pendant toute la nuit, avec les deux abbés et le curé, veillant à la lueur des cierges, la morte étendue sur le sommier de son lit; maintenant calme, là où elle avait tant souffert. Ce fut ma première communication avec la mort. Je demeurai pendant toute cette nuit les yeux attachés sur Henriette, fasciné par l'expression pure que donne l'apaisement de toutes les tempêtes, par la blancheur du visage que je douais encore de ses innombrables affections, mais qui ne répondait plus à mon amour. Quelle majesté dans ce silence et dans ce froid! combien de réflexions n'exprime-t-il pas? Quelle beauté dans ce repos absolu, quel despotisme dans cette immobilité : tout le passé s'y trouve encore, et l'avenir y commence. Ah! je l'aimais morte, autant que je l'aimais vivante. Au matin, le comte s'alla coucher, les trois prêtres fatigués s'endormirent à cette heure pesante, si connue de ceux qui veillent. Je pus alors, sans témoins, la baiser au front avec tout l'amour qu'elle ne m'avait jamais permis d'exprimer.

Le surlendemain, par une fraîche matinée d'automne, nous accompagnâmes la comtesse à sa dernière demeure; elle était portée par le vieux piqueur, les deux Martineau et le mari de Manette. Nous descendîmes par le chemin que j'avais si joyeusement monté le jour où je la retrouvai; nous traversâmes la vallée de l'Indre pour arriver au petit cimetière de Saché; pauvre cimetière de village, situé au revers de l'église, sur la croupe d'une colline, et où par humilité chrétienne elle voulut être enterrée avec une simple croix de bois noir, comme une pauvre femme des champs, avait-elle dit. Lorsque du milieu de la vallée, j'aperçus l'église du bourg et la place du cimetière, je fus saisi d'un frisson convulsif. Hélas! nous avons tous dans la vie un Golgotha où nous laissons nos trente-trois premières années en recevant un coup de lance au cœur, en sentant sur notre tête la couronne d'épines qui remplace la couronne de roses, et cette colline devait être pour moi le mont des expiations. Nous étions suivis d'une foule immense accourue pour dire les regrets de cette vallée où elle avait enterré dans le silence une foule de belles actions. On sut par Manette, sa confidente, que pour secourir les pauvres elle économisait sur sa toilette, quand ses épargnes ne suffisaient plus. C'était des enfants nus habillés, des layettes envoyées, des mères secourues, des sacs de blé payés aux meuniers en hiver pour des vieillards impotents, une vache donnée à propos à quelque pauvre ménage; enfin les œuvres de la chrétienne, de la mère et de la châtelaine, puis des dots offertes à propos pour unir des couples qui s'aimaient, et des remplacements payés à des jeunes gens tombés au sort, touchantes offrandes de la femme aimante qui disait : — *Le bonheur des autres est la consolation de ceux qui ne peuvent plus être heureux.* Ces choses s'étaient contées à toutes les veillées depuis trois jours, aussi la foule fut-elle immense. Je marchais avec Jacques et les deux abbés derrière le cercueil; car, suivant l'usage, ni Madeleine, ni le comte n'étaient avec nous, ils demeuraient seuls à Clochegourde. Manette voulut absolument venir.

— Pauvre madame! Pauvre madame! La voilà heureuse, entendis-je à plusieurs reprises à travers ses sanglots.

Au moment où le cortége quitta la chaussée des moulins, il y eut un gémissement unanime mêlé de pleurs qui semblait faire croire que cette vallée pleurait son âme. L'église était pleine de monde. Après le service, nous allâmes au cimetière où elle devait être enterrée près de la croix. Quand j'entendis rouler les cailloux et le gravier de la terre sur le cercueil, mon courage m'abandonna, je chancelai, je priai les deux Martineau de me soutenir, et ils me conduisirent mourant jusqu'au château de Saché, dont les maîtres m'offrirent poliment un asile que j'acceptai. Je vous l'avoue, je ne voulus point retourner à Clochegourde, je répugnais à me retrouver à Frapesle d'où je pouvais voir le castel où n'était plus Henriette. Là, j'étais près d'elle. Je demeurai quelques jours dans une chambre dont les fenêtres donnaient sur ce vallon tranquille et solitaire dont je vous ai parlé; vaste pli de terrain bordé par des chênes deux fois centenaires, et où par les grandes pluies coule un torrent. Cet aspect convenait à la méditation sévère et solennelle à laquelle je voulais me livrer. J'avais reconnu, pendant la journée qui suivit la fatale nuit, combien ma présence allait être importune à Clochegourde. Le comte avait ressenti de violentes émotions à la mort d'Henriette, mais il s'attendait à ce terrible événement, et il y avait dans le fond de sa pensée un parti pris qui ressemblait à de l'indifférence. Je m'en étais aperçu plusieurs fois, et quand la comtesse prosternée me remit cette lettre que je n'osais ouvrir, quand elle parla de son affection pour moi, cet homme ombrageux ne me jeta pas le foudroyant regard que j'attendais de lui. Les paroles d'Henriette, il les avait attribuées à l'excessive délicatesse de cette conscience qu'il savait si pure. Cette insensibilité d'égoïste était naturelle. Leurs âmes ne s'étaient pas plus mariées que leurs corps; ils n'avaient jamais eu ces constantes communications qui ravivent les sentiments; ils n'avaient jamais échangé ni peines ni plaisirs, ces liens si forts qui nous brisent par mille points quand ils se rompent, parce qu'ils touchent à toutes nos fibres, parce qu'ils se sont attachés dans les replis de notre chair, en même temps qu'ils ont caressé l'âme qui sanctionnait chacune de ces attaches. L'hostilité de Madeleine me fermait Clochegourde ; elle n'était pas disposée à pactiser avec sa haine sur le cercueil de sa mère, et j'aurais été horriblement gêné entre le comte, qui m'aurait parlé de lui, et la maîtresse de la maison, qui m'aurait marqué d'invincibles répugnances. Être ainsi, là où jadis les fleurs mêmes étaient caressantes, où les marches des perrons étaient éloquentes, où tous mes souvenirs revêtaient de poésie les balcons, les margelles, les balustrades et la terrasse, les arbres et les points de vue ; être haï, là où tout m'aimait ; je ne supportais point cette pensée. Aussi, dès l'abord mon parti fut-il pris. Hélas ! tel était donc le dénoûment du plus vif amour qui jamais ait atteint le cœur d'un homme. Aux yeux des étrangers, ma conduite allait être condamnable, mais elle avait la sanction de ma conscience. Voilà comment finissent les plus beaux sentiments et les plus grands drames de la jeunesse. Nous partons presque tous au matin, comme moi de Tours pour Clochegourde, nous emparant du monde, le cœur affamé d'amour ; puis, quand nos richesses ont passé par le creuset, quand nous nous sommes mêlés aux hommes et aux événements, tout se rapetisse insensiblement, nous trouvons peu d'or parmi beaucoup de cendres. Voilà la vie ! la vie telle qu'elle est : de grandes prétentions, de petites réalités. Je méditai longuement sur moi-même, en me demandant ce que j'allais faire après un coup qui fauchait toutes mes fleurs. Je résolus de m'élancer vers la politique et la science, dans les sentiers tortueux de l'ambition, d'ôter la femme de ma vie et d'être un homme d'état, froid et sans passions, de demeurer fidèle à la sainte que j'avais aimée. Mes méditations allaient à perte de vue, pendant que mes yeux restaient attachés sur la magnifique tapisserie des chênes dorés, aux cimes sévères et aux pieds de bronze : je me demandais si la vertu d'Henriette n'avait pas été de l'ignorance, si j'étais bien coupable de sa mort. Je me débattais au milieu de mes remords. Enfin, par un suave midi d'automne, un de ces derniers sourires du ciel, si beaux en Touraine, je lus sa lettre que, suivant sa recommandation, je ne devais ouvrir qu'après sa mort. Jugez de mes impressions en la lisant.

Lettre de madame de Mortsauf au vicomte Félix de Vandenesse.

Félix, ami trop aimé, je dois maintenant vous ouvrir mon cœur, moins pour vous montrer combien je vous aime, que pour vous apprendre la grandeur de vos obligations en vous dévoilant la profondeur et la gravité des plaies que vous y avez faites. Au moment où je tombe harassée par les fatigues du voyage, épuisée par les atteintes reçues pendant le combat, heureusement la femme est morte; la mère seule a survécu. Vous allez voir, mon ami, comment vous avez été la cause première de mes maux ; et si plus tard je me suis complaisamment offerte à vos coups, aujourd'hui je meurs atteinte par vous d'une dernière blessure : mais il y a d'excessives voluptés à se sentir brisée par celui qu'on aime. Bientôt les souffrances me priveront sans doute de ma force, je mets donc à profit les dernières lueurs de mon intelligence pour vous supplier encore de remplacer auprès de mes enfants le cœur dont vous les aurez privés. Je vous imposerais cette charge avec autorité si je vous aimais moins ; mais je préfère vous la laisser prendre de vous-même, par l'effet d'un saint repentir, et aussi comme une continuation de votre amour ; l'amour ne fut-il pas en nous constamment mêlé de repentantes méditations et de craintes expiatoires ? Et, je le sais, nous nous aimons toujours. Votre faute ne m'est pas si funeste par vous que le retentissement que je lui ai donné au dedans de moi-même. Ne vous avais-je pas dit que j'étais jalouse, mais jalouse à mourir ? eh bien, je meurs ! Consolez-vous, cependant : nous avons satisfait aux lois humaines ; l'Église, par l'une de ses voix les plus pures, m'a dit que Dieu serait indulgent à ceux qui avaient immolé leurs penchants naturels à ses commandements. Mon aimé, apprenez donc tout, car je ne veux pas que vous ignoriez une seule de mes pensées. Ce que je confierai à Dieu dans mes derniers moments, vous devez le savoir aussi, vous le roi de mon cœur, comme il est le roi du ciel. Jusqu'à cette fête donnée au duc d'Angoulême, la seule à laquelle j'aie assisté, le mariage m'avait laissé dans l'ignorance que donne à l'âme des jeunes filles la beauté des anges. J'étais mère, il est vrai ; mais l'amour ne m'avait point environnée de ses plaisirs permis. Comment suis-je restée ainsi ? je n'en sais rien ; je ne sais pas davantage par quelles lois tout en moi fut changé dans un instant. Vous souvenez-vous encore aujourd'hui de vos baisers? ils ont dominé ma vie, ils ont sillonné mon âme; l'ardeur de votre sang a réveillé l'ardeur du mien; votre jeunesse a pénétré ma jeunesse, vos désirs sont entrés dans mon cœur. Quand je me suis levée si fière, j'éprouvais une sensation pour laquelle je ne sais de mot dans aucun langage, car les enfants n'ont pas encore trouvé de parole pour exprimer le mariage de la lumière et de leurs yeux, ni le baiser de la vie sur leurs lèvres. Oui, c'était bien le son arrivé dans l'écho, la lumière jetée dans les ténèbres, le mouvement donné à l'univers, ce fut du moins rapide comme toutes ces choses; mais beaucoup plus beau, car c'était la vie de l'âme! Je compris qu'il existait je ne sais quoi d'inconnu pour moi dans le monde, une force plus belle que la pensée, c'était toutes les pensées, toutes les forces, tout un avenir dans une émotion partagée. Je ne me sentis plus mère qu'à demi. En tombant sur mon cœur, ce coup de foudre y alluma des désirs qui sommeillaient à mon insu; je devinai soudain tout ce que voulait dire ma tante quand elle me baisait sur le front en s'écriant : — *Pauvre Henriette!* En retournant à Clochegourde, le printemps, les premières feuilles, le parfum des fleurs, les jolis nuages blancs, l'Indre, le ciel, tout me parlait un langage jusqu'alors incompris, et qui rendait à mon âme un peu du mouvement que vous aviez imprimé à mes sens. Si vous avez oublié ces terribles baisers, moi je n'ai jamais pu les effacer de mon souvenir, j'en meurs! Oui chaque fois que je vous ai vu depuis, vous en ranimiez l'empreinte; j'étais émue de la tête aux pieds par votre aspect, par le seul pressentiment de votre arrivée ; ni le temps, ni ma ferme volonté n'ont pu dompter cette volupté impérieuse. Et je me demandais involontairement : que doivent être les plaisirs ? Nos regards échangés, les respectueux baisers que vous mettiez sur mes mains, mon bras posé sur le vôtre, votre voix dans ses tons de tendresse, enfin les moindres choses me remuaient si violemment que presque toujours il se répandait un nuage sur mes yeux ; le bruit des sens révoltés remplissait alors mon oreille. Ah ! si dans ces moments où je redoublais de froideur, vous m'eussiez prise dans vos bras, je serais morte de bonheur. J'ai parfois désiré de vous quelque violence, mais la prière chassait promptement cette mauvaise pensée. Votre nom prononcé par mes enfants m'emplissait le cœur d'un sang plus chaud qui colorait aussitôt mon visage, et je tendais des piéges à ma pauvre Madeleine pour le lui faire dire, tant j'aimais les bouillements de cette sensation. Que vous dirai-je ? votre écriture avait un charme, je regardais vos lettres comme on contemple un portrait. Si, dès ce premier jour, vous aviez déjà conquis sur moi je ne sais quel fatal pouvoir, vous comprenez, mon ami, qu'il devint infini, quand il me fut donné de lire dans votre âme. Quelles délices m'inondèrent en vous trouvant si pur, si complétement vrai, doué de qualités si belles, capable de si grandes choses, et déjà si éprouvé ! Homme et enfant, timide et courageux ! Quelle joie quand je nous trouvai sacrés tous deux par de communes souffrances ! Depuis cette soirée où nous nous confiâmes l'un à l'autre, vous perdre, pour moi c'était mourir; aussi vous ai-je laissé près de moi par égoïsme. La certitude qu'eut M. de la Berge de la mort que me causerait votre éloignement, le toucha beaucoup, car il lisait dans mon âme; il jugea que j'étais nécessaire à mes enfants, au comte; il ne m'ordonna point de vous fermer l'entrée de ma maison, car je lui promis de rester pure d'action et de pensée. — « La pensée est involontaire, me dit-il, mais elle peut être gardée au milieu des supplices »! — « Si je pense, lui répondis-je, tout sera perdu, sauvez-moi de moi-même. Faites qu'il demeure près de moi, et que je reste pure ! » Le bon vieillard, quoique bien sévère, fut alors indulgent à tant de bonne foi. — « Vous pouvez l'aimer comme on aime un fils, en lui destinant votre fille, me dit-il. J'acceptai courageusement une vie de souffrances pour ne pas vous perdre; et je souffris avec amour en voyant que nous étions attelés au même joug. Mon Dieu ! je suis restée neutre, fidèle à mon mari, ne vous laissant pas faire un seul pas, Félix, dans votre propre royaume. La grandeur de mes passions a réagi sur mes facultés, j'ai regardé les tourments que m'infligeait monsieur de Mortsauf comme des expiations, et je les endurais avec orgueil, pour insulter à mes penchants coupables. Autrefois j'étais disposée à murmurer, mais depuis que vous êtes demeuré près de moi, j'ai repris quelque gaieté dont monsieur de Mortsauf s'est bien trouvé. Sans cette force que vous me prêtiez, j'aurais succombé depuis longtemps à ma vie intérieure que je vous ai racontée. Si vous avez été pour beaucoup dans mes fautes, vous avez été pour beaucoup dans l'exercice de mes devoirs. Il en fut de même pour mes enfants, je croyais les avoir privés de quelque chose, et je craignais de ne jamais faire assez pour eux. Ma vie fut dès lors une continuelle douleur que j'aimais. En sentant que j'étais moins mère, moins honnête femme, le remords s'est assis dans mon cœur, et craignant de manquer à mes obligations, j'ai constamment voulu les outrepasser. Pour ne pas faillir, j'ai donc mis Madelaine entre vous et moi, je vous ai destinés l'un à l'autre, en m'élevant ainsi des barrières entre nous deux. Barrières impuissantes! Oui, rien ne pouvait étouffer les tressaillements que vous me causiez. Absent ou présent, vous aviez la même force. J'ai préféré Madeleine à Jacques, parce que Madeleine devait être à vous. Mais je ne vous cédais pas à ma fille sans combats ; je me disais que je n'avais que vingt-huit ans quand je vous rencontrai, que vous en aviez presque vingt-deux ; je rapprochais les distances, je me livrais à de faux espoirs. O mon Dieu, Félix, je vous fais ces aveux afin de vous épargner des remords ; peut-être aussi afin de vous apprendre que je n'étais pas insensible, que nos souffrances d'amour étaient bien cruellement égales, et qu'Arabelle n'avait aucune supériorité sur moi. J'étais aussi une de ces filles de race déchue que les hommes aiment tant. Il y eut un moment où la lutte fut si terrible que je pleurais pendant toutes les nuits, mes cheveux tombaient ; ceux-là, vous les avez eus! Vous vous souvenez de la maladie que fit monsieur de Mortsauf; votre grandeur d'âme d'alors, loin de m'élever, m'a rapetissée. Hélas! dès ce jour je souhaitais me donner à vous comme une récompense due à tant d'héroïsme; mais cette folie a été courte, je l'ai mise aux pieds de Dieu pendant la messe à laquelle vous avez refusé d'assister. La maladie de Jacques et les souffrances de Madeleine m'ont paru des menaces de Dieu qui tirait fortement à lui la brebis égarée. Puis votre amour si naturel pour cette Anglaise m'a révélé des secrets que j'ignorais moi-même : je vous aimais plus que je ne croyais vous aimer. Madeleine a disparu. Les constantes émotions de ma vie orageuse, les efforts que je faisais pour me dompter moi-même sans autre secours que la religion, tout avait préparé la maladie dont je meurs. Ce coup terrible a déterminé des crises sur lesquelles j'ai gardé le silence ; je voyais dans la mort le seul dénoûment possible de cette tragédie inconnue. Il y a eu toute une vie emportée, jalouse, furieuse, pendant les deux mois qui se sont écoulés entre la nouvelle que me donna ma mère et votre arrivée : je voulais aller à Paris, j'avais soif de meurtre, je souhaitais la mort de cette femme, j'étais insensible aux caresses de mes enfants. La prière, qui jusqu'alors avait été pour moi comme un baume, fut sans action sur mon âme. La jalousie a fait la large brèche par où la mort est entrée. Je suis restée néanmoins le front calme. Oui, cette saison de combats fut un secret entre Dieu et moi. Quand j'ai bien su que j'étais aimée autant que je vous aimais moi-même et que je n'étais trahie que par la nature et non par votre pensée, j'ai voulu vivre. Il n'était plus temps. Dieu m'avait mis sous sa protection, pris sans doute de pitié pour une créature vraie avec elle-même, vraie avec lui, et que ses souffrances avaient souvent amenée aux portes du sanctuaire. Mon bien aimé, Dieu m'a jugé, monsieur de Mortsauf me pardonnera sans doute ; mais vous ! serez-vous clément ? écouterez-vous la voix qui sort en ce moment de ma tombe ? réparerez-vous les malheurs dont nous sommes également coupables, vous moins que moi peut-être ! Vous savez ce que je veux vous demander. Soyez auprès de M. de Mortsauf comme est une sœur de charité près d'un malade, écoutez-le, aimez-le, car personne ne l'aimera. Interposez-vous entre ses enfants et lui comme je le faisais, votre tâche ne sera pas de longue durée : Jacques quittera bientôt la maison pour aller à Paris auprès de son grand-père, et vous m'avez promis de le guider à travers les écueils de ce monde. Quant à Madeleine, elle se mariera. Puissiez-vous un jour lui plaire, elle est tout moi-même, et de plus elle est forte, elle a cette volonté qui m'a manqué, cette énergie nécessaire à la compagne d'un homme que sa carrière destine aux orages de la vie politique, elle est adroite et pénétrante. Si vos destinées s'unissaient, elle serait plus heureuse que ne le fut sa mère. En acquérant ainsi le droit de continuer mon œuvre à Clochegourde, vous effacériez des fautes, qui n'auront pas été suffisamment expiées, bien que pardonnées au ciel et sur la terre, car *il* est généreux et me pardonnera. Je suis, vous le voyez, toujours égoïste ; mais n'est-ce pas la preuve d'un despotique amour ? Je veux être aimée par vous dans les miens. N'ayant pu être à vous, je vous lègue mes pensées et mes devoirs ! Si vous m'aimez trop pour m'obéir, si vous ne voulez pas épouser Madeleine, vous veillerez du moins au repos de mon âme en rendant M. de Mortsauf aussi heureux qu'il peut l'être.

Adieu, cher enfant de mon cœur, ceci est l'adieu complétement intelligent, encore plein de vie, l'adieu d'une âme où tu as répandu de trop grandes joies pour que tu puisses avoir le moindre remords de la catastrophe qu'elles ont engendrée ; je me sers de ce mot en pensant que vous m'aimez, car moi j'arrive au lieu du repos immolée au devoir, et, ce qui me fait frémir, non sans regrets ! Dieu saura mieux que moi si j'ai pratiqué ses saintes lois selon leur esprit. J'ai sans doute chancelé souvent, mais je ne suis point tombée, et la plus puissante excuse de mes fautes est dans la grandeur même des séductions qui m'ont environnée. Le Seigneur me verra tout aussi tremblante que si j'avais succombé. Encore adieu, un adieu semblable à celui que j'ai fait hier à notre belle vallée, au sein de laquelle je reposerai bientôt, et où vous reviendrez souvent, n'est-ce pas ?

HENRIETTE.

Je tombai dans un abîme de réflexions en apercevant les profondeurs inconnues de cette vie alors éclairée par cette dernière flamme ; les nuages de mon égoïsme se dissipèrent. Elle avait donc souffert autant que moi, plus que moi, car elle était morte. Elle croyait que les autres devaient être excellents pour son ami ; elle avait été si bien aveuglée par son amour qu'elle n'avait pas soupçonné l'inimitié de sa fille. Cette dernière preuve de sa tendresse me fit bien mal. Pauvre Henriette qui voulait me donner Clochegourde et sa fille! Natalie, depuis ce jour à jamais terrible où je suis entré pour la première fois dans un cimetière en accompagnant les dépouilles de cette noble Henriette, que maintenant vous connaissez, le soleil a été moins chaud et moins lumineux, la nuit plus obscure, le mouvement moins prompt, la pensée plus lourde. Il est des personnes que nous ensevelissons dans la terre, mais il en est de plus particulièrement chéries qui ont eu notre cœur pour linceul, dont chaque jour le souvenir se mêle à nos palpitations ; nous pensons à elles comme nous respirons, elles sont en nous par la douce loi d'une métempsycose propre à l'amour. Une âme est en mon âme ; quand quelque bien est fait par moi, quand une belle parole est dite, cette âme parle, elle agit ; tout ce que je puis avoir de bon émane de cette tombe, comme d'un lys les parfums qui embaument l'atmosphère. La raillerie, le mal, tout ce que vous blâmez en moi vient de moi-même. Maintenant, quand mes yeux sont obscurcis par un nuage et se reportent vers le ciel, après avoir longtemps contemplé la terre, quand ma bouche est muette à vos paroles et à vos soins, ne me demandez plus : — *A quoi pensez-vous?*

Chère Natalie, j'ai cessé d'écrire pendant quelque temps, ces souvenirs m'avaient trop ému. Maintenant je vous dois le récit des événements qui suivirent cette catastrophe, et qui veulent peu de paroles. En effet, lorsqu'une vie ne se compose que d'action et de mouvement, tout est bientôt dit ; mais quand elle s'est passée dans les régions les plus élevées de l'âme, son histoire est diffuse. La lettre d'Henriette faisait briller un espoir à mes yeux ; dans ce grand naufrage j'apercevais une île où je pouvais aborder. Vivre à Clochegourde auprès de Madeleine en lui consacrant ma vie était une destinée où se satisfaisaient toutes les idées dont mon cœur était agité ; mais il fallait connaître les véritables pensées de Madeleine. Je devais, en tout état de cause, faire mes adieux au comte, et j'allai à Clochegourde voir le comte, que je rencontrai sur la terrasse. Nous nous promenâmes pendant longtemps. D'abord il me parla de la comtesse en homme qui connaissait l'étendue de sa perte, et tout le dommage qu'elle causait à sa vie intérieure. Mais, après le premier cri de sa douleur, il se montra plus préoccupé de l'avenir que du présent. Il craignait sa fille, qui n'avait pas, me dit-il, la douceur de sa mère. Le caractère ferme de Madeleine, chez laquelle je ne sais quoi d'héroïque se mêlait aux qualités gracieuses de sa mère, épouvantait ce vieillard accoutumé aux tendresses d'Henriette, et qui pressentait une volonté que rien ne devait plier. Mais ce qui pouvait le consoler de cette perte irréparable était la certitude de bientôt rejoindre sa femme. Les agitations et les chagrins de ces derniers jours avaient augmenté son état maladif, et réveillé ses anciennes douleurs ; le combat qui se préparait entre son autorité de père et celle de sa fille, qui devenait maîtresse de maison, allait lui faire finir ses jours dans l'amertume ; car il avait pu lutter avec sa femme, mais il devait toujours céder à son enfant. D'ailleurs son fils s'en irait, sa fille se marierait ; quel gendre aurait-il ? Quoi qu'il parlât de mourir promptement, il se sentait seul, sans sympathies pour longtemps encore.

Pendant cette heure où il ne parla que de lui-même en me demandant mon amitié au nom de sa femme, il acheva de me dessiner complétement la grande figure de l'émigré, l'un des types les plus imposants de notre époque. Il était en apparence faible et cassé, mais la vie semblait devoir persister en lui, précisément à cause de ses mœurs sobres et de ses occupations champêtres ; au moment où j'écris il vit encore. Quoique Madeleine pût nous apercevoir allant le long de la terrasse, elle ne descendait pas ; elle s'avança sur le perron et rentra dans la maison à plusieurs reprises, afin de me marquer son mépris. Je saisis le moment où elle vint sur le perron, je priai le comte de monter au château ; j'avais à parler à Madeleine, je prétextai une dernière volonté que la comtesse m'avait confiée, je n'avais plus que ce moyen de la voir. Le comte l'alla chercher et nous laissa seuls sur la terrasse.

— Chère Madeleine, lui dis-je, si je dois vous parler, n'est-ce pas ici où votre mère m'écouta quand elle eut à se plaindre moins de moi que des événements de la vie. Je connais vos pensées, mais ne me condamnez-vous pas sans connaître les faits ? Ma vie et mon bonheur sont attachés à ces lieux, vous le savez, et vous m'en bannissez par la froideur que vous faites succéder à l'amitié fraternelle qui nous unissait, et que la mort a resserrée par le lien d'une même douleur. Chère Madeleine, vous pour qui je donnerais à l'instant ma vie sans aucun espoir de récompense, sans que vous le sachiez même, tant nous aimons les enfants de celles qui nous ont protégés dans la vie ; vous ignorez le projet caressé par votre adorable mère pendant ces sept années, et qui modifierait sans doute vos sentiments ; mais je ne veux point de ces avantages. Tout ce que j'implore de vous, c'est de ne pas m'ôter le droit de venir respirer l'air de cette terrasse, et d'attendre que le temps ait changé vos idées sur la vie sociale ; en ce moment je me garderais bien de les heurter ; je respecte une douleur qui vous égare, car elle m'ôte à moi-même la faculté de juger sainement les circonstances dans lesquelles je me trouve. La sainte qui veille en ce moment sur nous approuvera la réserve dans laquelle je me tiens en vous priant seulement de demeurer neutre entre vos sentiments et moi. Je vous aime trop malgré l'aversion que vous me témoignez pour expliquer au comte un plan qu'il embrasserait avec ardeur. Soyez libre. Plus tard, songez que vous ne connaîtrez personne au monde mieux que vous ne me connaissez, que nul homme n'aura dans le cœur des sentiments plus dévoués...

Jusque-là Madeleine m'avait écouté les yeux baissés, mais elle m'arrêta par un geste. — Monsieur, dit-elle, d'une voix tremblante d'émotion, je connais aussi toutes vos pensées ; mais je ne changerai point de sentiments à votre égard, et j'aimerais mieux me jeter dans l'Indre que de me lier à vous. Je ne vous parlerai pas de moi ; mais si le nom de ma mère conserve encore quelque puissance sur vous, c'est en son nom que je vous prie de ne jamais venir à Clochegourde tant que j'y serai. Votre aspect seul me cause un trouble que je ne puis exprimer, et que je ne surmonterai jamais. Elle me salua d'un mouvement plein de dignité, et remonta vers Clochegourde, sans se retourner, impassible comme l'avait été sa mère un seul jour, mais impitoyable. L'œil clairvoyant de cette jeune fille avait, quoique tardivement, tout deviné dans le cœur de sa mère, et peut-être sa haine contre un homme qui lui semblait funeste s'était-elle augmentée de quelques regrets sur son innocente complicité. Là tout était abîme. Madeleine me haïssait, sans vouloir s'expliquer si j'étais la cause ou la victime de ses malheurs ; elle nous eût haïs peut-être également sa mère et moi, si nous avions été heureux. Ainsi tout était détruit dans le bel édifice de mon bonheur. Seul je devais savoir en son entier la vie de cette grande femme inconnue, seul j'étais dans le secret de ses sentiments, seul j'avais parcouru son âme dans toute son étendue. Ni sa mère, ni son père, ni son mari, ni ses enfants ne l'avaient connue. Chose étrange ! Je fouille ce monceau de cendres et prends plaisir à les étaler devant vous ; car nous pouvons tous y trouver quelque chose de nos plus chères fortunes. Combien de familles ont aussi leur Henriette ? combien de nobles êtres quittent la terre sans avoir rencontré un historien intelligent qui ait sondé leurs cœurs, qui en ait mesuré la profondeur et l'étendue !

Ceci est la vie humaine dans toute sa vérité : souvent les mères ne connaissent pas plus leurs enfants que leurs enfants ne les connaissent; et il en est ainsi des époux, des amants et des frères ! Savais-je, moi, qu'un jour, sur le cercueil même de mon père, je plaiderais avec Charles de Vandenesse, à l'avancement de qui j'ai tant contribué? Mon Dieu! combien d'enseignements dans la plus simple histoire. Quand Madeleine eut disparu par la porte du perron, je revins le cœur brisé, dire adieu à mes hôtes, et je partis pour Paris, en suivant la rive droite de l'Indre par laquelle j'étais venu dans cette vallée pour la première fois. Je passai triste à travers le joli village de Pont-de-Ruan; et cependant j'étais riche, la vie politique me souriait, je n'étais plus le piéton fatigué de 1814. Dans ce temps-là, mon cœur était plein de désirs, aujourd'hui mes yeux étaient pleins de larmes; autrefois j'avais ma vie à remplir, aujourd'hui je la sentais déserte. J'étais bien jeune, j'avais vingt-neuf ans, mon cœur était déjà flétri. Sept années avaient suffi pour dépouiller ce paysage de sa première magnificence et pour me dégoûter de la vie. Vous pouvez maintenant comprendre quelle fut mon émotion, lorsqu'en me retournant, je vis Madeleine sur la terrasse.

Dominé par une impérieuse tristesse, je ne songeais plus au but de mon voyage; lady Dudley était bien loin de ma pensée, que j'entrais dans sa cour sans le savoir. Une fois la sottise faite, il fallait la soutenir. J'avais chez elle des habitudes conjugales, je montai chagrin en songeant à tous les ennuis d'une rupture. Si vous avez bien compris le caractère et les manières de lady Dudley, vous imaginerez ma déconvenue, quand son majordome m'introduisit en habit de voyage, dans un salon où je la trouvai pompeusement habillée, environnée de cinq personnes. Lord Dudley, l'un des hommes d'état les plus considérables de l'Angleterre, se tenait debout devant la cheminée, gourmé, plein de morgue, froid, avec l'air railleur qu'il a souvent au parlement, il sourit en entendant mon nom. Puis les deux enfants d'Arabelle qui ressemblaient prodigieusement à de Marsay, l'un des fils naturels du vieux lord, et qui était là, sur la causeuse près de la marquise. Arabelle en me voyant prit aussitôt un air hautain, fixa son regard sur ma casquette de voyage, comme si elle eût voulu me demander à chaque instant ce que je venais faire chez elle ; elle me toisa comme elle eût fait d'un gentilhomme campagnard qu'on lui aurait présenté. Quant à notre intimité, à cette passion éternelle, à ces serments de mourir si je cessais de l'aimer, à toute cette fantasmagorie d'Armide, tout avait disparu comme un rêve ; je n'avais jamais serré sa main, j'étais un étranger, elle ne me connaissait pas. Malgré le sang-froid diplomatique auquel je commençais à m'habituer, je fus surpris, et tout autre à ma place ne l'eût pas été moins. De Marsay souriait à ses bottes qu'il examinait avec une affectation singulière. J'eus bientôt pris mon parti. De tout autre femme j'aurais accepté modestement une défaite ; mais outré de voir debout l'héroïne qui voulait mourir d'amour, et qui s'était moquée de la morte, je résolus d'opposer l'impertinence à l'impertinence. Elle savait le désastre de lady

Brandon; et le lui rappeler, c'était lui donner un coup de poignard au cœur quoique l'arme dût s'y émousser.

— Madame, lui dis-je, vous me pardonnerez d'entrer chez vous aussi cavalièrement, quand vous saurez que j'arrive de Touraine, et que lady Brandon m'a chargé pour vous d'un message qui ne souffre aucun retard. Je craignais de vous trouver partie pour le Lancashire; mais, puisque vous restez à Paris, j'attendrai vos ordres et l'heure à laquelle vous daignerez me recevoir.

Elle inclina la tête et je sortis. Depuis ce jour, je ne l'ai plus rencontrée que dans le monde où nous échangeons un salut amical et quelquefois une épigramme. Je lui parle des femmes inconsolables du Lancashire, elle me parle des Françaises qui font honneur à leur désespoir de leurs maladies d'estomac. Grâce à ses soins, j'ai un ennemi mortel dans de Marsay, qu'elle affectionne beaucoup. Et moi je dis qu'elle épouse les deux générations. Ainsi rien ne manquait à mon désastre. Je suivis le plan que j'avais arrêté pendant ma retraite à Saché. Je me jetai dans le travail, je m'occupai de science, de littérature et de politique; j'entrai dans la diplomatie à l'avénement de Charles X qui supprima l'emploi que j'occupais sous le feu roi. Dès ce moment je résolus de ne jamais faire attention à aucune femme si belle, si spirituelle, si animée qu'elle pût être. Ce parti me réussit à merveille; j'acquis une tranquillité d'esprit incroyable, une grande force pour le travail, et je compris tout ce que ces femmes dissipent de notre vie en croyant nous avoir payé par quelques paroles gracieuses.

Mais toutes mes résolutions échouèrent : vous savez comment et pourquoi ! Chère Natalie, en vous disant ma vie sans réserve et sans artifice, comme je me la dirais à moi-même; en vous racontant des sentiments où vous n'étiez pour rien, peut-être ai-je froissé quelque pli de votre cœur jaloux et délicat; mais ce qui courroucerait une femme vulgaire sera pour vous, j'en suis sûr, une nouvelle raison de m'aimer. Auprès des âmes souffrantes et malades, les femmes d'élite ont un rôle sublime à jouer, celui de la sœur de charité qui panse les blessures, celui de la mère qui pardonne à l'enfant. Les artistes et les grands poëtes ne sont pas seuls à souffrir; les hommes qui vivent pour leur pays, pour l'avenir des nations, en élargissant le cercle de leurs passions et de leurs pensées, se font souvent une bien cruelle solitude. Ils ont besoin de sentir à leur côté un amour pur et dévoué; et croyez bien qu'ils en comprennent la grandeur et le prix. Demain, je saurai si je me suis trompé en vous aimant.

A M. le comte Félix de Vandenesse.

Cher comte, vous avez reçu de cette pauvre madame de Mortsauf une lettre qui, dites-vous, ne vous a pas été inutile pour vous conduire dans le monde, lettre à laquelle vous devez votre haute fortune ; permettez-moi d'achever votre éducation. De grâce, défaites-vous d'une détestable habitude ? n'imitez pas les veuves qui parlent toujours de leur premier mari et jettent toujours à la face du second les vertus du défunt. Je suis Française, cher comte; je voudrais épouser tout l'homme que j'aimerais, et je ne saurais en vérité épouser madame Musset. Après avoir lu votre récit avec l'attention qu'il mérite, et vous savez quel intérêt je vous porte, il m'a semblé que vous aviez considérablement ennuyé lady Dudley en lui opposant les perfections de madame de Mortsauf, et fait beaucoup de mal à la comtesse en l'accablant des ressources de l'amour anglais. Vous avez manqué de tact envers moi, pauvre créature qui n'ai d'autre mérite que celui de vous plaire; vous m'avez donné à entendre que je ne vous aimais ni comme Henriette, ni comme Arabelle. J'avoue mes imperfections, je les connais; mais pourquoi me les faire si rudement sentir ? Savez-vous pour qui je suis prise de pitié ?

pour la quatrième femme que vous aimerez ; celle-là sera nécessairement forcée de lutter avec trois personnes ; aussi, je veux vous prémunir dans votre intérêt comme dans le sien, contre le danger de votre mémoire. Je renonce à la gloire laborieuse de vous aimer ; il faudrait trop de qualités, catholiques ou anglicanes, et je ne me soucie pas de combattre des fantômes. Les vertus de la Vierge de Clochegourde désespéreraient la femme la plus sûre d'elle-même, et votre intrépide Amazone décourage les plus hardis désirs de bonheur. Quoi qu'elle fasse, une femme ne pourra jamais espérer pour vous des joies égales à son ambition. Ni le cœur ni les sens ne triompheront jamais de vos souvenirs. Vous avez oublié que nous montons souvent à cheval. Je n'ai pas su réchauffer le soleil attiédi par la mort de votre sainte Henriette, le frisson vous prendrait à côté de moi. Mon ami, car vous serez toujours mon ami, gardez-vous de recommencer de pareilles confidences, qui mettent à nu votre désenchantement, qui découragent l'amour et forcent une femme à douter d'elle-même. L'amour, cher comte, ne vit que de confiance ; la femme qui, avant de dire une parole, ou de monter à cheval, se demande si une céleste Henriette ne parlait pas mieux, si une écuyère comme Arabelle ne déployait pas plus de grâces, cette femme-là, soyez-en sûr, aura les jambes et la langue tremblantes. Vous m'avez donné le désir de recevoir quelques-uns de vos bouquets enivrants, mais vous n'en composez plus ; il y a une foule de choses que vous n'osez plus faire, de pensées et de jouissances qui ne peuvent plus renaître pour vous ; nulle femme, sachez-le bien, ne voudra coudoyer dans votre cœur la morte que vous gardez. Vous me priez de vous aimer par charité chrétienne ; je puis faire, je vous l'avoue, une infinité de choses par charité, tout excepté l'amour. Vous êtes parfois ennuyeux et ennuyé, vous appelez votre tristesse mélancolie, à la bonne bonne heure ; mais vous êtes insupportable et vous donnez de cruels soucis à celle qui vous aime. J'ai trop souvent rencontré entre nous deux la tombe de la sainte ; je me suis consultée, je me connais et je ne voudrais pas mourir comme elle. Si vous avez fatigué lady Dudley qui est une femme extrêmement distinguée, moi qui n'ai pas ses désirs furieux, j'ai peur de me refroidir plus tôt qu'elle encore. Restons amis, je le veux ; supprimons l'amour entre nous, puisque vous ne pouvez plus en goûter le bonheur qu'avec les mortes. Comment, cher comte ? vous avez eu pour votre début une adorable femme, une maîtresse parfaite qui songeait à votre fortune, qui vous a donné la pairie, qui vous aimait avec ivresse, qui ne vous demandait que d'être fidèle, et vous l'avez fait mourir de chagrin ! Mais je ne sais rien de plus monstrueux. Parmi les plus ardents et les plus malheureux jeunes gens, qui traînent leurs ambitions sur le pavé de Paris, quel est celui qui ne resterait pas sage pendant dix ans pour obtenir la moitié des faveurs que vous n'avez pas su reconnaître ? Quand on est aimé ainsi, que peut-on demander de plus ? Pauvre femme, elle a bien souffert, et quand vous avez fait quelques phrases sentimentales, vous vous croyez quitte avec son cercueil. Voilà sans doute le prix qui attend ma tendresse pour vous. Merci, cher comte, je ne veux de rivale ni au delà ni en deçà de la tombe. Quand on a sur la conscience de pareils crimes, au moins ne faut-il pas les dire. Je vous ai fait une imprudente demande. J'étais dans mon rôle de femme, de fille d'Ève, c'était à vous de calculer la portée de votre réponse. Il fallait me tromper. Je vous aurais remercié. N'avez-vous donc jamais compris la vertu des hommes à bonnes fortunes? Ne sentez-vous pas combien ils sont généreux en nous jurant qu'ils n'ont jamais aimé, qu'ils aiment pour la première fois. Votre programme est inexécutable. Être à la fois madame de Mortsauf et lady Dudley, mais mon ami, c'est vouloir réunir l'eau et le feu. Vous ne connaissez donc pas les femmes, elles sont ce qu'elles sont, elles doivent avoir les défauts de leurs qualités. Vous avez rencontré lady Dudley trop tôt pour pouvoir l'apprécier, et le mal que vous en dites me semble une vengeance de votre vanité blessée; vous avez compris madame de Mortsauf trop tard; vous avez puni l'une de ne pas être l'autre; que va-t-il m'arriver à moi qui ne suis ni l'une ni l'autre? Je vous aime assez pour avoir profondément réfléchi à votre avenir, car je vous aime réellement beaucoup. Votre air de chevalier de la Triste Figure m'a toujours profondément intéressée; je croyais à la constance des gens mélancoliques; mais j'ignorais que vous eussiez tué la plus belle et la plus vertueuse des femmes à votre entrée dans le monde. Eh bien, je me suis demandé ce qui vous reste à faire: j'y ai bien songé. Je crois, mon ami, qu'il faut vous marier à quelque madame Shandy, qui ne saura rien de l'amour, ni des passions, qui ne s'inquiétera ni de lady Dudley, ni de madame de Mortsauf, très-indifférente à ces moments d'ennui que vous appelez mélancolie pendant lesquels vous êtes amusant comme la pluie, et qui sera pour vous cette excellente sœur de charité que vous demandez. Quant à aimer, à tressaillir d'un mot, à savoir attendre le bonheur, le donner, le recevoir; à ressentir les mille orages de la passion, à épouser les petites vanités d'une femme aimée, mon cher comte, renoncez-y. Vous avez trop bien suivi les conseils que votre bon ange vous a donnés sur les jeunes femmes; vous les avez si bien évitées que vous ne les connaissez pas. Madame de Mortsauf a eu raison de vous placer haut du premier coup, car toutes les femmes auraient été contre vous, et vous ne seriez arrivé à rien. Il est trop tard maintenant pour commencer vos études, pour apprendre à nous dire ce que nous aimons à entendre, pour être grand à propos, pour épouser nos petitesses quand il nous plaît d'être petites. Nous ne sommes pas si sottes que vous le croyez; quand nous aimons, nous plaçons l'homme de notre choix au-dessus de tout, mais nous voulons qu'il nous préfère à tout. Ce qui ébranle notre foi dans notre supériorité, ébranle notre amour; en nous flattant, vous vous flattez vous-mêmes. Si vous tenez à rester dans le monde, à jouir du commerce des femmes, cachez-leur avec soin tout ce que vous m'avez dit; elles n'aiment ni à semer les fleurs de leur amour sur des rochers, ni à prodiguer leurs caresses pour panser un cœur malade. Toutes les femmes s'apercevront de la sécheresse de votre cœur, et vous seriez toujours malheureux. Bien peu d'entre elles seraient assez franches pour vous dire ce que je vous dis, et assez bonnes personnes pour vous quitter sans rancune en vous offrant leur amitié, comme le fait aujourd'hui votre amie dévouée,

Natalie DE MANERVILLE.

FIN.

www.ingramcontent.com/pod-product-compliance
Lightning Source LLC
Chambersburg PA
CBHW050428170426
43201CB00008B/580